Wie auch wir vergeben unseren Schuldnern ...

Erkenntnis und Glaube
Schriften der Evangelischen Forschungsakademie NF

Band 45

Wie auch wir vergeben unseren Schuldnern …

Geld – Glaube – Zukunft

Herausgegeben von Martin Heimbucher, Alfred Krabbe und Martin Quilisch

EVANGELISCHE VERLAGSANSTALT
Leipzig

Bibliographische Information der Deutschen Nationalbibliothek
Die Deutsche Nationalbibliothek verzeichnet diese Publikation in der Deutschen Nationalbibliographie; detaillierte bibliographische Daten sind im Internet über http://dnb.dnb.de abrufbar.

Printed in Germany · H 7834

Das Buch wurde auf alterungsbeständigem Papier gedruckt.

Cover: Kai-Michael Gustmann, Leipzig
Satz: Barbara Klett, Stuttgart
Druck und Binden: Hubert & Co., Göttingen

ISBN 978-3-374-03908-1
www.eva-leipzig.de

Inhalt

Christian Schad

Geleitwort

Das Begriffspaar „Schuld/Schulden" hat weltliche und religiöse Konnotationen. Sowohl religiöse als auch weltliche Schulden wollen getilgt werden. Im wirtschaftlichen Handeln ermöglichen Schulden Wachstum und Weiterentwicklung. Doch in der aktuellen Schuldenkrise zeigen sich die Grenzen der darin wirksamen Dynamik und des ganzen Systems. Erstmals setzt die Europäische Zentralbank im Kampf gegen die Wirtschaftskrise negative Zinsen für Kapital ein, das nur geparkt und nicht für neue Kredite zur Verfügung gestellt wird. Und erstmals seit 46 Jahren verabschiedet das Bundeskabinett für das folgende Jahr einen Haushaltsplan ohne Neuverschuldung. Neben den finanziellen und wirtschaftlichen Aspekten solcher Vorgänge rücken ethische Fragen in den Blick: Dürfen Gewinne um ihrer selbst willen erwirtschaftet werden? Müssen sie nicht zum Nutzen aller in der Gesellschaft eingesetzt werden und dem sozialen Ausgleich dienen?

Darüber hinaus sind mit der Problematik der Schulden auch grundlegende Fragen unseres Lebens und Glaubens berührt: Was bedeutet „Vertrauen" im Zusammenleben und in geschäftlichen Beziehungen einerseits und andererseits im Blick auf Gott? Hat unsere Finanzwirtschaft mit ihren Hoffnungen auf positive Kursentwicklungen nicht geradezu religiöse Züge? Inwieweit ist die christliche Theologie von ökonomischen Kategorien durchdrungen und umgekehrt: Wieviel verkappte Theologie prägt das kapitalistische Denken?

Der vorliegende Band widmet sich den in diesem Zusammenhang aufbrechenden Fragen im interdisziplinären Gespräch. Er will den Leserinnen und Lesern Denkanstöße vermitteln und Argumente für die gegenwärtigen Debatten an die

Hand geben. Am Beispiel der Schuldenthematik zeigt sich die Erschließungskraft eines interdisziplinären Ansatzes, wie ihn die Evangelische Forschungsakademie seit vielen Jahren erfolgreich praktiziert.

Hannover / Speyer Sommer 2014

Kirchenpräsident Christian Schad
Vorsitzender des Präsidiums der UEK

Vorwort und Einführung in die Thematik

Zugegeben, es war eine Provokation, dieser Tagung zur Schuldenthematik einen Halbsatz aus dem Vaterunser zum Titel zu geben. Hat denn das eine mit dem anderen zu tun? Ist unser Wirtschaften, ist unser Umgang mit dem Geld und ist unsere Einstellung zur Welt der Ökonomie zumindest mitgeprägt durch unseren „Glauben", durch die religiösen und weltanschaulichen Dispositionen, die wir mitbringen, individuell und kulturell? Auf Schritt und Tritt begegnen wir semantischen und etymologischen Verbindungen zwischen Ökonomie und Religion: Welchem Glauben hängt der Gläubiger an? Welche Erlösung verheißt der Erlös? Um welche „Werte" geht es eigentlich in der „Wertedebatte"? Und nicht zuletzt: Welches Bild vom Menschen leitet uns hier und dort?

Andererseits: Leisten wir mit solchen Hinweisen auf Verbindungen zwischen Glaube und Wirtschaft nicht einer Moralisierung wirtschaftlicher und politischer Zusammenhänge Vorschub? Ist nicht die in der westlichen Welt behauptete *Emanzipation* der Ökonomie und der Politik von den Vorgaben der Religion als wichtige kulturelle Errungenschaft zu verteidigen und gerade im globalen, multireligiösen Horizont zu bewähren?

In der Vorbereitung dieser Tagung haben wir versucht, Erkenntnisschneisen in das Dickicht dieser Zusammenhänge und Spannungen zu bahnen. Zu dritt haben wir die Tagung konzipiert, wenngleich immer begleitet und beraten vom Kuratorium der Forschungsakademie: Wir drei, das waren ein Wirtschaftsrechtler aus Berlin, ein Naturwissenschaftler aus Stuttgart und ein Theologe und Kirchenmann, damals noch aus Hannover. Möglichst konkret wollten wir die Thematik von Ökonomie und Theologie fassen. Und dann war es nicht allein die politische Aktualität der Schuldenfrage, die uns einen Fokus für die verschiedenen Hinsichten auf die Zusammenhänge von Wirtschaft und Religion gab. Mit der Konzentration auf die Frage der Schulden hatten wir einen roten Faden gefunden, der uns bei der Komplexität des Themenfeldes auf einem gemeinsamen Denk- und Diskussionsweg leiten sollte.

In drei Schritten haben wir dann anhand der Schuldenthematik Zusammenhänge zwischen Religion und Ökonomie erkundet:

Wirtschaftliche und politische Analyse

Da die meisten unter uns allenfalls in der Weise „Wirtschaftsexperten" sind, wie es auch viele heimliche Fußball-Bundestrainer gibt, haben wir uns in einem ersten Schritt unsere ökonomische Situation nach den Krisenerfahrungen der letzten Jahre erklären und analysieren lassen. Eine solche eröffnende Analyse gaben der Berliner Wirtschaftswissenschaftler *Hansjörg Herr* und *Klaus Dörre*, Politikwissenschaftler und Soziologe aus Jena. Verstehen wir eigentlich die Mechanismen der Schuldenwirtschaft? Wie entwickeln sich ein Kapitalismus und eine Finanzwirtschaft ohne Spielregeln – und welche Regeln sind nötig und möglich, um seine destruktiven Tendenzen zu bannen? Und wie war das noch mit den „Grenzen des Wachstums"? Sind solche Grenzen auch in einem Wirtschaftssystem zu erkennen und zu respektieren, das genuin und stetig auf Wachstum angelegt ist? Wie hoch dürfen die Schulden eigentlich werden, die eine Volkswirtschaft auf sich nimmt – im Blick auf das Verhältnis von Finanzwirtschaft und Realwirtschaft, wie auch im Blick auf die Schuldenlast, die wir an kommende Generationen vererben?

Einen alternativen Zugang zur Thematik bahnt sodann *Martin Quilisch*: Mit einem etymologischen und sozialpsychologischen Streifzug durch die Landschaft von Worten, Bedeutungen und Wirkungen im Themenfeld von Religion und Ökonomie gelangt er zu nicht minder herausfordernden Thesen und Fragen für unser Verstehen und Verhalten.

Theologische Ökonomie in historischen Beispielen

In einem zweiten Schritt widmen wir uns exemplarisch theologischen Sichtweisen der Ökonomie. Hierzu lieferten drei Mitglieder der Forschungsakademie miteinander korrespondierende Beiträge: zum Alten Testament *Hermann Michael Niemann* aus Greifswald, zum Neuen Testament *Andreas Lindemann* aus Bielefeld und zur Kirchengeschichte *Jürgen Kampmann* aus Tübingen. Weniger erschöpfend enzyklopädisch als vielmehr exemplarisch und konkret werden uns hier biblische und kirchengeschichtliche Umgangsweisen mit der Problematik der Schulden gezeigt. Diskutiert haben wir anschließend in einem Rundgespräch, ob sich von diesen Beispielen her Momente einer jüdisch-christlichen Prägung und Haltung zur Schuldenfrage aufweisen lassen.

Zur Religion der Ökonomie

In einem dritten Schritt kehren wir diese Blickrichtung noch einmal um: Sind in den ökonomischen und politischen Bereichen verdeckt oder offen „religiöse" Haltungen erkennbar und wirksam? Stimmt die verbreitete Rede vom religiösen Charakter des Kapitalismus? Und werden religiöse Erlösungsvorstellungen zu Recht ins Spiel gebracht bei der Frage, wie die moderne Schuldknechtschaft von Einzelnen, Gruppen und ganzen Staaten überwunden werden kann? Hier liefern der Germanist und Medienwissenschaftler *Jochen Hörisch* aus Frankfurt/Main, der Banker und Theologe *David Lohmann* aus Hannover und der Ökonom und Wirtschaftsethiker *Birger Priddat* aus Witten/Herdecke ebenso provozierende wie erhellende Beiträge.

Das abschließende Rundgespräch diente der Bündelung und der Diskussion der aufgewiesenen Zusammenhänge und der aufgeworfenen Fragen. Nach einem Gottesdienst, den Kirchenpräsident *Joachim Liebig* aus Dessau hielt, widmeten sich Fachleute und Auditorium der Frage: Und was lernen wir aus alledem? – eine Frage, die dann durchaus auch ethische und praktische Konsequenzen berührt, die sich aus unseren Einsichten in den Zusammenhang von Glaube und Geld ergeben.

Es ist erfreulich, dass wir die Beiträge zu dieser ungemein aspektreichen Tagung als Beiträge zu dem notwendigen interdisziplinären Gespräch solcher individuell und global bewegenden Fragen in diesem Band einer breiteren Öffentlichkeit vorlegen können. Ein besonderer Dank geht dabei an Frau Barbara Klett in Stuttgart und Frau Karin Bertheau in Hannover, die sich kenntnisreich und mit erheblichem persönlichem Einsatz um die Erstellung der Druckvorlage gekümmert haben.

Leer, Stuttgart und Berlin im September 2014
Martin Heimbucher, Alfred Krabbe und Martin Quilisch

Hansjörg Herr

Die Geld- und Schuldenwirtschaft in verschiedenen ökonomischen Paradigmen

„Als ich klein war, glaubte ich, Geld sei das wichtigste im Leben. Heute, da ich alt bin, weiß ich: Es stimmt."
Oscar Wilde, Das Bildnis des Dorian Gray,
Kapitel 3 / Lord Fermor, Lord Henry

1. Einleitung

In diesem Beitrag geht es um die Rolle des Geldes, Kreditbeziehungen und Finanzmärkte generell in verschiedenen ökonomischen Paradigmen.[1] Dies schließt zwingend die Frage ein, welche Funktion Schulden und Zinsen und auch Aktienmärkte in der Ökonomie einnehmen. Im Alltagsverständnis spielt in kapitalistischen Ökonomien Geld eine große Rolle. Die praktische Frau und der praktische Mann wissen, dass sich in dem existierenden Wirtschaftssystem wenn nicht alles, dann aber doch fast alles um Geld dreht. Nicht so in der ökonomischen Wissenschaft. Hier gibt es ökonomische Schulen, die dem Geld keine oder eine nur unwichtige Bedeutung zuordnen. Ökonomische Paradigmen, die Geld als unwichtig ansehen, werden in der Volkswirtschaftslehre zum Erstaunen eines unabhängigen Beobachters nicht von Außenseitern vertreten. Es ist umgekehrt. Der ökonomische Mainstream sieht Geld als einen Schleier, der über der Realökonomie liegt. Dieser Schleier muss

[1] Teile dieses Beitrages beziehen sich auf Heine/Herr (2013).

weggezogen werden, um die Gesetze der Ökonomie verstehen zu können. Aber auch in diesem theoretischen Ansatz kann Geld als Störfaktor der Wirtschaft eine große Rolle spielen.

Es gibt drei in der ökonomischen Dogmengeschichte herausragende Vertreter, die Geld eine außerordentlich wichtige Funktion beimaßen. Diese sind Karl Marx, John Maynard Keynes und Joseph Schumpeter. Trotz vieler Unterschiede gingen sie davon aus, dass Geld und Finanzmärkte im Zentrum kapitalistischer Wirtschaftssysteme angesiedelt sind. Alle drei analysierten zudem die zunehmende Trennung zwischen Eigentum und Managementfunktionen in entwickelten kapitalistischen Systemen und die Konsequenzen, die diese Trennung hat.

Im nächsten Abschnitt wird Geld im Neoklassischen Paradigma analysiert. Danach werden die theoretischen Beiträge von Marx, Keynes und Schumpeter zur Frage des Geldes und von Finanzmärkten dargestellt. Eine kurze Skizze der Entwicklung des Finanzsystems ab den 1970er Jahren sowie Schlussfolgerungen beenden den Beitrag.

2. Eine Welt ohne Geld – die Neoklassik

Die Neoklassik, der derzeitige Mainstream, unterteilt ihre Modelle in eine Realsphäre und eine Geldsphäre.[2] In der Realsphäre spielt, sozusagen, die Musik. Alles Wichtige, die längerfristige Entwicklung des Produktionsvolumens, der Beschäftigung, der Ersparnisse oder der Investitionen, kann in der Realsphäre geklärt werden, ohne dass Geld auch nur erwähnt werden muss. Geld ist, wie schon erwähnt, ein Schleier, der reale Größen ausschließlich in nominellen Größen ausdrückt. Die Ent-

[2] Es gibt verschiedene Spielarten der Neoklassik, welche den sogenannten Neu-Keynesianismus einschließen. In allen diesen Ansätzen ist Geld langfristig neutral (vgl. zu den verschiedenen ökonomischen Paradigmen Heine/Herr 2013).

lohnung für Arbeit wird beispielsweise in einem *Geld*lohn ausgedrückt, wobei Wirtschaftssubjekten grundsätzlich klar ist, welcher *Real*lohn sich hinter dem Geldlohn verbirgt.

Die Gesetze der Neoklassik basieren auf einer Tauschökonomie. Dies kommt in der Allgemeinen Gleichgewichtstheorie zum Ausdruck, welche den Nukleus neoklassischen Denkens darstellt und auf Léon Walras (1874) zurückgeht. Die Allgemeine Gleichgewichtstheorie stellt sich die Frage, ob die individuelle Nutzenmaximierung einer großen Anzahl von Haushalten und die Profitmaximierung einer großen Anzahl von Unternehmen, alles ohne Geld, über Tausch zu einem harmonischen Ergebnis bzw. einem Gleichgewicht führt, das den Nutzen der Individuen unter der Bedingung eines exogen gegebenen Anfangsbestandes an physischen Gütern maximiert. Ein solcher Zustand wird als Pareto-optimal bezeichnet.[3] Er ist dadurch gekennzeichnet, dass der Tauschprozess alle Möglichkeiten der Wohlfahrtserhöhung einer Ökonomie ausnutzt. Kein Wirtschaftssubjekt kann besser gestellt werden ohne ein anderes schlechter zu stellen, was bei freiwilligem Tausch nicht möglich ist. Faktisch wird bei der Allgemeinen Gleichgewichtstheorie die Frage gestellt, ob die locker aufgestellte These von Adam Smith stimmt, dass die unsichtbare Hand des Marktes das egoistische Streben vieler Einzelner ohne jegliche Koordination gleichsam hinter dem Rücken der Beteiligten zur Wohlfahrt der Nationen führt.

Das Forschungsprojekt der Allgemeinen Gleichgewichtstheorie hat zu insgesamt enttäuschenden Ergebnissen geführt. Das Tauschmodel kommt zum Ergebnis, dass unter äußerst restriktiven Bedingungen eine Lösung des Problems gefunden werden kann. In der Regel gibt es mehrere Lösungen, welche die Pareto-Optimalität erfüllen.[4] Die wichtigste Annahme ist

---

3 Benannt nach Vilfredo Pareto, der an der Universität Lausanne Nachfolger von Walras wurde.

4 Mathematisch nimmt die Suche nach den Gleichgewichten die

die Existenz universeller Zukunftsmärkte. Alle zukünftigen Tauschaktivitäten müssen schon heute festgelegt werden. Damit werden Zukunft und Unsicherheit aus dem Modell wegdefiniert (vgl. Hahn 1984).

Nachdem die gleichgewichtigen Tauschrelationen berechnet sind werden sie von einem Auktionator ausgerufen. Dann erst dürfen die Tauschaktionen durchgeführt werden. Die Herstellung der Gleichgewichtslösung erfolgt somit nicht über einen Markt*prozess*. Ob der Markmechanismus ein Gleichgewicht findet und welches der möglichen, kann das Modell nicht klären. Der Glaube an die unsichtbare Hand, die zu einem wohlfahrtsmaximierenden Tauschgleichgewicht führt, ist reine Ideologie.

Geld hat in der Allgemeinen Gleichgewichtstheorie keinen Platz. Es kann jedoch auf einer konkreteren Ebene der Analyse eingeführt werden. Es bekommt letztlich die Dienstleistungsfunktion, Tauschprozesse technisch zu vereinfachen. Es ist das Mittel, das den Warenaustausch geschmeidiger macht – so wie Öl das Getriebe einer Maschine schmiert. Geld kann allerdings die Prozesse der Realökonomie stören, so wie schlechtes Öl das Funktionieren einer Maschine beeinträchtigen kann. In aller Klarheit hat John Steward Mill diesen Gedanken zum Ausdruck gebracht. „Es kann, um es kurz zu sagen, wenn man die innere Bedeutung der Sache in Betracht zieht, für die wirtschaftlichen Verhältnisse der Gesellschaft nichts Unwesentlicheres geben als das Geld, außer in seinem Charakter als Einrichtung zur Ersparung von Zeit und Arbeit. Geld ist eine Maschine um schnell und bequem dasjenige auszurichten, was sonst doch geschehen wäre, nur weniger schnell und bequem, und wie so viele andere Arten von Maschinen, äußert das Geldwesen einen besonderen und selbständigen Einfluss nur dann, wenn es in Unordnung geraten ist." Mill (1848: 158f). Milton Friedman (1968), der wohl bekannteste Monetarist nach dem Zweiten

---

Form der Lösung von Gleichungssystemen an.

Weltkrieg, hat den Gedanken von Mill explizit aufgegriffen und argumentierte in der gleichen Struktur.[5] Er wurde nicht müde zu betonen, dass Geld trotz seiner langfristigen Unwichtigkeit kurzfristig die als stabil erachtete Realsphäre massiv stören kann. Eine instabile Geldversorgung der Ökonomie führt zu einem instabilen Preisniveau. Das Problem eines schwankenden Preisniveaus besteht, so Friedman, darin, dass Wirtschaftssubjekte von nominellen Variablen verwirrt werden und damit auf Grundlage falscher Informationen handeln.

Dieser Gedanke soll am Preis für Arbeit, den Löhnen, und am Preis für Kapital, dem Zinssatz, verdeutlicht werden. In der Neoklassik wird die Einkommensverteilung durch die Grenzproduktivität[6] der am Produktionsprozess beteiligten Produktionsfaktoren bestimmt. Das Grenzprodukt der Arbeit bestimmt den Reallohn und hängt neben dem Volumen des Arbeitseinsatzes von der Technologie und der Qualität der Arbeiter ab. Das Grenzprodukt des Kapitals bestimmt den Zinssatz der Realsphäre, den natürlichen Zinssatz, der vom Volumen des Kapitaleinsatzes und der Technologie abhängt. Bei ungestörten Marktkräften tendiert die Realsphäre zu einer Einkommensverteilung entsprechend der Grenzproduktivität der Produktionsfaktoren und zu Vollbeschäftigung bzw. zur Vollauslastungen aller Produktionskapazitäten.

Dieses harmonische Gleichgewicht der Realsphäre wird durch ein schwankendes Preisniveau gestört. Eine Erhöhung der Geldlöhne, die durch einen inflationären Prozess erzeugt wird, wird beispielsweise von Arbeitern, denen eine Geldillusion unterstellt wird, als eine Erhöhung von Reallöhnen interpretiert und führt zu entsprechenden Reaktionen auf dem Ar-

---

5 Es ist eigenartig, dass eine ökonomische Strömung, die Geld letztlich als unwichtig erachtet, als Monetarismus bezeichnet wird. Dies ist nicht das einzige Beispiel. So besteht das Geschäft von Hedgefonds gerade darin nicht zu hedgen, sondern zu spekulieren.

6 Dies meint die physische Produktivität der zuletzt eingesetzten Einheit eines Produktionsfaktors.

beitsmarkt. Oder, um ein anderes Beispiel zu geben, wenn der Nominalzinssatz für Kredite nicht der Verwertungsrate der Realsphäre, dem natürlichen Zinssatz, entspricht, handeln Investoren auf Basis langfristig falscher Informationen. Ist der Geldzinssatz zu niedrig im Vergleich zum natürlichen Zinssatz, dann werden Investitionen durchgeführt, die langfristig nicht überlebensfähig sind.

Bei der Analyse des Finanzsystems nimmt die Neoklassik eine eigentümliche Stellung ein. Der Monetarismus schlägt eine starke und unabhängige Zentralbank vor, die eine stabile Entwicklung des Preisniveaus (üblicherweise eine niedrige positive Inflationsrate) anstreben und möglichst geringe Spielräume bei ihrer Geldpolitik haben soll. Zu diesem Zweck hat Milton Friedman (1968) als geldpolitische Strategie die Geldmengensteuerung vorgeschlagen. Bei der Geldmengensteuerung, die von faktisch allen Zentralbanken der entwickelten Welt in den 1970er Jahren übernommen wurde, soll die Zentralbank wie ein Automat ein monetäres Liquiditätsaggregat jährlich mit einer vorher bestimmten und bekannten Rate erhöhen. Die Geldmengensteuerung hat nicht geklappt, so dass viele Zentralbanken ab den 1980er Jahren zu einer direkten Inflationssteuerung übergingen mit dem Ziel, die Inflationsrate ebenfalls möglichst stabil auf einem niedrigen Niveau zu halten. Bei der Geldpolitik fordert der Monetarismus somit eine starke unabhängige Institution, welche eine niedrige Inflationsrate als einziges Ziel hat und dieses mit preußischer Härte durchführt. Bei der Regulierung des restlichen Finanzsystems ist die Neoklassik jedoch fahrlässig lax. Hier folgt sie dem Ansatz von Adam Smith, dass unregulierte Märkte zu den besten Ergebnissen führen. Denkbar wäre gewesen, dass die Neoklassik wie bei der Geldpolitik äußerst stringente Regulierungen vorschlägt. Sind Finanzmärkte doch letztlich ein fremdes Element in der Welt der neoklassischen Tauschökonomie. Aber die Neoklassik erlag an diesem Punkt ihrer Ideologie eines sich selbst regulierenden Marktes. Sie nahm dankbar die Theorie effizienter Finanzmärkte (vgl. Fama 1970) auf, die in den 1970er Jahren ihren Siegeszug in der Mainstream-Ökonomie begann und Finanzmärkte als rational und hoch effizient ansieht. Für Regulierungen der Finanzmärkte gibt es in dieser Vorstellung wenig Platz.

3. Geld und Schulden bei Karl Marx

Karl Marx hatte wie kein anderer Ökonom seiner Zeit ein tiefes Verständnis von Geld. Das Tier als Abstraktum, so argumentierte er, läuft nicht als besonderes Wesen neben den verschiedenen Tierarten herum. Was bei Tieren nicht möglich ist, ist beim Geld möglich. „Es ist als ob neben und außer Löwen, Tigern, Hasen und allen andern, wirklichen Tieren, die gruppiert die verschiedenen Geschlechter, Arten, Unterarten, Familien u. s. w. des Tierreichs bilden, auch noch das Tier existierte, die individuelle Inkarnation des ganzen Tierreichs.“ (Marx 1983, S. 37) Geld verkörpert neben den vielen verschiedenen Formen des Reichtums, den Gebrauchswerten der Güter, gesellschaftlichen Reichtum in abstrakter Form. Geld wird die Inkarnation von Reichtum an sich.

Es ist wenig überraschend, dass Geld als Verkörperung abstrakten Reichtums in einem gesellschaftlichen Umfeld, das die Logik einer kapitalistischen Ökonomie zur Entfaltung kommen lässt, eine herausragende Rolle in Ökonomie und Gesellschaft spielt. Es wird zum Ziel allgemeiner Begehrlichkeiten, kann fast alles kaufen, und wird auch ein Instrument politischer Macht. „Die Zirkulation wird die große gesellschaftliche Retorte, worin alles hineinfliegt, um als Geldkristall wieder herauszukommen. Dieser Alchimie widerstehen nicht einmal Heiligenknochen und noch viel weniger minder grobe res sacrosanctae, extra commercium hominum. (...). Das Geld ist ... ein äußerlich Ding, das Privateigentum eines jeden werden kann. Die gesellschaftliche Macht wird so zur Privatmacht der Privatperson. Die antike Gesellschaft denunziert es daher als die Scheidemünze ihrer ökonomischen und sittlichen Ordnung. Die moderne Gesellschaft, die schon in ihren Kinderjahren den Plutus an den Haaren aus den Eingeweiden der Erde herauszieht, begrüßt im Goldgral die glänzende Inkarnation ihres eigensten Lebensprinzips." (Marx 1867, S. 145f.) Geld wird zum Dreh- und Angelpunkt und zur Sinngebung kapitalistischer Ökonomien. Es bekommt etwas Göttliches.[7] In der Tat haben historische Forschungen ergeben, dass Geld nicht als Mittel zur Vereinfachung von Tausch entstand, sondern einen religiösen Ursprung hat. Opfergaben an den Tempel wurden zu Geld. Die Priester wurden später durch Staatsbeamte ersetzt, die nun ein „Opfer" an den Staat verlangten und damit Staatsgeld schufen (Laum 1924).

Marx (1867, S. 161f.) drückt den Nukleus einer kapitalistischen Ökonomie in der allgemeinen Formel des Kapitals *Geld – Ware – Geld'* aus. Dabei wird Geld (G) in Ware (W) vorgeschossen. Das Ziel des Vorschusses ist mehr Geld (G') zu erhalten. Aus G wird somit G'. In kapitalistischen Ökonomien wird Geld in die Waren Produktionsmittel und Arbeitskräfte vorgeschossen. Im Produktionsprozess, der vom Kapitalisten organisiert wird, werden neue Produkte und Einkommen geschaffen. Die neu produzierten Produkte werden verkauft, und das Geld fließt mit einem Überschuss an den Kapitalisten zurück. Wurde Geld schon in vielen Gesellschaftsformen vor dem Kapitalismus in Handelsgeschäfte oder in Form von Krediten vorgeschossen und mit einem Überschuss zurückerlangt, so ist es das Spezifische der kapitalistischen Produktionsweise, dass die Kernbereiche des gesellschaftliche Produktionsprozess, also auch die physischen Reproduktion der Gesellschaft, der Logik der kapitalistischen Verwertung unterworfen werden. G – W – G' wird somit nicht mehr in den Nischen der Gesellschaft betrieben, son-

[7] Friedrich von Schiller schrieb in seinem Gedicht An die Freunde (1802): „Und es herrscht der Erde Gott, das Geld."

dern wird zum allgemeinen Prinzip.

Dagegen lässt sich die neoklassische Ökonomie durch W – W oder durch W – G – W charakterisieren, also durch den Tausch von Ware gegen Ware. In einer Tauschwirtschaft werden beispielsweise ein Biber gegen zwei Hirsche getauscht, wobei das Geld eine vermittelnde Rolle einnehmen kann. Zwei Hirsche haben in diesem Fall den gleichen Wert wie ein Biber. Die Logik des Wirtschaftens liegt hier nicht in der Disposition über Geld, sondern in der Bedürfnisbefriedigung durch Tausch. Selbst bei der Berücksichtigung von Produktion ändert sich an dieser Fassung nichts, da Produktion als indirekter Tausch begriffen werden kann.

Die Kreislaufformel des Kapitals führt Marx zur Ausbeutungstheorie. Den klassischen Ökonomen folgend kann bei Marx Einkommen nur durch Arbeit geschaffen werden. Aber obwohl die Arbeiter alle Werte schaffen, bekommen sie nur einen Teil des Einkommens, den Lohn. Den Rest streicht der Kapitalist als Mehrwert oder Profit ein. Das zentrale Argument von Marx dafür ist, dass die Kapitalisten den Lohn immer so niedrig halten können, dass ein Profit übrigbleibt. Dies ist nur möglich, wenn Arbeiter durch Arbeitslosigkeit in ihrer Verhandlungsmacht geschwächt werden. Dafür garantiert ein Marktmechanismus. Wird der Profit zu gering, dann gehen die Geldvorschüsse in Produktionsprozesse zurück, das Produktionsvolumen und die Beschäftigung sinken bei steigender Arbeitslosigkeit. Als Ergebnis sinken die Löhne, steigen die Profite. Arbeitslosigkeit wird zum Normalzustand einer kapitalistischen Ökonomie, da sie zur Disziplinierung der Arbeiter notwendig ist.

Zwei Punkte sind hier erwähnenswert. Marx unterstellt erstens, wiederum der Klassik folgend, dass Kapitalisten und Arbeiter Reallöhne aushandeln und dadurch die funktionelle Einkommensverteilung zwischen Lohn und Profit bestimmt wird.[8]

[8] Marx (1867) argumentierte, dass der Reallohn letztlich durch einen physischen Warenkorb bestimmt wird, der die Reproduktion der

Zweitens wird der Hauptkonflikt im Kapitalismus zwischen dem produzierenden Kapital und den Arbeitern gesehen, wobei der Kapitalist versucht, seinen Profit so weit wie möglich nach oben zu treiben.

Zur Maximierung des Profits wird der Kapitalist nicht nur auf niedrige Löhne bauen. Er wird über die Einführung von neuen Techniken und neuen Produkten versuchen, seine Konkurrenten auszubooten und einen Extraprofit zu erwirtschaften. Der Kapitalismus ist somit die erste Gesellschaftsformation, die auf Ebene der mikroökonomischen Produktionseinheit systematisch die Produktivkräfte revolutioniert. Kann ein Unternehmen im Konkurrenzkampf nicht mithalten, wird es untergehen. Für Marx war die Erhöhung der Produktivkräfte die zivilisatorische Aufgabe des Kapitalismus. Bedacht werden muss an dieser Stelle jedoch, dass die Entwicklung der Produktivkräfte nicht rein technisch bestimmt oder neutral ist, sondern im Kapitalismus einer spezifischen Logik folgt. So nimmt die Entwicklung der Produktivkräfte im Kapitalismus ungenügend Rücksicht auf die natürlichen Reproduktionsbedingungen von Gesellschafen und kann die Existenz großer Teile der Menschheit sogar gefährden.[9] Da die kapitalistische Produktivitätsmaschine von Marktsignalen gelenkt wird, läuft sie permanent in die falsche Richtung und entwickelt nicht die Technologien und Produkte die eine Gesellschaft aus ökologischer Perspektive braucht.[10]

Arbeiter inklusive der Kinder ermöglicht. Hier ging Marx in die Irre. Er konnte sich nicht vorstellen, dass der Lebensstandard der Arbeitsklasse im Kapitalismus so ansteigen würde, wie er es in den entwickelten kapitalistischen Ländern tat. Zudem ist die Bestimmung eines Warenkorbes, der die Reproduktion erlaubt, faktisch nicht sinnvoll möglich. Auch gibt es kapitalistische (Entwicklungs-) Länder, welche noch nicht einmal die minimalste physische Reproduktion aller Gesellschaftsmitglieder erlauben.

9 Vgl. dazu die instruktive Analyse von Polanyi (1944).

10 Die neoklassische Ökonomie spricht korrekterweise von negativen

Im Falle von Kredit verwandelt sich Geld direkt in mehr Geld, es gilt also G – G‘. Geld wird vorgeschossen und mit Zinsen zurückbezahlt; es bekommt Junge. Der Zins wird bei Marx aus dem Profit bezahlt, wobei die gesellschaftliche Durchschnittsprofitrate eine gewisse Orientierung für den Zinssatz gibt. „Der Zinsfuß verhält sich zur Profitrate ähnlich wie der Marktpreis der Ware zu ihrem Wert. Soweit der Zinsfuß durch die Profitrate bestimmt ist, ist es stets durch die allgemeine Profitrate, nicht durch die spezifischen Profitraten, die in besonderen Industriezweigen herrschen mögen, und noch weniger durch den Extraprofit, den der einzelne Kapitalist in einer besonderen Geschäftssphäre machen mag“ (Marx 1894, S. 377)

Im alten Griechenland waren Zinsen verpönt. Aristoteles, der, soweit es bekannt ist, als Erster über Geld und Zinsen nachdachte, sah Zinsen als unmoralisch an. Das Verleihen von Geld wurde nicht als eine Leistung angesehen, die belohnt werden sollte. Diese Ansicht wurde im Römischen Reich übernommen und erhielt sich bis ins Mittelalter. Noch im 13. Jahrhundert trat Thomas von Aquin aktiv für ein Zinsverbot ein[11].

Marx hatte zu Kredit eine gespaltene Haltung – soweit dies aus seinen von Engels herausgegebenen Manuskripten ersichtlich ist, denn Marx konnte nur den ersten Band des dreibändigen Kapitals fertigstellen und publizieren. Der Produktionsprozess wird, so Marx, durch Kredit von einem doppelten Vorschuss und einen doppelten Rückfluss eingebettet. Es ergibt sich G – G – W – G‘– G‘. Das Kreditsystem zusammen mit dem System von Aktiengesellschaften wandelt den fungierenden Kapitalisten einerseits in einen bloßen Geldkapitalisten, andererseits in einen Manager des Produktionsprozesses ohne eigenes Kapital.

externen Effekten, da die Marktpreise nicht die tatsächlichen Kosten der Luftverschmutzung oder des Ressourcenverbrauchs repräsentieren. Kosten auf dem Markt und gesellschaftliche Kosten fallen auseinander. Das Marktsystem versagt bei der Allokation der Ressourcen und der Technikentwicklung.

[11] Vgl. Kruse 1959.

Die Aktiengesellschaft „ist die Aufhebung des Kapitals als Privateigentum innerhalb der Grenzen der kapitalistischen Produktionsweise selbst" Marx 1894, S. 274). Der Wert von Aktien wird von Marx (1894, S. 384f.) als fiktives Kapital bezeichnet. Aktienkurse können unabhängig von den tatsächlichen Entwicklungen in Unternehmen schwanken und sind spekulativ beeinflusst.

Kredit und Aktiengesellschaften werden zu einer Triebfeder der Produktion, da dadurch Kapitalvorschüsse möglich werden, die ein individueller Kapitalist nicht aufbringen könnte. Kredit steigert die Produktion „zur äußersten Grenze ..., weil ein großer Teil des gesellschaftlichen Kapitals von den Nichteigentümern desselben angewandt wird, die daher ganz anders ins Zeug gehen als der ängstlich die Schranken seines Privatkapitals erwägende Eigentümer, soweit er selbst fungiert."(Marx 1894, S. 457) Das Kreditsystem hat jedoch auch die negative Seite, dass es die Krisen der kapitalistischen Produktionsweise vertieft, wobei Marx die Gefahr sah, dass durch Kredite Produktionskapazitäten aufgebaut werden, die später nicht ausreichend ausgelastet werden können. In Krisen und insbesondere Finanzmarktkrisen explodiert die Nachfrage nach Geld bzw. Liquidität. „Eben noch erklärte der Bürger in prosperitätstrunkenem Aufklärungsdünkel das Geld für leeren Wahn. Nur die Ware ist Geld. – Nur das Geld ist Ware! gellt's jetzt über den Weltmarkt. Wie der Hirsch schreit nach frischem Wasser, so schreit seine Seele nach Geld, dem einzigen Reichtum ... Die Geldhungersnot bleibt dieselbe, ob in Gold oder Kreditgeld, Banknoten etwa, zu zahlen ist." (Marx 1867, S. 152) Krisen finden in Finanzmarktkrisen ihren schärfsten Ausdruck und können einen äußerst zerstörerischen Verlauf annehmen.

Für Marx beschleunigt das Kreditwesen somit die Entwicklung der Produktivkräfte und vergesellschaftet in der Form der Aktiengesellschaft in gewissem Sinne die industrielle Produktion, da der Produktionsprozess von kapitallosen Managern durchgeführt wird. Jedoch ist das Kreditwesen auch eine Ursache für Überproduktion und Spekulation und wirkt krisenverschärfend.

4. Geld und Schulden bei John Maynard Keynes

John Maynard Keynes hat Karl Marx nur an wenigen Stellen in seinem Werk erwähnt. Positiv hob Keynes die Marxsche Kreislaufformel des Kapitals G – W – G' hervor (Keynes 1979). Diese Formel passte zur Keynesschen Vorstellung einer monetären Produktionswirtschaft, wie Keynes (1933) eine kapitalistische Ökonomie bezeichnete. Denn auch Keynes erkannte, dass die Dynamik einer kapitalistischen Ökonomie am Volumen der Geldvorschüsse in Produktionsprozesse abhängt. Mit der Kreislaufformel des Kapitals erschließt sich die Hierarchie der Märkte bei Keynes.

An der Spitze der Markthierarchie steht der Vermögensmarkt. Hier werden die Geldvorschüsse in Produktionsprozesse entschieden, welche für den Gütermarkt von zentraler Bedeutung sind. Denn die Nachfrage nach Investitionen (etwa der Bau einer Fabrikanlage) ist nicht nur eine Vermögensentscheidung, sondern bewirkt auch eine Nachfrage auf dem Gütermarkt und regt darüber auch die laufende Produktion an. Nach dem Gesetz der effektiven Nachfrage bestimmt in erster Linie die Nachfrage das Produktionsvolumen. Um Investitionen zu finanzieren bedarf es keiner Ersparnisse. Ersparnisse sind vielmehr das *Resultat* der Investitionstätigkeit (Keynes 1936). Zur Finanzierung von Investitionen braucht der Investor in Produktivkapital finanzielle Mittel, die er, falls im Unternehmen nicht vorhanden, durch Kreditaufnahme und Ausgabe neuer Aktien erlangen kann. Durch die Investitionen wird ein Einkommensbildungsprozess angestoßen, der es erlaubt, die saldenmechanische Gleichheit von Nettoinvestitionen und Ersparnissen über steigendes Einkommen zu realisieren.

Es ist somit kein Verzicht von Haushalten zur Finanzierung von Investitionen nötig.[12] Der Arbeitsmarkt hängt als Appendix am Vermögens- und Gütermarkt, denn die Nachfrage der Unternehmen nach Arbeit wird bei gegebener Technik vom Produktionsvolumen bestimmt.

Obwohl Marx und Keynes die gleiche Kreislaufformel des Kapitals nutzen, gibt es Unterschiede. Für Marx drückt die Kreislaufformel ein Strukturmerkmal kapitalistischer Ökonomien aus. Dem hat Keynes nicht widersprochen, jedoch war er an den Kalkülen der verschiedenen Wirtschaftssubjekte interessiert, die am Kreislauf des Kapitals beteiligt sind. Wichtig ist bei ihm die Frage, unter welchen Bedingungen wird in Produktivvermögen investiert. Keynes ging davon aus, dass Vermögende keineswegs automatisch ihr Vermögen in Produktionsprozesse vorschießen oder solche über Kredite oder den Kauf neuer Aktien finanzieren. Eine zentrale Rolle spielt die Kategorie der Unsicherheit.

Bei der Newtonschen Physik ist es möglich, mit Bewegungsgleichungen die Bewegung von Körpern in der Zeit zu berechnen und wir können davon ausgehen, dass die Bewegung der Körper bei unveränderten Bedingungen in der Zukunft und in der Vergangenheit die gleiche ist. Bei menschlichem Verhalten ist dies nicht der Fall. Bei historischer Zeit ist es unmöglich, die Zukunft zu erkennen, da sie beständig neu geschaffen wird (vgl. Herr 2011). Gleiche Bedingungen wird es im historischen Prozess nur in sehr seltenen Fällen oder eher nie geben. Und selbst bei gleichen Bedingungen werden Menschen unterschiedlich reagieren. Das bedeutet, dass Erfahrungen der Vergangenheit und Gegenwart zwar hilfreich sind, Zukunftsprognosen zu erstellen, dessen ungeachtet ist es jedoch selbst bei

[12] In der Neoklassik ist ein Verzicht seitens der Haushalte in der Form von Ersparnissen die Voraussetzung von Nettoinvestitionen. Dies liefert die Rechtfertigung für die Existenz eines Zinses (vgl. zu den Details Heine/Herr 2013).

bestem Wissensstand nicht möglich, Gewissheit über die Zukunft zu erlangen. „Mit unsicherem Wissen ... beabsichtige ich nicht bloß das, was als sicher bekannt ist, von dem, was nur wahrscheinlich ist, zu unterscheiden. Das Roulettespiel unterliegt in diesem Sinne nicht der Unsicherheit (...). Oder, nochmals, auch die Lebenserwartung ist nur in geringem Maße unsicher. Selbst das Wetter ist nur mäßig unsicher. Der Sinn, in dem ich den Begriff gebrauche, ist der, in welchem Ausmaß Unsicherheit herrscht über den Ausgang eines Europäischen Krieges, oder über den Kupferpreis sowie den Zinssatz in zwanzig Jahren, oder das Veralten einer Neuerung, oder die Lage privater Vermögensbesitzer im Gesellschaftssystem von 1970. Für diese Fragen gibt es keine wissenschaftliche Grundlage, auf der man irgendeine, was für eine auch immer, berechenbare Wahrscheinlichkeit bilden kann. Wir wissen es einfach nicht."[13] Unsicherheit ist bei Keynes eine Fundamentalkategorie. Sie umfasst nicht nur die Unsicherheit individueller Lebensrisiken wie Krankheit etc., sondern sie ist insbesondere eine Unsicherheit, die durch Marktprozesse entsteht, also die Unsicherheit arbeitslos zu werden, Schulden nicht eintreiben zu können oder als Unternehmen im Konkurrenzkampf unterzugehen. Es handelt sich somit um eine systemspezifische Unsicherheit.

Bei vielen Entscheidungen und insbesondere Investitionsentscheidungen herrscht schlicht Unwissenheit. Bei Unwissenheit werden Stimmungslagen der Wirtschaftssubjekte relevant – spontaner Tatendrang und Verzagtheit werden zu relevanten Größen. Keynes sprach in diesem Zusammenhang von „animal spirits„ (Lebensgeistern), die auch bei Investitionsentscheidungen ins Spiel kommen und von einem gesellschaftlichen Zustand des Vertrauens und Konventionen abhängen (vgl. Keynes 1936, Kap. 12; Keynes 1937). Wichtig werden somit Verhaltensweisen, die von einer spezifischen Situation abhängen und ge-

[13] Übersetzung durch den Verfasser.

sellschaftlich und kulturell bedingt sind.

Das Halten von Geld (zukünftig auch immer verstanden als Liquidität) beschert seinem Halter außerordentliche Vorteile. Am wichtigsten ist dabei der Schutz vor einer unsicheren Zukunft. „Teilweise beruhend auf vernünftigen und teilweise aus instinktiven Gründen ist unser Wunsch nach Geld als Wertaufbewahrungsmittel ein Barometer für den Grad unseres Mistrauens in unsere eigenen Berechnungen und Gepflogenheiten bezüglich der Zukunft. (...) Der Besitz von tatsächlichem Geld zerstreut unsere Unruhe; und die Prämie, welche wir verlangen, um uns vom Geld zu trennen, ist ein Maßstab für den Grad unserer Unruhe." (Keynes 1937, S. 216)[14] Geldhaltung bildet somit Schutz vor Unsicherheit, so dass das Halten von Geld auch ohne pekuniäre Verwertung rational ist. Für den Keynesianismus hängt somit Unsicherheit und Geld unmittelbar zusammen. „Geld ist geprägte Freiheit".[15]

Es sind Hoffnungen und Paniken, welche die Nachfrage nach Geld reduzieren und in die Höhe schnellen lassen. „Die Gewohnheit von Ruhe und Immobilität, von Gewissheit und Sicherheit bricht plötzlich zusammen. Neue Ängste und Hoffnungen, ohne Warnung, bestimmen menschliches Verhalten. Die Kräfte der Ernüchterung können die allgemeinen Bewertungsmaßstäbe plötzlich verändern." (Keynes 1937, S. 215f)[16] Krisen sind, wie bei Marx, durch Flucht in Geld gekennzeichnet. Das plötzliche Horten von Geld lässt Kreditmärkte austrocknen und führt zur Verschärfung der Krise.

Die Geldhaltung bringt Vermögenshaushalten (und anderen ökonomischen Einheiten) in einer unsicheren Welt eine Liquiditätsprämie, die den Vorteil der Geldhaltung in einer nichtpekuniären subjektiven Rate ausdrückt. Keynes (1936, Kapitel 17;

[14] Übersetzung durch den Verfasser.

[15] Fjodor Dostojewski, Aufzeichnungen aus einem Totenhaus, I Das Totenhaus.

[16] Übersetzung durch den Verfasser.

Keynes 1937) argumentiert, dass Vermögenshaushalte nur Kredite vergeben, wenn der Zinssatz höher ist als die Liquiditätsprämie. Über diesen Mechanismus bestimmt die Liquiditätsprämie auf Geldhaltung den Zinssatz. Der Zinssatz wiederum wird zum wesentlichen Element der Bestimmung der durchschnittlichen Profitrate. Denn Unternehmen werden, so das Argument von Keynes, durch den Konkurrenzprozess dazu gezwungen, ihre Profitansprüche auf das Niveau des Zinssatzes zu senken. Damit gibt es eine klare Kette von der Liquiditätsprämie auf Geld (lG) über den Zinssatz (i) zur Profitrate (q). Es gilt somit lG = i = q.[17] Es wird somit von Keynes unterstellt, dass Unternehmen einen Profitaufschlag durchsetzen, der eine Profitrate erzwingt, die dem Zinssatz entspricht. Zinsen sind echte Kosten für die Unternehmen, die verdient werden müssen. Bei der Verwertung von Eigenkapital kann das Argument der Opportunitätskosten angewandt werden, da kein Unternehmen langfristig eine Profitrate unter der Zinsrate akzeptieren wird.

Keynes ging wie die Klassiker, die er Vorklassiker nennt, und Marx davon aus, dass nur Arbeit Werte schaffen kann, die sich als Einkommen niederschlagen. „Ich neige daher zu der vorklassischen Lehre, dass alles durch *Arbeit erzeugt* wird; unterstützt durch das, was man früher Kunst zu nennen pflegte und jetzt Technik genannt wird." (Keynes 1936, S. 179) Die Klassiker und Marx gingen davon aus, dass die Reallöhne gesetzt werden und sich dann die Profitrate als Resultat ergibt. Keynes dreht den Spieß um. Die Profitrate wird durch den Zinssatz bestimmt, und die Reallöhne resultieren als Resultat. Die Profit-

---

[17] Genaugenommen ist die marginale Liquiditätsprämie gemeint. Diese steigt mit der Abnahme der Liquiditätshaltung an, so dass ein Vermögenshaushalt nur Kredite vergibt solange die marginale Liquiditätsprämie unter dem Zinssatz liegt. Da die Liquiditätsprämie mit steigender Kreditvergabe ansteigt, kommt die Kreditvergabe bei jedem Vermögenshaushalt an einem gewissen Punkt an ihr Ende. Ein erhöhtes Niveau der Unsicherheit erhöht das Niveau der marginalen Liquiditätsprämien.

rate kann als eine Art „Vermögenssteuer" auf Produktivkapital aufgefasst werden, die vom Vermögensmarkt erzwungen und auf die Preise übergewälzt wird. Löhne haben bei Keynes eine andere Funktion. Er argumentierte, dass auf dem Arbeitsmarkt keine Reallöhne ausgehandelt werden, sondern nur Nominallöhne. Nominallöhne sind jedoch Kosten, welche Unternehmen verdienen müssen wie die Kosten für Erdöl oder die Kosten einer Maschine. Steigt das Niveau der nominellen Kosten an, dann erhöht sich das Preisniveau bei unveränderter funktionaler Einkommensverteilung (Keynes 1930). Das Niveau der Reallöhne wird durch das Niveau der Produktivität und die funktionelle Einkommensverteilung bestimmt.

Die Argumentation von Keynes muss an verschiedenen Punkten präzisiert bzw. erweitert werden. Erstens, ist es nicht zwingend, dass der Zinssatz von den Vermögenshaushalten (alleine) bestimmt wird. Der Zinssatz wird in einem moderneren keynesianischen Model in erster Linie vom Bankensystem bestimmt. Der Verleihzinssatz der Banken, der für die Profitrate relevant ist, ergibt sich durch den Refinanzierungszinssatz der Banken seitens der Zentralbank (i_r)[18] plus der Zinsspanne (l_B), die neben den Kosten des Bankbetriebs auch subjektive Einschätzungen der Banken ähnlich einer Liquiditätsprämie beinhaltet. Damit kann der Zinssatz durch $i = i_r + l_B$ bestimmt werden.

Zweitens muss der Verleihzinssatz der Banken als die Mindestprofitrate angesehen werden. Dies impliziert, dass die Profitrate höher sein kann als der Verleihzinssatz. Dies hat einerseits damit zu tun, dass es in vielen Märkten monopolistische und oligopolistische Strukturen gibt, die zu höheren Profitraten führen. Andererseits kann das Finanzsystem Druck ausüben, die Profitrate über den Verleihzinssatz zu erhöhen,

[18] Der Refinanzierungszinssatz der Zentralbank diktiert sowohl den Geldmarktzinssatz als auch den Zinssatz, den Banken für Bankeinlagen bezahlen.

um beispielsweise höhere Dividendenausschüttungen zu erzwingen. Da die Profitrate nicht von objektiven Faktoren wie der Produktivität des Kapitals abhängt, kann sich die Konvention, wie hoch die Profitrate ist, ändern. Wenn der Renditeanspruch des Finanzsystems, der über den Zinssatz hinausgeht mit (l_{fin}) bezeichnen wird, wird die Profitrate durch $i + l_{fin} = q$ bestimmt, wobei $i = i_r + l_B$ ist.

Die Trennung von Eigentum und Management wird von Keynes ähnlich gesehen wie von Marx. „Die allmähliche Zunahme desjenigen Anteils am Eigentum der gesamten Kapitalinvestitionen des Gemeinwesens, der sich im Besitz von Menschen befindet, die das betreffende Unternehmen weder leiten noch eine besondere Kenntnis seiner tatsächlichen oder voraussichtlichen Gegebenheiten haben, hat zur ernstlichen Abnahme des wirklichen Einblicks in die Bewertung von Investitionen durch jene geführt, die sie besitzen oder zu kaufen beabsichtigen. Schwankungen von Tag zu Tag in den Gewinnen bestehender Investitionen, die offensichtlich flüchtig und bedeutungslos sind, haben die Tendenz, einen durchaus übertriebenen und selbst widersinnigen Einfluss auf den Markt auszuüben.“ Keynes 1936, S 131f.)[19] Eines der Probleme dieser Form der Aktienmärkte ist es, dass „eine konventionelle, auf der Massenpsychologie einer großen Zahl unwissender Menschen beruhende Bewertung heftigen Schwanken ausgesetzt ist ... verursacht durch Faktoren, die eigentlich keinen großen Einfluss auf den voraussichtlichen Ertrag haben“ (Keynes 1936, S. 131). Das Problem ist, dass selbst die professionellen Teilnehmer an solchen Vermögensmärkten sich in ihren Meinungen nicht zwingend durchsetzen. Denn ein Investment-Funds-Manager, der beispielsweise aufgrund seiner langfristigen Überlegungen nicht auf eine Welle steigender Aktienkurse

[19] Man denke hier an die täglichen dubiosen Interpretationen der Aktienkursentwicklung in einer Großzahl von Fernsehsendungen und anderen Medien.

aufspringt, die vielleicht noch neun Monate oder ein Jahr anhält, hat Gewinnchancen liegen lassen und wird vermutlich gefeuert, selbst wenn er langfristig die richtigen Erwartungen hatte. Zudem kennt auch ein professioneller Anleger nicht die Zukunft.

Eigentümer sind aufgrund der Trennung von Leitung und Eigentum in den Kernbereiche der Ökonomie weitgehend funktionslos geworden. Sie werden zu „unwissenden Menschen", zu Rentiers, die arbeitsloses Einkommen ohne jegliche Leistung einstreichen. Die wichtigen Entscheidungen in der Ökonomie werden von Managern getroffen, von Managern in Industrieunternehmen, von Managern in Banken, von Managern in Investmentfonds und Versicherungen, etc. Keynes hatte die Vorstellung, dass selbst innerhalb des Kapitalismus diese parasitäre Klasse verschwinden könnte. Er glaubte, „dass ein richtig geleitetes, mit modernen technischen Hilfsmitteln ausgerüstetes Gemeinwesen, dessen Bevölkerung nicht sehr rasch zunimmt, in der Lage sein sollte, innerhalb einer einzigen Generation die Grenzleistungsfähigkeit des Kapitals im Gleichgewicht [gemeint ist die allgemeine Profitrate, d.V.] auf ungefähr Null herunterzubringen" (Keynes 1936, S. 184f.). Ein solcher Zustand würde „den sanften Tod des Rentiers bedeuten, und folglich den sanften Tod der sich steigernden Unterdrückungsmacht der Kapitalisten, den Knappheitswert des Kapitals auszubeuten" (Keynes 1936, S. 317). Ein solcher Zustand würde Gewinne für innovative Unternehmen erlauben, jedoch im Durchschnitt kein (reales) Zinseinkommen und auch keine (realen) Dividendenzahlungen implizieren. Keynes Vermutung hat sich zumindest bis heute nicht erfüllt. Denn eine solche Vision einer Ökonomie unterstellt ein strikt reguliertes Finanzsystem, das nicht die Macht hat, Profite durchzusetzen. Und es unterstellt eine Kontrolle inflationärer Prozesse ohne Zinserhöhungen. Beides ist möglich, unterstellt jedoch einen regulierten Kapitalismustypus, der unter anderem nationale und internationale Finanzmärke reguliert (vgl. dazu Dullien et al.

2011).

Fassen wir zusammen. Keynes sah eine monetäre Produktionswirtschaft als eine instabile Veranstaltung, die unter Umständen durch langfristige Arbeitslosigkeit und tiefe Ungerechtigkeiten gekennzeichnet sein kann. Das Zentrum der Instabilität ist der Vermögensmarkt, der durch instabile Erwartungen der dort Agierenden und Spekulation gekennzeichnet ist. Der Renditeanspruch des Finanzsystems erzwingt einen Profit, der unabhängig von den Löhnen ist. Bei Keynes ist es also der Konflikt zwischen der Macht des Finanzsystems und dem Rest der Ökonomie, der die Verteilung des funktionalen Einkommens bestimmt. Rentiereinkommen wird als Einkommen einer Klasse bezeichnet, die keine positive Funktion in der Ökonomie hat und parasitär ist. Aufgrund spekulativer Aktivitäten destabilisieren Rentiers sogar die Ökonomie. Die wichtigen Agenten im entwickelten Kapitalismus sind, ähnlich wie bei Marx, die Manager. Der Konflikt zwischen Management und Arbeitern bleibt bestehen, denn ein Unternehmen kann einen Extraprofit erwirtschaften, wenn es unterdurchschnittliche Löhne bezahlt oder Arbeiter besonders geschickt einsetzt.

5. Geld und Kredit bei Joseph Schumpeter

Joseph Schumpeter, den man als den bürgerlichen Marx bezeichnen könnte, teilt mit Karl Marx die Idee, dass die Jagd nach Extraprofit und das Damoklesschwert des Untergangs im Konkurrenzkampf einen solchen Anreiz bzw. Zwang ausüben, dass das kapitalistische System wie kein anderes davor die Produktivkräfte erhöht. Der Prozess der Entwicklung ist kein harmonischer, es ist ein Prozess der kreativen Zerstörung. „Die Eröffnung neuer, fremder oder einheimischer Märkte und die organisatorische Entwicklung vom Handwerkbetrieb und der Fabrik zu solchen Konzernen wie dem U.S.-Steel illustrieren den gleichen Prozess einer industriellen Mutation – wenn ich diesen biologischen Ausdruck verwenden darf –, der unaufhörlich die Wirtschaftsstruktur von innen heraus revolutioniert, unaufhörlich die alte Struktur zerstört, unaufhörlich eine neue schafft. Dieser Prozess der ‚schöpferischen Zerstörung' ist das für den Kapitalismus wesentliche Faktum." Schumpeter (1942, S. 137f.) In seiner Vorstellung des Marktes als Entdeckungsverfahren hat Friedrich von Hayek (1968), der wie Schumpeter der Österreichischen Schule angehört, ein ähnliches Argument entwickelt. Erfrischend bei Schumpeter und Hayek ist die Einsicht, dass der Kapitalismus kein gerechtes System ist, das die Tüchtigsten belohnt.[20] Von den vielen hervorragenden Ideen, die als Bestand immer existieren, setzen sich am Markt nur wenige durch, und es ist nicht zu prognostizieren, welche sich durchsetzen. Von innovativen Unternehmern werden also einige fürstlich vom Markt durch hohe Extraprofite belohnt, während andere mit potentiell ebenso guten Ideen leer ausgehen. Das kapitalistische System erzeugt auch Verlierer, etwa wenn Unternehmen im Konkurrenzkampf zusammenbrechen und Arbeiter arbeitslos werden. Diese negativen Effekte sind jedoch als Preis für die Dynamik des Gesamtsystems hinzunehmen.

Es ist der Unternehmer, der neue Ideen aufgreift und umsetzt. Aber auch ein Gewerkschaftssekretär oder ein Staatsbediensteter können Unternehmer im Sinne von Schumpeter sein (Schumpeter 1926). Der Unternehmer muss „entrepreneurship" besitzen, also etwas Vergleichbares wie Keynes' „animal spirits". Das Profitmotiv ist nicht ausreichend für einen guten Unternehmer. Wichtiger ist für einen guten Unternehmer die Motivation die Welt zu verändern, Status zu erlangen oder Schaffensfreude.

[20] Der österreichische Ansatz hat nichts zu tun mit der harmonischen Pareto-Optimalität der üblichen Neoklassik.

Bei Joseph Schumpeter (1926) sind Kredit und ökonomische Entwicklung zwei Seiten einer Medaille. Denn der Unternehmer hat gewöhnlich kein eigenes Kapital. Es wäre Zufall, wenn beispielsweise der Eigentümer eines Unternehmens mit viel Eigenkapital auch ein Unternehmer im Sinne von Schumpeter wäre. Der Unternehmer bedarf zur Realisierung seiner Ideen Kredit. Das ist prinzipiell kein Problem, denn das Bankensystem zusammen mit der Zentralbank kann Kredit „aus dem Nichts" schöpfen und dem Unternehmer die Mittel zur Verfügung stellen, die dieser braucht. Der Bankier wird neben dem Unternehmer die zweite wichtige Figur beim Entwicklungsprozess. Denn der Bankier ist der „Ephor" der Volkswirtschaft, da er entscheidet, welche Ideen umgesetzt werden und welche nicht. Schumpeter folgt somit im Kern ebenfalls der Idee der Marxschen Kreislaufformel des Kapitals, wobei er die Formel mit einem endogenen Geld- und Kreditschöpfungsprozess verbindet. „Die Kaufkraftschaffung charakterisiert prinzipiell die Methode, nach der sich die wirtschaftliche Entwicklung ... durchsetzt. Durch den Kredit wird den Unternehmern der Zutritt zum volkswirtschaftlichen Güterstrom eröffnet, ehe sie den normalen Anspruch darauf erworben haben. Es ersetzt gleichsam eine Fiktion dieses Anspruchs, temporär diesen Anspruch selbst. Die Kreditgewährung in diesem Sinn wirkt wie ein Befehl an die Volkswirtschaft, sich den Zwecken des Unternehmers zu fügen, wie eine Anweisung auf die Güter, die er braucht, wie ein Anvertrauen von Produktivkräften." (Schumpeter 1926, S. 153) Die Einführung von Innovationen und die damit verbundene Kreditexpansion sind mit einem ökonomischen Aufschwung verbunden. Denn nicht nur die innovativen Unternehmer werden in die neue Idee investieren, sondern die Scharen der normalen Unternehmen werden auch auf den Expansionszug aufspringen. In der Krise, welche der Expansion folgen muss, werden die weniger wettbewerbsfähigen Unternehmen untergehen. Die Krise hat somit eine bereinigende Wirkung.

Schumpeter (1942) analysierte und prognostizierte, ähnlich wie Marx und Keynes, dass die Trennung von Eigentum und Leitung von Unternehmen während der kapitalistischen Entwicklung zumindest im Bereich der Großunternehmen immer ausgeprägter werden würde. Es sind, wie auch schon von Marx betont, positive Größen- und Verbundeffekte bei der Produktion, beim Vertrieb oder beim Marketing, die laut Schumpeter Unternehmen immer größer werden lassen. Viele Industrien, so Schumpeter, werden aufgrund der internen Logik des Kapitalismus früher oder später von einer kleinen Anzahl von Großunternehmen dominiert. Schumpeter schloss von dieser Entwicklung, die empirisch nicht zu leugnen ist, dass die Dominanz von Großunternehmen einen Übergang zu einer Art Sozialismus befördert. Staat und Großunternehmen werden, so das Argument, kooperieren, Entwicklungen planen und das kapitalistische System stabilisieren.

Allerdings wird das System einen Teil seiner Innovationskraft einbüßen. Denn das Management in Großunternehmen, das zunehmend das Sagen in der ökonomischen Entwicklung hat, wird tendenziell als Technokratenklasse von Experten agieren und eigene Interessen verfolgen. Dies, so Schumpeter, sei kein idealer Nährboden für Unternehmer.

6. Was können wir aus der theoretischen Analyse bezüglich unserer Fragestellung lernen?

Die ökonomische Dynamik einer kapitalistischen Ökonomie hängt zentral am Kreditsystem. Ohne die Finanzierung von Investitionen und insbesondere Innovationen über Kredit ist kein ökonomischer Entwicklungsprozess denkbar. Ein Finanzsystem sollte so beschaffen sein, dass es die Investitions- und Innovationstätigkeit fördert und zu diesem Zweck günstige und ausreichende Kredite zur Verfügung stellt. Es sollte der ökonomischen Entwicklung dienen.

So wichtig das Finanzsystem für ökonomische Entwicklung ist, so gefährlich ist es.

- Das Finanzsystem kann die Kreditexpansion in Richtungen lenken, welche nicht entwicklungsfördernd sind. So ist die Finanzierung einer Immobilienblase sicherlich nicht das, was man sich von einem gut funktionierenden Finanzsystem verspricht. Auch eine übermäßige Verschuldung von Konsumenten, die zu einer Überschuldung von privaten Haushalten führt, ist alles andere als langfristig entwicklungsfördernd. Das Finanzsystem in den USA vor dem Ausbruch der Subprime-Krise im Jahre 2007, die zur Großen Rezession führte, hat genau dies getan. Auch in Spanien, Irland und anderen europäischen Ländern hat das Finanzsystem übermäßig Immobilien und Konsum finanziert und nicht zur langfristigen Entwicklung dieser Länder beigetragen.
- Das Finanzsystem kann ein Hort der Spekulation werden und dadurch die ökonomische Entwicklung destabilisieren. In aller Klarheit hat Keynes diesen Punkt benannt: „Spekulanten mögen als Luftblasen auf einem steten Strom des Unternehmertums keinen Schaden anrichten. Aber die Lage wird ernst, wenn das Unternehmertum die Luftblase auf einem Strudel der Spekulation wird. Wenn die Kapitalentwicklung eines Landes das Nebenerzeugnis eines Spielkasinos wird, wird die Arbeit voraussichtlich schlecht getan." (Keynes 936, S. 135) Auch diese Entwicklung ist in den letzten Jahrzehnten zu beobachten, das Finanzsystem wurde zunehmend ein Kasino.
- Das Finanzsystem kann ein Platz für illegale Aktivitäten und Gier werden. Solche Aktivitäten reichen von Steuerhinterziehung, Geldwäsche über die künstliche Schaffung von Intransparenz bis hin zu offenem Betrug.

Beispiele in diese Richtung finden sich massenhaft während der letzten Jahrzehnte.

Die Schlussfolgerung ist, dass nur ein strikt reguliertes und überwachtes Finanzsystem in der Lage ist, eine positive Rolle für die ökonomische Entwicklung zu übernehmen und die Gefahren, die mit dem Finanzsystem verbunden sind, zu begrenzen. Marx, Keynes und Schumpeter lassen sich in diese Richtung interpretieren.

Marx, Keynes und Schumpeter kommen gemeinsam zu dem überraschenden und wenig diskutierten Ergebnis, dass der kapitallose Manager der zentrale Funktionsträger in entwickelten kapitalistischen Gesellschaften wird. Die Eigentümer von Großunternehmen werden für die ökonomische Dynamik unwichtig. Sie werden zu Parasiten, die ohne Funktion arbeitsloses Einkommen einstreichen. Diese Einsicht führt zu zwei Konsequenzen.

- Erstens ist es nicht gerechtfertigt, dass Eigentümer ohne eigenständige Funktion im Unternehmen ein Einkommen erhalten. Der sanfte Tod des Rentiers kann somit ohne Schaden für die ökonomische Entwicklung realisiert werden. Regulationen des Finanzsystems in diese Richtung sind denkbar. Auch kann das Steuersystem eine wichtige Rolle für den ökonomischen Tod des Rentiers spielen. Die wichtigste Steuer in diesem Zusammenhang ist die Erbschaftssteuer. Das Vererben großer Vermögen ist für eine prosperierende Ökonomie nicht notwendig. Große Erben widersprechen zudem dem Gedanken gleicher Chancen in einer Gesellschaft.
- Wenn sich ein Managerkapitalismus herausbildet, dann werden die Mechanismen des Managements in Unternehmen zu einer zentralen Frage, zumal Manger, die mit fremdem Kapital wirtschaften sich ganz anders ins Zeug legen wie Eigentümer und auch eigene Interessen verfolgen. Das Interesse des Managements kann beispielsweise darin bestehen, kurzfristig das eigene Ein-

kommen auf Kosten der restlichen Stakeholder in einem Unternehmen zu erhöhen. Die Frage die sich hier stellt ist die: Wie kann das Management kontrolliert werden? Die beste Möglichkeit ist der Aufbau demokratischer Strukturen in Unternehmen. Strategische Entscheidungen können von den verschiedenen Stakeholdern im Unternehmen, also Arbeitnehmer, Kreditgeber, Ansiedlungsort des Unternehmens und Eigentümer gemeinsam getroffen werden. Das deutsche Mitbestimmungsmodell ist hier ein guter Ansatz und könnte ausgebaut werden, so dass auch Investitionsentscheidungen unter die Mitbestimmung fallen.

Extraprofite als Ausdruck der Einführung von innovativen Technologien, Organisationen oder Produkten sind gerechtfertigt und erhalten die Dynamik innerhalb einer Ökonomie aufrecht. Gibt es eine Tendenz zu oligopolistischen und monopolistischen Strukturen, dann entsteht die Gefahr, dass Unternehmen hohe Gewinne realisieren auch ohne innovativ zu sein. Zudem können solche Unternehmen über Schaffung von Intransparenz und Mechanismen der Nicht-Preis-Konkurrenz hohe Profite erzielen. Wettbewerbspolitik und der Zwang zu Transparenz sind staatliche Politiken, um solchen Tendenzen entgegenzuwirken. Natürliche Monopole wie Wasserversorgung, öffentlicher Nahverkehr oder Energieversorgung sollten unter staatlicher Regie betrieben werden und dem Ziel der Kostendeckung folgen. In vielen Bereichen ist genossenschaftliches Eigentum denkbar, etwa bei Wohnungsbaugenossenschaften.

Marx und Keynes haben verschiedene Erklärungen für die Existenz arbeitslosen Einkommens. Meines Erachtens ist die Marxsche und klassische Vorstellung nicht aufrecht zu erhalten, dass Reallöhne ausgehandelt werden und der Profit als Rest übrigbleibt. Ausgehandelt werden Geldlöhne. Erhöhungen des Geldlohn*niveaus* führen zur Erhöhung des Preis*niveaus* und nicht zu Änderungen der funktionalen Einkommensverteilung. Die keynesianische Vorstellung führt zur Empfehlung einer Lohnentwicklung, welche die Inflationsrate auf einem niedrigen Niveau stabilisiert. Dazu ist eine Entwicklung des nominellen Lohn*niveaus* notwendig, welche der Erhöhung der mittelfristigen Produktivitätserhöhung plus der Zielinflationsrate der Zentralbank entspricht. Zur Realisierung einer solchen Lohnentwicklung sind starke Gewerkschaften und Arbeitgeberverbände und ein koordiniertes Lohnverhandlungssystem notwendig (vgl. Herr/Horn 2012).

7. Die letzten Jahrzehnte – Entwicklung in Richtung einer Plutokratie

Während der letzten Jahrzehnte hat sich das Finanzsystem grundlegend gewandelt. Das marktfundamentale Deregulierungsprojekt, das in den 1970er Jahren begann und in den 1980er Jahren nach der Wahl von Margaret Thatcher (1979) und Ronald Reagan (1980) an Fahrt aufnahm, hat die Rolle und Macht der Finanzmärkte stark ansteigen lassen. Die wichtigsten Dimensionen der Veränderungen sollen kurz angesprochen werden (Dullien et al. 2011).

Die Trennung zwischen Geschäftsbanken und Nichtbankfinanzintermediären war eine der zentralen Regulierungen des Finanzsystems in angelsächsischen Ländern, das nach der Weltwirtschaftskrise in den 1930er Jahren im Rahmen des New Deals etabliert wurde. In Kontinentaleuropa gab es diese Trennung nicht, jedoch war in diesen Ländern das Finanzsystem geschäftsbankenzentriert. Nichtbankfinanzintermediäre sowie Aktienmärkte spielten faktisch keine Rolle. Die Mauer zwischen Geschäftsbanken und Nichtbankfinanzintermediären wurde in angelsächsischen Ländern ab den 1980er Jahren schrittweise aufgehoben, während in kontinentaleuropäischen Ländern Investmentbanking immer wichtiger wurde. Durch steigende Kreditbeziehungen zwischen den Geschäftsbanken und den Nichtbankfinanzintermediären wurde ein Schattenfinanzsystem genährt, das beständig an Bedeutung gewann. Zudem wurde der Markt für Immobilienkredite, der in allen westlichen Finanzsystemen nach dem Zweiten Weltkrieg ein spezifischer und abgeschotteter war, mit dem Rest des Kreditmarktes verbunden.

Verschiedene Punkte sind hier von Relevanz.

- Erstens gewannen Investmentbanken[21], Hedge-Fonds[22], Private-Equity-Fonds[23] etc. an Relevanz oder sind überhaupt erst entstanden. Diese Finanzinstitutionen sind risikofreudiger als traditionelle Banken; sie haben oft-

---

[21] Investmentbanken organisieren die Finanzierung von Unternehmen und anderen ökonomischen Einheiten über die Ausgaben von verzinslichen Wertpapieren und neuer Aktien. Sie entwickeln Finanzprodukte (mischen beispielsweise verschiedene Forderungsarten in einem Wertpapier), organisieren und finanzieren Verschmelzungen von Unternehmen, feindliche und freundliche Übernahmen von Unternehmen und ähnliche Aktivitäten. Sie spekulieren auf eigene Rechnung.

[22] Hedge-Fonds sind Vereinigungen von Großinvestoren (einschließlich Finanzinstitutionen), die dem ausschließlichen Zweck dienen, mit einem gewaltigen Kredithebeln über kurzfristige Spekulation Gewinne zu machen.

[23] Private-Equity-Fonds kaufen in der Regel existierende Unternehmen auf, restrukturieren die Unternehmen, um sie danach zu verkaufen. Restrukturierung bedeutet oftmals die Zerschlagung der Unternehmen und den Verkauf von Teilen des Unternehmens mit Gewinn. Auch Private-Equity-Fonds arbeiten mit riesigen Kreditsummen, die sie aufnehmen, um beispielsweise Unternehmen feindlich zu übernehmen. Nach dem Verkauf von Unternehmensteilen werden die Kredite zurückbezahlt und die Gewinne eingestrichen. Wenn übernommene Unternehmen nicht zerschlagen werden, so werden oftmals Sonderausschüttungen veranlasst, die die gesunde Eigenkapitaldecke des übernommenen Unternehmens reduzieren.

mals nur den Zweck, möglichst schnell mit Finanzmarktaktivitäten viel Geld zu verdienen.

- Diese Finanzinstitutionen agieren zweitens mit in der Regel sehr hohen Kredithebeln.
- Drittens – und dies verstärkt die ersten zwei Tendenzen – sind Institute im Schattenfinanzsystem weniger reguliert als Geschäftsbanken. Nimmt man die Finanzgeschäfte hinzu, die über Offshore-Zentren oder nicht offiziell organisierte Börsen abgewickelt werden, dann hat sich ein gigantisches Schattenfinanzsystem ohne adäquate Regulierung entwickelt, dass sich durch Kredite von Geschäftsbanken an das Schattenfinanzsystem gigantisch aufgebläht hat (vgl. Krugmann 2009).
- Viertens, die Funktionsweise des Schattenfinanzsystems hat das Verhalten der Geschäftsbanken verändert, die nun ebenfalls risikoreicher agieren. So haben Geschäftsbanken außerhalb ihrer offiziellen Bilanzen Zweckgesellschaften gegründet, die ähnliche Geschäfte durchführen wie Investmentbanken. Geschäftsbanken wollten auch am großen Renditekuchen der Nichtfinanzintermediäre teilhaben.
- Fünftens sind mächtige institutionelle Investoren in der Form von Pensionsfonds und Versicherungen entstanden. Zwar sind diese Institutionen stärker reguliert als andere Nichtbankfinanzintermediäre, aber auch diese Institutionen tummeln sich auf allen Vermögensmärkten und wollen möglichst hohe Renditen erwirtschaften.

Die Verbriefung von Krediten hat stark zugenommen. Verbriefung an sich ist ein altes Finanzinstrument und erleichtert die Übertragung von Forderungen. Da verbriefte Kredite auf Sekundärmärkten gehandelt werden, erhöht sich durch Verbriefung die individuelle Liquidität. Allerdings nimmt die Liquidität im Finanzsystem insgesamt nicht zu, da nicht alle gleichzeitig ihre Kreditforderungen verkaufen können. Verbriefung verschärft das Agency-Problem, da der erste Kreditgeber einen Anreiz hat, nicht auf die Qualität des Kredits achtet, wenn er den Kredit an andere verkaufen kann. Wird ein Kredit mehrmals weitergereicht und möglicherweise tranchiert und mit anderen Krediten gemischt, dann kann der letzte Halter der Forderung die Qualität des Kredits nicht mehr einschätzten. Rating Agenturen, ein Oligopol privater Unternehmen, sind nicht in der Lage, Wertpapiere adäquat einzuschätzen, zumindest war dies in der Vergangenheit der Fall. Über komplizierte Verbriefungen wurden minderwertige US-Immobilienkredite, manchmal gemischt mit Konsumenten- und Kreditkartenkrediten an Haushalte ohne ausreichendes Einkommen und Vermögen vergeben und an die ganze Welt weiterverkauft.

Dazu kommen die Deregulierung des internationalen Kapitalverkehrs und die Vernetzung der Finanzmärkte weltweit.

Neben diesen Veränderungen haben sich im Finanzsystem Praktiken etabliert, die das System zusätzlich instabiler gemacht haben. Zuerst ist die zunehmende Bedeutung quantitativer Risikomodelle zu nennen, die in allen Bereichen des Finanzsystems auf dem Vormarsch waren. Diese Modelle sind auf Daten der Vergangenheit aufgebaut und unterstellen alle in der einen oder anderen Variante, dass sich vergangene Entwicklungen in der Zukunft fortsetzen. Mit Hilfe vergangener Kreditausfallraten, Korrelationen zwischen der Preisentwicklung von Vermögenswerten etc. werden „optimale" Wertpapiere gebastelt.

Allerdings hat sich, wenig überraschend, gezeigt, dass vergangene Entwicklungen kein guter Ratgeber für zukünftige Entwicklungen sind. Quantitative Risikomodelle haben zudem den Nachteil, dass sie prozyklisch wirken, da in Expansionsphasen Risiken systematisch unterschätzt und in Krisenphasen überschätzt werden. Auch Institutionen, die für die Überwachung von Finanzinstituten zuständig sind, und Rating Agenturen basieren ihre Ansätze zur Überwachung auf quantitativen Risikomodellen. All diese Entwicklungen haben die Eigenkapitalhaltung selbst im regulierten Teil des Finanzsystems reduziert und prozyklische Effekte verstärkt. Dazu kam die Veränderung der Buchführungsnormen, die so verändert wurden, dass Vermögenswerte immer nach aktuellen Marktpreisen bewertet werden müssen. Dies erzeugt zwar in Phasen steigender Vermögenspreise steigende Gewinne, wirkt jedoch prozyklisch und macht das Finanzsystem instabiler.

All diese Entwicklungen haben zu einer Veränderung der Kultur im Finanzsystem und zu einem anderen Verhalten der Akteure auf Finanzmärkten geführt. Die stärkere Risikoorientierung einer steigenden Anzahl der Agierenden im Finanzsystem schlug sich in steigenden Renditeansprüchen, einer spekulativen Orientierung und einer Verkürzung des Zeithorizonts der Wirtschaftssubjekte nieder. Symptomatisch ist die Ankündigung des Chefs der Deutschen Bank Josef Ackermann (2003), der eine Eigenkapitalrendite von 25 Prozent als Zielgröße für die Deutsche Bank ausgab: „Wir haben ehrgeizige aber gleichwohl realistische Ziele für ... unsere Management Agenda gesetzt. Eine starke Wettbewerbsposition kombiniert mit einem guten 'Ertragsmomentum' stimmt uns zuversichtlich, dass wir unser Ziel einer Eigenkapitalrendite von 25 Prozent vor Steuern erreichen können."

Exemplarisch für die Deregulierungen im Finanzsystem und den höheren Renditeansprüchen ist der Wechsel zum Shareholder-Value-Modell in der Managementstrategie, das ab den 1980er Jahren populär wurde (vgl. Herr 2010). In den Jahrzehnten davor dominierte in allen westlichen Ländern das Stakeholder-Modell. Die sich ab den 1980er Jahren entwickelnden obszön hohen Managementgehälter waren unter dem Stakeholder-Modell nicht möglich. Einer der Wegbereiter der Shareholder-Value-Bewegung in den 1980er Jahren war Jack Welch, Vorstandsvorsitzender von General Electric. Auf einer theoretischen Ebene entwickelte Alfred Rappaport (1986) das Shareholder-Value-Modell. Es besagt, dass in der Zielfunktion der Unternehmenssteuerung ausschließlich die Interessen der Aktionäre enthalten sein sollten. Selbstverständlich erhofften sich die Eigentümer (oftmals institutionelle Anleger oder andere Institute der Finanzsphäre) durch die Veränderung der Unternehmensführung höhere Renditen. Nach der Shareholder-Value-Sicht lässt sich der Erfolg eines Unternehmens objektiv an der Entwicklung des Aktienkurses messen. Um die Interessen der Manager mit denen der Eigentümer deckungsgleich zu machen, wurden Manager mit Aktienoptionen und Bonuszahlungen, die am Gewinn orientiert wurden, entlohnt. Das Ziel des Shareholder-Value-Ansatzes hat in der Hinsicht geklappt, dass viele Unternehmen nun in brutaler Weise versuchenden die Profite zu erhöhen oder auf hohem Niveau zu stabilisieren. Entgegen den eigentlichen Zielen des Shareholder-Value-Ansatzes hat sich jedoch eine extreme Kurzfristorientierung bei der Unternehmensführung durchgesetzt. Selbst Rappaport (2005) geißelt diese Entwicklung. Zudem gelang es Managern wie keiner anderen Gruppe in der Gesellschaft ihre Einkommen zu steigern, die deutlich stärker als die der Rentiers anwuchsen (Atkinson /Piketty 2010). Die Entwicklungen im Finanzsystem der letzten Jahrzehnte scheinen Marx, Keynes und Schumpeter zu bestätigen, dass Manager im Finanzbereich und in Großunternehmen generell in den entwickelten kapitalistischen Ländern zum ökonomischen Machtzentrum werden.

Zusammenfassend können wir festhalten: Die Veränderungen im Finanzsystem während der letzten 30 Jahre haben zu einer Machtzunahme des Finanzsystems und einem Renditehunger geführt, die die Jahrzehnte davor unbekannt waren. Die Einkommensverteilung hat sich drastisch zum Vorteil der Reichen verändert, wobei die Gruppe der Manager insbesondere im Finanzbereich sich einen überdurchschnittlich großen Kuchen des Einkommens angeeignet hat. Ökonomen wie Paul Krugmann (2009) oder Joseph Stiglitz (2012) sprechen von Tendenzen einer Plutokratie, die ihr Machtzentrum in der Wall Street hat. Wall Street steht für die Macht der Manager und der gewaltigen Vermögen, die sie verwalten, und natürlich gigantisch reiche Einzelpersonen oder Familien, die sich mit der Managementkaste politisch vereinen und die gleichen Interessen verfolgen.

Literatur[24]

Ackermann, J.: 2005, http://www.manager-magazin.de/finanzen/artikel/a-339915.html.

Atkinson, Anthony B. / Piketty, Thomas: Top Incomes – A Global Perspective, Oxford 2010.

Dullien, Sebastian / Herr, Hansjörg / Kellermann, Christian: Decent Capitalism. A Blueprint for Reforming our Economics, London 2011.

Fama, Eugene (E.F.): Efficient Capital Markets, A Review of Theory and Empirical Work, in: Journal of Finance, 1970 Vol. 25, 383–417.

Friedman, Milton: Die Rolle der Geldpolitik, in: Friedman, M., Die optimale Geldmenge und andere Essays, Frankfurt am Main 1976.

Hahn, Frank: Die allgemeine Gleichgewichtstheorie, in: Bell Daniel; Kristol, Iriving (Hg.), Die Krise der Wirtschaftstheorie, Berlin u. a. 1984.

Hayek, Friedrich August von: Der Wettbewerb als Entdeckungsverfahren, in: Österreichische Schule der Nationalökonomie (Hg.): Die Österreichische Schule der Nationalökonomie. Texte – Band II von Hayek bis White, Wien 1968.

Heine, Michael / Herr, Hansjörg: Volkswirtschaftslehre. Paradigmenorientierte Einführung in die Mikro- und Makroökonomie, 3. Auflage, München 2013.

Herr, Hansjörg: Shareholder-Value als Leitbild unternehmerischer Verantwortung?, in: Meyer, Susanne / Pfeifer, Bernd (Hg.), Die Gute Hochschule. Ideen, Konzepte und Perspektiven. Festschrift für Franz Herbert Rieger, Berlin 2010.

[24] Wenn bei einer Literaturquelle zwei Jahreszahlen angegeben sind, dann drückt die erste Zahl das Jahr der ersten Veröffentlichung aus, die zweite Zahl die Jahreszahl der Publikation (oftmals Übersetzung), die in diesem Beitrag für Verweise etc. verwendet wird.

Herr, Hansjörg: Money, Expectations, Physics and Financial Markets. Paradigmatic Alternatives in Economic Thinking, in: Ganssmann, Heiner (Hg.): New Approaches to Monetary Theory. Interdisciplinary Perspectives, London 2011.

Herr, Hansjörg / Horn, Gustav A.: Wage Policy Today, Global Labour University Working Paper No. 16, 2012.

Herr, Hansjörg / Kazandziska, Milka: Macroeconomic Policy Regimes in Western Industrial Countries, London 2011.

Keynes, John Maynard: Vom Gelde, Berlin 1930.

Keynes, John.Maynard: A Monetary Theory of Production, Collected Writings of John Maynard Keynes, Vol. 13, London 1933 / 1937.

Keynes, John Maynard: Allgemeine Theorie der Beschäftigung, des Zinses und des Geldes, Berlin 1936.

Keynes, John Maynard: The General Theory of Employment, in: Quarterly Journal of Economics, 1937, Vol. 51, 209-233.

Keynes, John Maynard: Towards the General Theory, Collected Writings of John Maynard Keynes, Vol. 29, London 1979.

Krugmann, Paul: Die große Rezession. Was zu tun ist, damit die Weltwirtschaft nicht kippt, Frankfurt 2009.

Kruse, Alfred, Geschichte der volkswirtschaftlichen Theorien, 4. Auflage, Berlin 1959.

Laum, Bernhard: Heiliges Geld, Tübingen 1924.

Marx, Karl: Das Kapital, Band 1, Der Produktionsprozess des Kapitals, Karl Marx - Friedrich Engels - Werke, Band 23,Berlin 1887 / 1962.

Marx, Karl: Das Kapital Band 3, Der Gesamtprozess der kapitalistischen Reproduktion. Karl Marx - Friedrich Engels - Werke, Band 25, Berlin 1894 / 1983.

Marx, Karl: Marx-Engels-Werke II/Bd. 5, Berlin 1983.

Mill, John Stuart: Grundsätze der politischen Ökonomie, drittes Buch Tausch, John Stuart Mill's Gesammelte Werke, Leipzig 1848 / 1869.

Polanyi, Karl: The Great Transformation, New York 1944.

Rappaport, Alfred: Creating shareholder value: The new standard for business performance. New York 1986.

Rappaport, Alfred: The Economics of Short-Term Performance Obsession. Financial Analysts Journal, 2005, Vol. 61, No. 3, 65-79.

Schumpeter, Joseph: Theorie der wirtschaftlichen Entwicklung. Eine Untersuchung über Unternehmergewinn, Kapital, Kredit, Zins und den Konjunkturzyklus, 2. Auflage, Berlin 1926.

Schumpeter, Joseph: Kapitalismus, Sozialismus und Demokratie.

UTB, Stuttgart 1942 / 2005.
Stiglitz, Joseph:, Der Preis der Ungleichheit. Wie die Spaltung einer Gesellschaft unsere Zukunft bedroht, Berlin 2012.
Walras, Léon: Elements of Pure Economics, London 1874 / 1954.

Klaus Dörre

Grenzen der Verschuldung? Europa in der ökonomisch-ökologischen Doppelkrise

»Europa befindet sich in seiner wohl schwersten Krise seit 1945. Eine wachsende Zahl historisch versierter Zeitgenossen sieht sich bereits an die Lage vor 1933 erinnert«, bringt Claus Offe die Lage in Europa im Jahr 2013 treffend auf den Punkt. Zu den beeindruckendsten ideologischen Leistungen führender Eliten gehört die erfolgreiche Umdeutung der globalen Finanzkrise in eine vorwiegend hausgemachte Schuldenkrise europäischer Staaten. Als Verursacher dieser Fiskalkrise gelten dem marktradikalen Mantra eben jene Länder der süd- und osteuropäischen Peripherie, die angeblich »durch den billigen Kredit, den der Euro brachte, zu teuer geworden«[1] seien, um im globalen Wettbewerb bestehen zu können. Die Behauptung, die Bevölkerungen der Krisenländer hätten über ihre Verhältnisse gelebt und so die Verwerfungen ausgelöst, setzt indessen auf Gedächtnisverlust, denn sie blendet den Einfluss des globalen Crashs an den Finanzmärkten auf die europäischen Ereignisse schlichtweg aus. Dementsprechend problematisch sind die Therapievorschläge. Die europäischen Krisenländer sollen vom Schuldenwachstum abrücken, strikte Haushaltsdisziplin wahren, verbliebenes öffentliches Eigentum privatisieren, ihre Arbeitsmärkte radikal flexibilisieren sowie soziale Sicherungssysteme, Kollektivverhandlungen und Gewerkschaften noch weiter schwächen. Schon jetzt ist klar, dass sich die Austeritätsdoktrin für die Krisenländer und für den gesamten europäischen

[1] Sinn 2013, S. 103.

Integrationsprozess verheerend auswirken. Das auch, weil die zugrunde liegende Krisendeutung den Kern der europäischen und globalen Problematik verfehlt. Die entwickelten Kapitalismen, so die These des nachfolgenden Beitrags, befinden sich in einer ökonomisch-ökologischen Doppelkrise, die sich nur überwinden lässt, wenn mit jenem strukturellen Wachstumszwang gebrochen wird, der lange Zeit die größte Stärke marktwirtschaftlich kapitalistischer Gesellschaften darstellte. Die Begründung dieser Sichtweise erfolgt in vier Schritten. Die Argumentation beginnt mit einer Phänomenologie der ökonomischen Krise (1), skizziert Krisenursachen (2), erweitert die Analyse um die Dimension der ökologischen Krise und der ökologischen Schulden (3), befasst sich mit den Grenzen neoschumpeterianischer Lösungsversuche und plädiert sodann für einen Übergang hin zu sozial und ökologisch nachhaltigen Postwachstumsgesellschaften (4).

1. Phänomenologie und Verlauf – die globale ökonomische Krisenkaskade

Blicken wir zurück. 2007 war es eine US-amerikanische Immobilienkrise, die binnen kürzester Zeit den Zusammenbruch des globalen Finanzsystems auslöste. Die Krisengeschichte hatte, zunächst fast unbemerkt, mit insolventen Hausbesitzern aus der Arbeiterschaft begonnen. Aufmerksamkeit erregten die Privatinsolvenzen jedoch erst, als Angehörige der Mittelklassen betroffen waren. Banken hatten die unkalkulierbaren Risiken von Immobilienkrediten, die an flexible Zinssätze gekoppelt waren, mittels Verbriefung, das heißt über eine Kombination von hohen mit scheinbar geringeren Risiken, breit gestreut. Diese vermeintliche Demokratisierung von Risiken erwies sich als Achillesferse des globalen Finanzsystems. Faule Kredite, die von zahlungsunfähigen Hausbesitzern nicht mehr bedient werden konnten, mündeten in die Pleite von Lehmann Brothers und lösten schließlich eine Bankenkrise aus, die sich nicht mehr auf die USA begrenzen ließ. Erfasst wurden Kreditinstitute und Finanzmarktunternehmen, die, wie zum Beispiel deutsche Landesbanken, über Zweckgesellschaften am Immobilienboom partizipieren wollten. Der Vertrauensverlust im Bankensystem brachte das Interbankengeschäft und die Kreditvergabe faktisch zum Erliegen, Bankenkrise und Kreditklemme wiederum bewirkten einen globalen Flächenbrand, der zeitverzögert auch die sogenannte Realökonomie bzw. die Produktionsökonomie ohne Finanzsektor erreichte. Dabei traf eine nunmehr alles überwölbende Krisenkonstellation auf nationale Ökonomien mit endogenen Schwächen und Ungleichgewichten. Als die Weltwirtschaft ab 2010 auf einen Wachstumspfad zurückkehrte, blieben zahlreiche regionale und nationale Krisenherde zurück, die mit je besonderen Wachstumsmodellen, Formen des Krisenmanagements und Antikrisenprotesten korrespondierten.

Besonders heftig hatte sich die Krise zunächst in jenen Ländern ausgewirkt, die – wie die USA, England oder Spanien – seit den 1990er Jahren mit einer Art Bastard-Keynesianismus versucht hatten, stagnierende Löhne durch billige Immobilienkredite zu kompensieren. Im spanischen Fall wurde der Krisenverlauf wesentlich vom Niedergang des spekulationsgetriebenen Wachstums im Bausektor beeinflusst[2]. Baltische Staaten wie Lettland, die als Musterknaben für neoliberale Reformen gegolten hatten, waren wegen der Bankenkrise nicht mehr in der Lage, Staatskredite umzuschulden und gerieten an den Rand der Zahlungsunfähigkeit, was die Arbeitslosenzahlen in die Höhe schnellen ließ[3]. Wieder anders verlief die Krise in exportstarken Ländern. Deutschland, das 2009 ein Rekord-Negativwachstum von minus 4,7 Prozent des Bruttoinlands-

[2] Banyuls / Recio 2014.

[3] Leschke u. a. 2014.

produktes verzeichnete, wurde vom Wegbrechen der Auslandsnachfrage in die Rezession getrieben[4]. Rohstoff exportierende Länder, darunter Russland, sahen sich wegen des weltweiten Einbruchs der industriellen Produktion mit fallenden Weltmarktpreisen konfrontiert. Und selbst die großen Flächenstaaten China und Indien, die nicht vollständig in das globale Finanzsystem integriert waren, entgingen dem Krisenstrudel nicht. Aufgrund geringer Auslandsnachfrage verlor allein China binnen kürzester Zeit 20 Millionen Jobs[5] – eine dramatische Entwicklung, die allerdings relativiert wurde, weil die Konjunktur rasch wieder anzog.

Entgegen der Behauptung, der Zusammenbruch an den Finanzmärkten habe sich primär auf Vermögensbesitzer ausgewirkt, wurden die Ärmsten der Armen, unter ihnen überproportional viele Frauen[6], von den Krisenfolgen besonders hart getroffen. In Mexiko, Ecuador oder Haiti, wo ganze Bevölkerungsschichten von den Überweisungen ausgewanderter Arbeitskräfte abhängig sind, bedingte die Entlassung von Bauarbeitern oder Hausbediensteten Unterernährung und Hungertote. Obwohl die Weltwirtschaft 2010 um durchschnittlich fünf Prozent und 2011 noch einmal um vier Prozent gewachsen ist, waren 2011 offiziell noch immer 197 Millionen und damit 27 Millionen Menschen mehr arbeitslos als vor der Krise; 900 Millionen Menschen lebten laut der Internationalen Arbeitsorganisation (ILO) unter der absoluten Armutsschwelle von zwei US-Dollar pro Tag. Mit anderen Worten: »Die Krise kaskadierte von einem Wirtschaftszweig zum nächsten und von einem geografischen Ort zum anderen, wobei alle möglichen indirekten Auswirkungen und Rückkoppelungseffekte im Spiel waren, die zu kontrollieren oder gar aufzuhalten und umzukehren schier

[4] Deutsche Bank 2013.
[5] Stiglitz 2010, S. 9.
[6] für Europa: Karamessini / Rubery 2013.

unmöglich zu sein schien«[7].

Die Krise erfasst die Eurozone

In der Eurozone trafen die Auswirkungen des Crashs auf ein zerbrechliches suprastaatliches Gebilde, das Länder mit stark differierender wirtschaftlicher Leistungsfähigkeit in einen einheitlichen Wirtschaftsraum mit Gemeinschaftswährung integrierte. Die Europäische Union hatte es Regierungen ermöglicht, auf der suprastaatlichen Ebene Handlungszwänge zu implementieren, die dann in Gestalt marktzentrierter Politiken national als vermeintliche Sachzwänge exekutiert werden konnten. Währungsunion und Euro bedeuteten die Vollendung dieses Projekts. Sie haben den Staaten der Eurozone die Möglichkeit genommen, Wettbewerbsdefizite mittels Abwertung ihrer nationalen Währung wenigstens auf Zeit auszugleichen. Daher bleibt den schwächeren Ökonomien als Instrument nur noch die »innere Abwertung«[8], sprich: der ständige Druck auf Löhne, kollektive Sicherungssysteme und soziale Standards. Die globale Finanzkrise hatte ihren Tiefpunkt bereits überschritten, als diese fragile europäische Konstellation ihr eigenes Krisenpotential entfaltete. Die Ereigniskette begann in Griechenland. Dort hatte die globale Finanzkrise die strukturellen Grenzen eines nationalen Wirtschaftsmodells sichtbar gemacht, das die seitens der EU forcierte Freisetzung von Arbeitskräften aus dem traditionalen, agrarisch-handwerklich geprägten Sektor durch die Ausweitung von Staatsbeschäftigung zu kompensieren suchte[9]. Korrupte Eliten und ein ineffizientes Steuersystem hatten schon vor der Krise zu einer Schieflage des Staatshaushaltes beigetragen. Als das Staatsdefizit 2009 statt der erwarteten sechs Prozent auf zwölf Prozent

[7] Harvey 2014, S. 41.
[8] Streeck 2013, S. 237.
[9] Steinko 2013, S. 140-155.

anstieg, verlangten Investoren, die griechische Schuldscheine zuvor kaum anders behandelt hatten als deutsche Staatsanleihen, höhere Zinsen. Die Banken reagierten mit geradezu panikartigen Versuchen, griechische Wertpapiere zu verkaufen. Angesichts des Wertverfalls und der Zinssteigerungen war der griechische Staat nicht mehr in der Lage, den Schuldendienst aus eigener Kraft zu meistern[10].

Griechenland blieb nicht allein. Innerhalb ihres sozialen Feldes völlig rational, suchten Ratingagenturen, Anleger und Spekulanten nach weiteren Wackelkandidaten innerhalb der Eurozone. Diese waren unter anderem mit Irland, Island, Italien, Portugal und Spanien rasch gefunden. Erst das Versprechen der Europäischen Zentralbank, praktisch unbegrenzt Staatsanleihen aufzukaufen, gebot dem spekulativen Treiben Einhalt. Doch die strukturellen Finanzprobleme der Krisenstaaten blieben. In ihrem Bestreben, systemrelevanten Kreditinstituten das Überleben zu sichern, hatten die europäischen Staaten teilweise dramatische Neuverschuldungen in Kauf genommen. Für die kostspieligen Rettungsmaßnahmen, die sie zumeist bei steigender Arbeitslosigkeit und dadurch bedingten Einnahmeausfällen über Kredite finanzierten, wurde ihnen anschließend von genau jenen Finanzmarktunternehmen, die im Angesicht der Krise lauthals nach Staatsintervention gerufen hatten, die Rechnung präsentiert. Die Misstrauenserklärungen der Finanzmärkte bestraften vor allem die Nehmerländer von Finanzhilfen in Süd- und Osteuropa mit sinkender Kreditwürdigkeit und steigenden Zinsen. Auf diese Weise wurde die griechische Krise zur Geburtshelferin des europäischen Konsolidierungsregimes. Aufgrund der fiskalpolitischen Gegenmaßnahmen hat sich, so Wolfgang Streecks großartige Krisenanalyse, ein europäischer »Konsolidierungsstaat« herausgebildet, der Schuldenabbau und Haushaltsdisziplin oberste Priorität einräumt. Das Verhältnis von europäischem Staatensystem und

---

[10] Markantonatou 2014, S. 217-228.

kapitalistischer Ökonomie wird neu formiert – und zwar gänzlich »ohne Betäubung«, wie Streeck[11] sarkastisch formuliert.

Die Ergebnisse der fiskalpolitischen Weichenstellungen können in den europäischen Verliererstaaten besichtigt werden. Unter dem Diktat harter Sparauflagen ist die Wirtschaftsleistung von Ländern an der sogenannten EU-Peripherie, die historisch betrachtet eher das kulturelle Herz Europas darstellen, deutlich unter das Niveau von 2008 gefallen. Allein das griechische Bruttoinlandsprodukt ist um rund ein Viertel geschrumpft. Alarmierend ist der Einbruch bei den Investitionen – in Griechenland liegen sie 40 Prozent unter dem Niveau von 2007, in Irland, dem vielgerühmten Musterknaben europäischer Austeritätspolitik, gar um 55 Prozent[12]. Vor allem in den Südländern kann nicht mehr von Rezession gesprochen werden, denn es handelt sich um einen länger währenden Schrumpfungsprozess ganzer Volkswirtschaften. Wie immer, wenn die Wirtschaft stagniert oder schrumpft, nehmen Arbeitslosigkeit, Armut und Prekarität zu. In der Eurozone war 2013 mit durchschnittlich 19,3 Millionen offiziell registrierten Personen ohne Erwerbsarbeit ein Rekordwert erreicht. Zwar ist die Arbeitslosenquote seither wieder leicht gesunken, an der Dramatik der Krisenfolgen ändert das aber wenig.

Ein Blick auf die griechischen Verhältnisse muss genügen, um die Bedeutung der im Gange befindlichen Veränderungen zumindest anzudeuten. Griechenland ist zu einem Labor geworden, in welchem die Wirkungen der Austeritätspolitik am lebendigen Objekt, will sagen: an der Bevölkerung des Landes, getestet werden. Nach 2010 hatte die Troika, ein Gremium, dem IWF, EU und EZB angehören, drei Verabredungen mit der griechischen Regierung getroffen. Die Vereinbarungen liefen auf eine rigide Sparpolitik, Rückbau des öffentlichen Sektors, umfassende Privatisierungen und die Beseitigung sozialer

[11] Streeck 2013, S. 166.
[12] zum irischen Fall vgl. Wickham 2014, S. 181-196.

Rechte zugunsten größerer Arbeitsmarktflexibilität hinaus. Die „innere Abwertung" wurde zunächst von einer sozialistischen und anschließend einer konservativ geführten Regierung durchgesetzt. Wie in anderen Krisenländern vertiefte die Austeritätspolitik die wirtschaftliche Rezession. Ab 2008, einem Jahr mit Nullwachstum, schrumpfte das griechische Bruttoinlandsprodukt kontinuierlich, die Rekordmarke wurde 2011 mit minus 6,9 Prozent erreicht (Weltbank 2012). Als Folge stieg die Arbeitslosigkeit von 7,7 Prozent (2008) auf 24,3 Prozent (2012), die Jugendarbeitslosigkeit kletterte im selben Zeitraum von 22,1 Prozent auf 55,3 Prozent (Eurostat 2014). Mittlerweile sind mehr als die Hälfte aller Erwerbslosen Langzeitarbeitslose und mindestens ein Jahr ohne Job. Allein zwischen 2010 und 2011 fiel das Durchschnittseinkommen um 8 Prozent, die Lohnkürzungen im öffentlichen Sektor betragen 20 Prozent, im Extremfall sogar 50 Prozent. Der Anteil nicht sozialversicherungspflichtiger Beschäftigungsverhältnisse ist auf 36 Prozent gestiegen. Rentenkürzungen bewegen sich zwischen 14 Prozent und 48 Prozent; die Obdachlosigkeit, von der zunehmend auch gebildete Personen betroffen sind, liegt 45 Prozent über dem Vorkrisenniveau. Auch die Selbstmordrate erreicht Rekordwerte, nach einem Anstieg um 25 Prozent (2009-2010) ist sie im Folgejahr noch einmal um 40 Prozent gestiegen[13].

Hinter solchen Zahlen verbirgt sich der Übergang zu einem in Europa zuvor unbekannten Gesellschaftstypus. Griechenland ist, wie andere Krisenstaaten auch, zu einer prekären kapitalistischen Schrumpfungsgesellschaft geworden. Nach Sudan und Südsudan liegt das Land im globalen Ranking der Schrumpfungsökonomien an dritter Stelle. Es handelt sich um eine europäische Gesellschaft, die sich nach einer 13jährigen Wachstumsperiode durch Devolution, durch ökonomische Rückentwicklung auszeichnet. Wie das griechische Beispiel illustriert, sind in den Krisenländern elementare gesellschaftliche

[13] Markantonatou 2014, S. 221.

Leistungen nur noch auf dem Weg der Selbsthilfe und informell zu gewährleisten. Ärzte versorgen nach dem offiziellen Arbeitstag kostenlos Kranke, die sich eine medizinische Versorgung nicht mehr leisten können; der materielle Mangel fördert die Subsistenzarbeit, Tauschringe ohne Geldzahlungen sichern mittellosen Personen eine Grundversorgung und soziale Netzwerke bieten denen, die ihre Mieten nicht mehr zahlen können, Obdach in beengten Wohnungen oder auf Campingplätzen an. Inmitten der Eurozone bilden sich so Gesellschaften mit informellen Strukturen heraus, wie sie lange Zeit nur aus dem globalen Süden bekannt waren. Ökonomische Schrumpfung und die Enteignung von Sozialeigentum bringen Verhältnisse hervor, in denen nicht nur die Erwerbsarbeit, sondern mehr oder minder alle gesellschaftlichen Basisinstitutionen instabil geworden sind. In diesen Gesellschaften leben Bevölkerungsmehrheiten in prekären Verhältnissen. „Regieren" läuft in diesem Regime auf eine Maximierung von Unsicherheit bei gleichzeitiger Gewährung jenes Minimums an sozialer Absicherung hinaus, das gerade noch notwendig ist, um Aufstände und Revolten zu vermeiden oder doch unter Kontrolle zu halten[14].

2. Krisenursachen: Landnahme und das Kapitalüberschuss-Absorptionsproblem

Was sind die Ursachen dieser ökonomisch-politischen Krise, die sich in Europa und insbesondere in der Eurozone eingenistet hat? Um diese Frage zu beantworten, muss der Prozess in den Blick genommen werden, der zur großen Krise von 2008/09 geführt hat. Wir haben diesen Prozess an anderer Stel-

[14] Lorey 2012, S. 14.

le als kapitalistische Landnahme des Sozialen beschrieben[15]. Landnahme ist als soziologische und polit-ökonomische Kategorie für Theorien zentral, die den industriellen Kapitalismus als expansives System analysieren und kritisieren. Ungeachtet ihrer sonstigen Heterogenität teilen entsprechende Konzepte die Annahme, dass kapitalistische Gesellschaften sich nicht ausschließlich aus sich selbst heraus reproduzieren. Kapitalistische Entwicklung vollzieht sich als komplexe Innen-Außen-Bewegung. Stets beinhaltet sie die Internalisierung von Externem, die Okkupation eines nicht oder nicht vollständig kommodifizierten Anderen. In der (west-)deutschen Arbeitssoziologie hat zuerst Burkart Lutz Landnahme als eine Schlüsselkategorie genutzt, um die nachlassende Prosperität des westdeutschen Sozialkapitalismus zu erklären. Gegen ein modernisierungstheoretisches Kontinuitätsparadigma gerichtet argumentierte Lutz, die Entwicklung industrieller Gesellschaften folge keinem natürlichen Wachstumspfad, sondern durchlaufe immer wieder Phasen der Stagnation und der Krise. Jeder Wachstumsschub beruhe auf einer Durchsetzung neuer Strukturparameter und lasse sich »als eine Phase je spezifischer Landnahme durch den expandierenden industriell-marktwirtschaftlichen Teil der Volks- und Weltwirtschaft beschreiben«[16]. In dieser Verwendung ist »Land« ein Synonym für »nichtkapitalistische Milieus«[17]. Als Protagonisten von Landnahmen agieren dominante Klassenfraktionen, große Unternehmen und der Staat. Über soziale Konflikte mit Repräsentationen kapitalloser Gruppen und Klassen vermittelt, betreiben sie die Durchsetzung neuer Strukturparameter. Präziser: Sie sind bemüht, die kapitalistische social order, den jeweiligen hegemonialen »kapitalistischen Geist«[18], so anzupassen, dass halbwegs kohärente

[15] Dörre 2009, S. 2012.
[16] Lutz 1984, S. 62.
[17] Luxemburg 1975 [1913], S. 303, 314.
[18] Boltanski / Chiapello 2003.

Beziehungen zwischen Regulationsweise, Produktionsmodell und Akkumulationsregime wirtschaftliches Wachstum ermöglichen.

Das Kapital-Überschuss-Absorptionsproblem

Betrachten wir den sozioökonomischen Wirkungsmechanismus etwas genauer. Ökonomische Krisen sind im Kapitalismus zunächst nichts anderes als Störungen des Kapitalflusses. Geld wird fortwährend mit dem Ziel investiert, mehr Geld zum Investor zurückfließen zu lassen. Insofern ist der Kapitalismus »nichts, wenn er nicht in Bewegung ist«[19]. Allerdings stößt der Kapitalfluss fortwährend auf selbst erzeugte Grenzen. Kapitalistische Gesellschaften beziehen ihre Dynamik wesentlich aus der Fähigkeit, absolute Grenzen der Akkumulation in überwindbare Barrieren zu verwandeln[20]. Schranken der Akkumulation können während jeder Phase (Produktion, Zirkulation, Konsumtion) auftreten, die das Kapital im Zuge seiner erweiterten Reproduktion durchläuft, und jede dieser Störungen kann »den kontinuierlichen Fluss des Kapitals verlangsamen und unterbrechen und damit eine Entwertungskrise auslösen«[21]. Wichtige potentielle Krisenursachen sind ungenügendes Startkapital für kapitalintensive Innovationen, Arbeitskräfteknappheit, Disproportionalitäten zwischen wirtschaftlichen Sektoren, Knappheit an natürlichen Ressourcen oder andere ökologische Verwerfungen, wirtschaftliche Ungleichgewichte durch rasche organisatorische und technologische Veränderungen, Arbeiterwiderstand, Unterkonsumtion oder auch Ungleichgewichte, die im Geld- und Finanzsystem ihren Ursprung haben[22].

Jede ökonomische Krise ist in Ursachen und Verlauf einmalig. Kleinere Krisen, die im Konjunkturzyklus alle sieben, acht

[19] Harvey 2011, S. 23.

[20] A.a.O., S. 373.

[21] A.a.O., S. 372 f.

[22] Harvey 2014, S. 52.

Jahre auftreten, müssen jedoch, ebenso wie zahlreiche andere Störungen des Kapitalflusses, systematisch von einem Krisentyp unterschieden werden, dessen Entfaltung das gesamte Ensemble gesellschaftlicher Regulationen berührt. In der Entwicklungsgeschichte des deutschen Sozialkapitalismus können die Große Depression (1873-1895), die Große Weltwirtschaftskrise (1929-1932) und die Neue Depression (1973-1974) als »große Krisen« kapitalistischer Akkumulation bezeichnet werden[23]. Wie im Falle der Großen Depression halten solche Krisen mitunter lange Zeit an. Unabhängig von ihrer Dauer gilt für diesen Krisentypus jedoch, dass die zentralen Akteurs-Institutionen-Netzwerke (Staat-Finanzwelt-Nexus; Staat-Unternehmens-Nexus, Staat-Arbeit-Nexus), die auf unterschiedliche Weise für einen möglichst reibungslosen Kapitalfluss sorgen sollen, ihre Regulationsfunktion nicht mehr erfüllen können. Die Störungen des Kapitalflusses verweisen auf eine zunehmende Inkompatibilität ökonomischer Sektoren und gesellschaftlicher Institutionen. »Große Krisen« sind daher immer auch Krisen von Produktionsmodellen, Reproduktionsweisen, Wohlfahrtsstaaten und – soweit vorhanden – Demokratie. Sie dienen dazu, einen zunehmend dysfunktionalen alten durch einen neuen Modus operandi kapitalistischer Landnahmen zu ersetzen, um auf diese Weise Wachstum zu erzeugen.

In einem Teil der politökonomischen und wirtschaftshistorischen Literatur[24] werden die Perioden zwischen »großen Krisen« als lange Wellen kapitalistischer Akkumulation interpretiert. Solche Perioden lassen sich jedoch allenfalls ex post rekonstruieren. Es existiert kein endogener Mechanismus, der lange Wellen »gesetzmäßig« erzeugen könnte[25]. Allerdings finden in »großen Krisen« grundlegende Richtungsentscheidungen statt. Trotz historischer Singularität offenbart sich in

[23] Priewe 1985, S. 9-50.

[24] Braudel 1985-1986.

[25] Harvey 2014, S. 99.

jeder ökonomischen Krise aber eine gemeinsame Grundproblematik, die David Harvey als Kapitalüberschuss-Absorptionsproblem[26] bezeichnet. Diese Problematik besteht vereinfacht gesagt darin, dass für eine kapitalistische Ökonomie, die während einer Produktionsperiode um durchschnittlich drei Prozent wächst, in der nachfolgenden Periode absorptionsfähige Märkte geschaffen werden müssen, was ohne markterweiternde Investitionen nicht möglich ist. Daher gilt als Faustformel: drei Prozent Wachstum erzwingen drei Prozent zusätzliche Investitionen, um kapitalistische Gesellschaften mittels innovationsgetriebener Marktexpansion dynamisch zu stabilisieren. Je höher das Reichtumsniveau von Gesellschaften und je größer das Wachstum, desto schwerer wird es jedoch, neue Märkte im erforderlichen Umfang zu erschließen. Dieses Kapitalüberschuss-Absorptionsproblem ist die zentrale ökonomische Triebkraft hinter kapitalistischen Landnahmen. Das Streben nach immer neuen Lösungen für das Kapitalüberschuss-Absorptionsproblem erklärt, weshalb der Akkumulationsprozess des Kapitals, »die unumschränkte Verfügungsmöglichkeit über alle Arbeitskräfte des Erdrunds«, über »alle Produktivkräfte der Erde« benötigt, soweit diese in den Schranken der Mehrwertproduktion mobil zu machen sind[27].

Ökonomische Krisen, so lässt sich festhalten, resultieren aus Grenzen kapitalistischer Akkumulation, die überwunden, zeitlich verschoben und räumlich verlagert werden, um schließlich an neue Grenzen zu stoßen. Nimmt man die Zeitspanne zwischen der Neuen Depression der 1970er Jahre und der globalen Krisen von 2008/09, so zeichnet sich als grobes Muster für die kapitalistischen Zentren eine gleichgerichtete Bewegung ab. Bei der Neuen Depression handelte es sich zumindest in der Wahrnehmung kapitalistischer Eliten um eine Profitklemmen-Krise, die, durch relative Arbeitskräfteknappheit und wachsen-

[26] A.a.O., S. 32.
[27] Luxemburg 1975 [1913], S. 312.

de Lohnabhängigenmacht verursacht, die Unternehmensgewinne schmälerte. Vom Wegfall der Blockkonfrontation zusätzlich begünstigt, motivierte diese Grenze dominante kapitalistische Akteure zu Weichenstellungen für innere Landnahmen, die den Wohlfahrtsstaat und die von ihm geschützten Sektoren als ein Außen betrachteten, das es zu okkupieren galt. Eine Vielzahl unterschiedlicher Kommodifizierungspolitiken setzte an marktbegrenzenden Institutionen und Organisationen an, beschnitt das kollektive Sozialeigentum besitzloser Klassen und schwächte die organisationsgebundene wie auch die institutionelle Macht von Lohnabhängigen. Im Ergebnis erzeugten (Re-)Kommodifizierungspolitiken, Niedergang von Gewerkschaften und Arbeiterbewegungen, sinkende Löhne und die Ausbreitung prekärer Arbeits- und Lebensverhältnisse jedoch neue Schranken der Akkumulation. Steigende Produktivität und größerer Output an Gütern und Dienstleistungen stießen »auf das Problem der fehlenden Nachfrage«[28]. Diese neue Grenze ließ sich durch die Expansion des Finanzsektors zeitlich verschieben, über transnationale Produktionsnetzwerke räumlich verlagern und mittels Ausweitung des Kreditsystems auf einkommensschwache Gruppen vorübergehend überwinden. Das jedoch um den Preis einer allmählichen raum-zeitlichen Verdichtung struktureller Widersprüche, die schließlich im Finanzsektor eskalierten.

Die ökonomische Krise von 2008/09 hatte ihr Epizentrum in der Organisation eines deregulierten Finanzsektors, der auch deshalb nicht mehr zu kontrollieren war, weil er an den Immobilienmärkten über die Kreditvergabe sowohl das Angebot als auch die Nachfrage steuerte (Kredite sowohl an Baufirmen als auch an einkommensschwache Hauseigentümer vergab). Seit den 1970er Jahren hatten weit mehr als 100 ökonomische und auch Finanzkrisen als „die irrationalen Rationalisierer eines

[28] Harvey 2014, S. 24.

stets instabilen Kapitalismus"[29] fungiert. Diese „irrationale Rationalisierung", die durch staatliches Krisenmanagement überhaupt erst ermöglicht wurde und wird, bewirkte einen „systemischen Moral Hazard"[30], der sich aus der wachsenden Kluft zwischen Konzept und Realität des Marktradikalismus speiste. Im Unterschied zu marktliberalen Ideologemen, die staatliche Einflussnahme auf die Wirtschaft zu minimieren beanspruchten, kam das reale Management der zahlreichen kleineren und größeren Finanzkrisen schon vor 2008/09 nie ohne massive Staatsinterventionen aus. Im Gegenteil, immer wieder war es der Staat, der einspringen musste, um an den Finanzmärkten agierende Fonds und Kreditinstitute vor der Pleite zu bewahren. Mit staatlicher Hilfe wurden Gewinne privatisiert und Verluste sozialisiert. Bei Investoren, Bankern, Hedgefondsmanagern, ja, tendenziell innerhalb der gesamten „Dienstklasse des Finanzmarkt-Kapitalismus"[31], entstand auf diese Weise der Eindruck, risikolos agieren zu können, was die Neigung zu hochriskanten Spekulationsgeschäften beförderte. Für im Finanzsektor Tätige war es völlig rational, wegen der Aussicht auf hohen Gewinn nahezu jedes Wagnis einzugehen, denn im Falle des Scheiterns hatten andere für die Kosten aufzukommen.

Ohne den so erzeugten „systemischen Moral Hazard" wäre gar nicht zu erklären, wie eine globale Finanzarchitektur entstehen konnte, die eine US-amerikanische Immobilienkrise binnen kürzester Zeit in einem Crash des globalen Finanzsystems eskalieren ließ. Auslöser und Epizentrum der Krise müssen jedoch von den eigentlichen strukturellen Krisenursachen unterschieden werden. Die Neue Depression, die 1973/74 einsetzt, ist, ungeachtet des Realitätsgehalts, von den dominanten kapitalistischen Eliten mehrheitlich als Profitklemmenkrise interpretiert worden. Lohnabhängigenmacht, wie sie in den

[29] A.a.O., S. 74.
[30] A.a.O., S. 18.
[31] Windolf 2008, S. 516-536.

entwickelten Wohlfahrtsstaaten institutionalisiert war, erschien als Haupthindernis, als absolute Schranke der Akkumulation, die es mittels Deregulierung der Arbeitsmärkte, Lohnspreizung, Steuersenkungen für Unternehmen und Spitzenverdiener, Privatisierung von Staatsunternehmen und der Enteignung von Sozialeigentum in eine überwindbare Barriere zu verwandeln galt. In diesem Landnahme-Prozess übernimmt der Staat-Finanzwelt-Nexus die Führung, um Veränderung in den Staat-Arbeitswelt-Netzwerken zu erzeugen. Entsprechende Operationen sind, aus der Elitenperspektive betrachtet, hervorragend gelungen. Die organisierten Arbeiterbewegungen wurden in den kapitalistischen Zentren soweit geschwächt, dass die Früchte des kreditgetriebenen Wachstums in erster Linie von den ohnehin privilegierten Gruppen geerntet werden konnten. Die Schwächung von Gewerkschaften, politischer Repräsentanz der Lohnabhängigen und wohlfahrtsstaatlichen Institutionen erzeugte mit fehlender zahlungsfähiger Nachfrage jedoch eine neue Schranke der Akkumulation, die riskante Anlagen im Finanzsektor zusätzlich förderte. Der Versuch, diese Schranke durch Vergabe von Immobilienkrediten an Angehörige der kapitallosen Klassen zu kompensieren, führte dann geradewegs in die ökonomische Katastrophe von 2008/09.

Klassenspezifische Ungleichheit als Krisenursache

Die Unterordnung des Staat-Arbeit-Nexus unter die Funktionsmechanismen und Interessen von Staat-Finanzwelt-Akteursnetzwerken, wie sie im Zuge der neuen Landnahme betrieben wurde, lenkt den Blick auf eine zentrale strukturelle Krisenursache. Finanzkapitalistische Landnahme bedeutet, dass der wachsende Reichtum weniger Prekarität und Armut von vielen verursacht. Zugespitzt formuliert besteht ein Kausalzusammenhang zwischen der Vermögenskonzentration in den Händen weniger und der Prekarisierung von Arbeits- und Lebensbedingungen breiter Bevölkerungsschichten. Den sozialen Kern der besitzenden Klassen bilden in der Gegenwart weltweit ca. 10.000 bis 20.000 superreiche Personen, darunter etwa 3.000 Milliardäre, deren frei verfügbares Vermögen mehr als 500 Mio. US-Dollar beträgt. Um diese Superreichen gruppieren sich weitere 100.000 Personen mit einem Vermögen von 30 bis 500 Mio. Dollar sowie etwa zehn Mio. Personen mit Vermögen zwischen einer und fünf Mio. Dollar[32]. Die kapitalbesitzenden Klassenfraktionen werden nicht nur zahlenmäßig größer, sondern im Verhältnis zu den übrigen sozialen Großgruppen auch immer reicher[33]. Ausgeprägt findet sich dieser Trend in den angelsächsischen Kapitalismen und hier insbesondere in den USA. Dort verfügt das oberste eine Prozent über ca. 35 Prozent des gesamten nationalen Privatvermögens. Nimmt man die Einkommen als Maßstab, so haben die obersten 0,1 Prozent der amerikanischen Haushalte ein 220mal höheres Einkommen als der Durchschnitt der übrigen 90 Prozent (Daten von 2007). Das oberste Promille bekommt in ca. anderthalb Tagen das, was 90 Prozent der Einkommensbezieher in einem Jahr erwirtschaften, und die oberen 20 Prozent erzielen nach Steuern ein größeres Einkommen als die übrigen 80 Prozent zusammengenommen[34].

Auch der einstmals vergleichsweise egalitäre German Capitalism hat sich in großen Schritten auf ähnliche Ungleichheitsrelationen zubewegt. Verdienten Dax-Manager 1987 wie auch noch Mitte der 1990er Jahre in etwa das 14-fache der im gleichen Unternehmen beschäftigten Arbeiter und Angestellten, lag die Relation zu Beginn der 2000er Jahre schon beim 24-fachen, um danach auf das 54-fache anzusteigen[35]. Die Konzentration und die immer schon ungleiche Verteilung der Vermö-

[32] Krysmanski 2012, S. 45f.

[33] Piketty 2014.

[34] Stiglitz 2012, S. 30-32, 382.

[35] Schwalbach 2012.

gen haben im Zeitverlauf ebenfalls weiter zugenommen. Das obere Zehntel der Haushalte verfügt über mehr als 50 Prozent der Vermögenseinkünfte, während die unteren 50 Prozent der Haushalte nur gut ein Prozent der Nettovermögen besitzen[36]. Neuere Berechnungen, die die Forbes-Liste mit Umfragedaten kombinieren, gehen gar davon aus, dass allein das oberste Prozent der Haushalte über 32 Prozent der Vermögen verfügt[37].

Insgesamt zeichnet sich eine deutliche Umverteilung zugunsten der Vermögenseinkommen und der einkommensstarken Haushalte ab. Hingegen hat es bei den Nettolöhnen zwischen 2000 und 2010 mit Ausnahme des obersten Zehntels Einbußen gegeben[38]. Erst in jüngster Zeit werden die Produktivitätsspielräume durch Lohnerhöhungen wieder annähernd ausgeschöpft. Problematisch an dieser Ausprägung klassenspezifischer Ungleichheiten ist nicht allein ihre Ungerechtigkeit. Als weitaus gravierender erweist sich, dass diese ungerechte Verteilung dem Kapitalüberschuss-Absorptionsproblem zusätzlich Brisanz verleiht. Die Konzentration von Reichtum in den Händen Weniger bedeutet, dass der angeeignete Überschuss schwer zu reinvestieren ist. Dem individuellen kapitalistischen Konsum sind physische Grenzen gesetzt. Zudem erschwert die begrenzte zahlungsfähige Nachfrage in den Güter- und Dienstleistungsmärkten Investitionen. Folgerichtig werden – inzwischen wieder und ganz so, als sei nichts geschehen – riskante Anlagen im Finanzsektor attraktiv. Eine Anhäufung von Geld als universeller Form des Reichtums beinhaltet zugleich eine Akkumulation sozialer Macht. Das gilt auch für Geld, das aus der Anlage von fiktivem, weil nicht durch Gegenwerte gedecktem Kapital erwirtschaftet wurde.

Aus diesem Grund vermag die finanzkapitalistische Dienst-

---

[36] Lebenslagen 2012; IX.

[37] Vermeulen 2014; der Vergleichswert in den USA liegt bei 35 Prozent.

[38] Brenke 2012, S. 84-102.

klasse auch die Regeln der Produktionsökonomie in hohem Maße zu beeinflussen. Inzwischen werden 55 Prozent der Aktien von DAX-Unternehmen im Besitz ausländischer Anleger – überwiegend Pensions- und Investmentfonds, Banken und Versicherungen – gehalten. Der Anteil der institutionellen Investoren ist auf insgesamt 63 Prozent gestiegen; der von strategischen Investoren (Familien, Unternehmen) auf 14 Prozent zurückgegangen. Institutionelle Anleger tendieren dazu, das Risiko, das mit der Jagd nach hohen Renditen verbunden ist, auf die Unternehmen zu übertragen. Dazu ist es gar nicht nötig, die Unternehmensstrategien unmittelbar zu beeinflussen. Um der Meldepflicht zu entgehen, liegen die Beteiligungen oft unter drei oder unter fünf Prozent der Anteile; doch es genügt die Exit-Option, um das „game of profit making" zu beeinflussen. Die finanzkapitalistische Dienstklasse ist zudem besonders erfolgreich, wenn es um die Verwandlung von ökonomischer und politischer Lobbymacht geht. Das zeigt sich u.a. in der Steuerpolitik. Um den Zufluss von liquidem Kapital zu sichern, werden Regierungen zu Steuerentlastungen für Vermögende genötigt.

Auch in Deutschland macht sich seit Jahren eine nach oben umverteilende Wirkung des Steuersystems bemerkbar. Die Polarisierung der Einkommen fällt nach Steuern schärfer aus als beim Bruttoverdienst. Verantwortlich sind nicht zuletzt die Steuerentlastungs- und Steuersenkungsgesetze der Jahre von 1998 bis 2005. Die Steuerlast allein der 450 reichsten Deutschen hat sich dadurch von gut 43 auf 31 Prozent verringert. Die Belastung der reichsten Deutschen mit einem Durchschnittseinkommen von 174 Mio. Euro fiel gar von 48,2 auf 27,7 Prozent[39]. Eine Folge ist, dass staatliche Aufgaben sukzessive über die Privatisierung öffentlichen Vermögens und über Kreditaufnahmen finanziert werden müssen. Der Entwurf zum 4. Armut-Reichtums-Bericht deutet die Folgen an: Während die

[39] Bach/Benznoska/Steiner 2011.

privaten Vermögen wachsen und ihre Konzentration zunimmt, werden öffentliche Vermögenswerte abgeschmolzen. So nahm das staatliche Nettovermögen zwischen 1992 und 2009 um 700 Mrd. ab, zugleich hat sich das Nettovermögen privater Haushalte von 4,6 auf 10 Billionen Euro nahezu verdoppelt[40]. Von dieser Konstellation profitiert die finanzkapitalistische Dienstklasse gleich doppelt. Denn einerseits verschuldet sich der Staat letztendlich bei steuerlich entlasteten, privaten Vermögensbesitzern, denen er andererseits, wie 2008/09 geschehen, im Krisenfall auf Kosten der weniger vermögenden Steuerzahler beispringt, um die großen Vermögenswerte, die die Kreditinstitute sammeln, wegen ihrer vermeintlichen Systemrelevanz zu schützen. Die so betriebene risikolose Vermögens- und Reichtumsmehrung war eine wesentliche Ursache für den Crash von 2008/09 und das damit verbundene soziale Desaster. Die weitgehend unangetastete soziale Macht von Klassenfraktionen, die am Finanzsektor partizipieren, sorgt dafür, dass der Krisenherd fortbesteht.

3. Ökologische Schulden – das Überschreiten planetarischer Belastungsgrenzen

Halten wir fest: Die große Kontraktion von 2008/09 resultierte wesentlich aus geschwächter Lohnabhängigenmacht und zunehmenden vertikalen Ungleichheiten, vor allem jedoch auf der Schwierigkeit, für überschüssiges Kapital und zusätzlichen Gewinn aus der vorausgegangenen Periode neue Absatzmärkte zu erschließen. Die Verschuldungsproblematik – gleich ob private oder öffentliche Schulden gemeint sind – ist ein gravierendes, aber eben doch ein abgeleitetes Problem. Sie erhält jedoch zusätzliche Brisanz wenn man die ökologische Dimen-

[40] Lebenslagen 2012.

sion der ökonomischen Krise betrachtet. Lange Zeit bestand die eigentliche Stärke kapitalistischer Gesellschaften darin, periodisch auftretende ökonomische Verwerfungen mittels der von Krediten und Innovationen getriebenen Generierung von Wirtschaftswachstum zu bewältigen. Dieser zentrale kapitalistische Mechanismus der Krisenüberwindung funktioniert nicht mehr. Das gilt, wie gezeigt, schon im ökonomisch-sozialen Sinne. Wenn Jürgen Habermas, die Ära Reagan und Thatcher vor Augen, davon ausging, dass es vor allem für die „in der Sozialstaatsentwicklung noch zurückgebliebenen Länder“ keinen plausiblen Grund gebe, vom wohlfahrtsstaatlichen Pfad abzuweichen[41], so blicken wir nun in den Krisenländern auf die Verwandlung eines traditionell schwachen Wohlfahrtsstaates in einen, zumindest in sozialer Hinsicht, Minimalstaat.

Gesellschaften mit reduzierten sozialintegrativen Staatsfunktionen, wie sie nicht nur in Griechenland, Portugal oder Spanien, sondern in noch weitaus drastischeren Formen in osteuropäischen Ländern wie Bulgarien und Rumänien bittere Realität sind, kommen in der etablierten Wohlfahrtsstaats-Typologie nicht vor. Zwar haben diese Gesellschaften noch immer oder wieder einen halbwegs demokratischen institutionellen Rahmen, doch die Entscheidung über ihre Zukunft ist den jeweiligen Bevölkerungen weitgehend genommen. Selbst bei einem durchschnittlichen jährlichen Wachstum des Bruttoinlandprodukts von mehr als drei Prozent würden Griechenland, Portugal und Spanien nach Schätzungen mindestens 20 Jahre benötigen, um ökonomisch auch nur das Vorkrisenniveau zu erreichen – eine trostlose Aussicht, die Bevölkerungsmehrheiten jegliche Hoffnung nimmt, ihre prekäre Lage könne sich in absehbarer Zeit mittels ökonomischem Wachstum zum Besseren wenden.

Doch selbst in Gewinnerstaaten wie der Bundesrepublik beruht das vermeintliche Job-Wunder auf einem rückläufigen

[41] Habermas 1985, S. 152.

Arbeitsvolumen und einer stark asymmetrischen Verteilung von Erwerbsarbeit und der Ausweitung eines Sektors mit niedrig entlohnter, prekärer, wenig anerkannter Arbeit und Beschäftigung. Die feudalen Gesellschaften des 15. bis 18. Jahrhunderts ließen Bettler und Vagabunden die disziplinierende Gewalt von Zünften und der Armenpolizei spüren. Die Freisetzung aus der hierarchischen Ordnung, wie sie sich im Übergang zur industriell-kapitalistischen Produktionsweise vollzog, bedeutete für die Betroffenen häufig Zwangsverarmung. Die Gewalt der zerfallenden feudalen Ordnung richtete sich gegen potenzielle Lohnarbeiter. Es entstand Lohnarbeit, deren Nützlichkeit anerkannt wurde, ohne dass dies mit gesellschaftlicher Wertschätzung verbunden war. Im Zuge der Freisetzung von Lohnabhängigen und ihrer Familien aus wohlfahrtsstaatlichen Sicherungen ist es, auch in Deutschland, auf einem völlig anderen gesellschaftlichen Reichtums- und Sicherheitsniveau zu einer Wiederkehr dieses Phänomens gekommen. Die prekarisierten Gruppen der postwohlfahrtsstaatlichen Ära sind selbst im reichen Deutschland die »Vagabunden« des 21. Jahrhunderts[42]. Sie sehen sich mit einem historisch neuen Typus diskriminierender Prekarität konfrontiert, die zunehmend auch jene Bevölkerungsteile erfasst, welche zuvor zu den Gesicherten zählten. Prekarität in reichen Gesellschaften ist nicht nur eine soziale Lage oder eine vorübergehende Pathologie; es handelt sich um ein Kontroll- und Disziplinierungsregime, das die Arbeitsgesellschaften insgesamt verändert.

Hinter der Fassade einer vermeintlichen Rekorderwerbsbeteiligung ist Prekarität auch in der Bundesrepublik zu einer »normalen« Organisationsform der Arbeit mit ihren eigenen Merkmalen und Existenzformen« geworden[43]. Diese Organisationsform bringt offiziell registrierte Arbeitslosigkeit zum Verschwinden, indem sie Erwerbslose in unsichere, instabile Be-

[42] Castel 2011, S. 68.

[43] Castel 2011, S. 136.

schäftigungsverhältnisse integriert. »Hartz IV« entfaltet dabei auf einem völlig anderen Reichtums- und Sicherheitsniveau eine ähnliche Wirkung wie die Armenhäuser und die Zwangsmaßnahmen in der zerfallenden Feudalordnung. Leistungsbezieher der Grundsicherung gehören in Deutschland zu den »neuen Vagabunden«, denen mit dem Sozialbürgerstatus zugleich ihre Würde genommen wird[44]. Sie sind diejenigen, die selbst in einer prosperierenden Ökonomie vom Wirtschaftswachstum am wenigsten partizipieren.

Ökologische Schulden und destruktives Wachstum

Wirtschaftliches Wachstum, das illustriert dieses Beispiel, bedeutet schon lange nicht mehr Wohlstand für alle. Stattdessen haben die unterschiedlichen Versuche, Wirtschaftswachstum mittels öffentlicher und/oder privater Verschuldung zu generieren, eine andere Problematik ausgeweitet, die in dem Maße eskaliert, wie die ökonomischen Wachstumsmotoren rund laufen. Das lange Zeit wichtigste und geradezu selbstverständlich anvisierte Mittel zur Überwindung ökonomischer Krisen, die Generierung von Wirtschaftswachstum, hat sich in der Gegenwart in einen Treiber ökologischer Zerstörung verwandelt. Die globale Krise von 2008/09 ist nicht primär durch ökologisch bedingte Knappheiten verursacht worden. Selbst Peak Oil wird bisher nur über spekulative Einwirkungen auf die Benzinpreise weltwirtschaftlich wirksam. Das Erreichen des Kipppunktes der maximalen Fördermenge führt zunächst nur dazu, dass zuvor unrentable Vorkommen mit gesteigertem Risiko erschlossen und ausgebeutet werden. Knappheiten, die sich nicht in Preisen niederschlagen, bleiben, sofern nicht andere Regulierungen greifen, im Akkumulationsprozess jedoch unbeachtet, ihre Kosten werden von den Unternehmen externalisiert und der Gemeinschaft aufgebürdet.

44 Dörre/Scherschel/Booth et al. 2013.

Ein Grundproblem dieses Externalisierungsmechanismus ist, dass er das Überschreiten der Belastungsgrenzen natürlicher Systeme unsichtbar macht. Das Jahr 2009 lieferte dafür Anschauungsunterricht. Nicht etwa höhere Ressourceneffizienz oder beschleunigtes Umsteigen auf erneuerbare Energien, sondern ökonomisches Minuswachstum und Einbruch der industriellen Produktion sorgten für einen Rückgang klimaschädlicher Emissionen. Als die Konjunktur 2010 anzog, war das Rekordniveau der Emissionen aus 2008 (31,5 Millionen Tonnen CO^2-Emissionen) jedoch rasch wieder erreicht. Der globale CO^2-Ausstoß übertrifft inzwischen noch die pessimistischsten Prognosen des UN-Klimarates. Die jüngste Studie im Auftrag des Club of Rome, die für die Klimaintensität Peak 2030 annimmt und dabei von einem Anteil der erneuerbaren Energien von 40 Prozent bis 2052 sowie einer Stagnation der Weltbevölkerung bei acht Milliarden Menschen (2040) ausgeht, hält eine Erderwärmung von vier bis fünf Grad bis zum Jahrhundertende für wahrscheinlich[45]. Treibhausemissionen und Klimawandel stellen jedoch nur eine Dimension ökologischer Krisenherde dar. Nicht minder gravierend ist die Vernutzung endlicher natürlicher Ressourcen und fossiler Energieträger. An den endlichen Ressourcen gemessen, lebt die Welt schon seit dem Ende der 1970er Jahre über ihre Verhältnisse. Der ökologische Fußabdruck, der den Ressourcenverbrauch im Verhältnis zur ökologischen Tragfähigkeit des Planeten misst, ist dafür ein wichtiger Indikator. Schon vor der Jahrtausendwende lag der menschliche Ressourcenverbrauch etwa 20 Prozent über der ökologischen Tragfähigkeit. Und auch hier zeigt sich eine Parallelität zu den Emissionen. In den Krisenjahren zwischen 1980-1983 näherte sich der Ressourcenverbrauch zuletzt der Tragfähigkeitsgrenze an. Seither ist er in einem Maße gestiegen, der die »Möglichkeitsgrenzen« längerfristigen Wirtschaftswachstums zumindest in den fortgeschrittenen Kapita-

[45] Randers 2012.

lismen immer näher rücken lässt[46].

All das zeigt: Die derzeit dominanten Formen des Wirtschaftens, Produzierens und Konsumierens bewirken, dass planetarische Belastungsgrenzen mehr und mehr überschritten werden. An vorindustriellen Normwerten und Kipppunkten gemessen, wie sie ein Naturwissenschaftlerteam um Johan Rockström[47] vorschlägt, befinden wir uns beim Klimawandel, der Artenvielfalt und dem Stickstoffkreislauf bereits jenseits der roten Linie. Übersäuerung der Ozeane, Ozonmangel, Frischwasserverbrauch, Landnutzung und atmosphärische Aerosolaufladung bewegen sich mit hoher Geschwindigkeit auf die Belastungsgrenzen zu. Insgesamt signalisieren diese Trends einen ökologischen Bruch im arbeitsvermittelten Stoffwechsel von Mensch und menschengemachter Natur. Hauptverursacher sind die Wachstumskapitalismen des globalen Nordens. Ein Viertel der Weltbevölkerung vorwiegend des Nordens konsumiert gegenwärtig drei Viertel der Ressourcen und erzeugt drei Viertel des Abfalls und der Emissionen[48]. Soll der globale Süden überhaupt noch eine Entwicklungschance besitzen, so muss das Umsteuern in den kapitalistischen Zentren beginnen. Doch wie soll umgesteuert werden? Intelligent wachsen lautet das Credo neo-schumpeterianischer Ansätze, die darauf setzen, die ökologischen Krisen zu einem Zukunftsmarkt zu machen, mit dessen Erschließung sich ein innovationsgetriebener Kapitalismus am eigenen Schopf aus dem Sumpf ziehen kann. Investitionen, die der Erhöhung von Ressourceneffizienz und -effektivität dienen sollen, gelten als Königsweg, um ökologische Nachhaltigkeitsziele im ökonomischen System zu verankern[49]. Doch sind das realistische Vorschläge? Ohne technologische Innovationen ist z.B. das Umsteuern auf regenerative

[46] Rockström et. al 2009.

[47] Rockström et al. 2009, S. 472–475.

[48] König 2008, S. 277.

[49] Vgl. u. a. Fücks 2013, Paqué 2010.

Energien nicht zu machen. Insofern sind grüne Technologien und Produkte eine notwendige, aber eben keine hinreichende Bedingung für ökologisches Umsteuern. Die Fokussierung auf die schöpferische Zerstörung der vorhandenen organisatorisch-technischen Produktivkräfte speist sich aus der Hoffnung, eine grüne Revolution könne erfolgreich sein, ohne die Kernstruktur des Wachstumskapitalismus qualitativ zu verändern. Gegen diese Sicht der Dinge sprechen wichtige Argumente.

Intelligent wachsen?

Erstens lässt der Neo-Schumpeterianismus die von finanzkapitalistischen Interessen geleitete Ausrichtung des Innovationsmodus außer Acht. Innoviert wird nur, sofern für Unternehmen Aussicht auf Markterweiterung sowie zusätzlichen und möglichst kurzfristigen Gewinn besteht. Das schuldengetriebene Wachstum der zurückliegenden Jahrzehnte hat eher Finanzinnovationen befördert als eine umfassende Ökologisierung der Produktionsökonomie eingeleitet. Offenbar sind Investitionen in grüne Technologien und Produkte riskant; häufig amortisieren sie sich, wenn überhaupt, nur langfristig. Die Gewinnaussichten sind, wie im Falle regenerativer Energien, begrenzt oder sie benötigen, wie ganzheitliche Mobilitätskonzepte, ein Finanzvolumen, das die Möglichkeiten selbst großer Unternehmen deutlich überschreitet. Aus diesem Grund tendiert gerade die deutsche Exportwirtschaft dazu, ökologische Sprunginnovationen hinauszuzögern. Eher wird das Energieeinspeisegesetz zugunsten von Konzerninteressen korrigiert und werden Abgasrichtlinien der EU den Wirtschaftlichkeitskalkülen der heimischen Autoindustrie angepasst, als dass ökologische Nachhaltigkeitskriterien die Richtung von Innovationen bestimmen könnten. Dazu passt, dass die aktuelle Prosperität der deutschen Exportwirtschaft wesentlich auf der Nachfrage vor allem chinesischer Mittelschichten nach Produkten und Produktionsverfahren beruht, die in vielerlei Hinsicht das Gegenteil ökologischer Nachhaltigkeit verkörpern. Die Prosperität des Nordens und insbesondere der Bundesrepublik hängt offenbar von der erfolgreichen Implementation hegemonialer westlicher Lebensstile in den rasch expandierenden Mittelschichten südlicher Schwellenländer ab[50] – eine an ökologischen Kriterien gemessen verheerende Entwicklung.

Blockierung und problematische Ausrichtung von Innovationen verweisen zweitens auf ein weiteres strukturelles Problem, das in neo-schumpeterianischen Konzepten kaum Beachtung findet. Alle Versuche, das für kapitalistische Produktionsweisen charakteristische Kapitalüberschuss-Absorptionsproblem durch Markterweiterung zu lösen, stoßen derzeit an die Grenze limitierter zahlungsfähiger Nachfrage. Die Schwächung von Gewerkschaften, der ständige Druck auf Löhne und soziale Rechte, aber auch die Prekarisierung von Arbeits- und Lebensbedingungen sorgen dafür, dass organisierte Arbeitsinteressen nicht mehr als Produktivitätspeitsche und Innovationsanreiz wirken können. Teure ökologische Nischenprodukte eigenen sich unter diesen Bedingungen bevorzugt für distinktiven Konsum. Sobald Bioprodukte aus der Massenproduktion hervorgehen, steht ihre Nachhaltigkeit in Frage. Hinzu kommt, dass die zunehmende soziale Polarisierung die Aufstiegsmobilität begrenzt und so potentiellen Unternehmern ein wichtiges Motiv nimmt, sich auf das Wagnis der Innovationskonkurrenz einzulassen.

Generell gilt, dass sich ökologische Nachhaltigkeitsziele in Gesellschaften mit ausgeprägten klassenspezifischen Ungleichheiten schwer durchsetzen lassen. Ungleichheit fördert positionalen Konsum, der auch von der Angst angetrieben wird, den Anschluss an gesellschaftliche Standards zu verpassen. Wir können unseren Lebensstil nicht einfach frei wählen, deshalb muss substanzielle Gleichheit, die positionalem Konsum Attraktivi-

[50] Deutsche Bank 2013.

tät nimmt, zu einem zentralen Ziel jeder Nachhaltigkeitsstrategie werden. Als nachhaltig kann nur bezeichnet werden, „was standhält, was tragfähig ist, was resilient ist, und das heißt: gegen den ökologischen, ökonomischen und sozialen Zusammenbruch gefeit". Nachhaltigkeit ist wesentlich im „menschlichen Grundbedürfnis nach Sicherheit"[51] verankert – eine Erkenntnis, die sich mit dem Prinzip fortwährender schöpferischer Zerstörung nur schwer in Einklang bringen lässt.

Die Chancen einer ökologischen Wende ließen sich drittens verbessern, wenn Staat und Politik zugunsten von Nachhaltigkeitszielen intervenieren würden. Dass Staaten dies können, hat sich während der globalen Krise 2008/09 gezeigt. Doch selbst dort, wo keynesianische Konjunkturprogramme wirksam wurden, fällt deren Ökobilanz desillusionierend aus. Trotz eines breiten Konsenses über die Notwendigkeit grüner Investitionen ist real wenig passiert. Nur ein Bruchteil der staatlichen Mittel wurde für eine grüne Wirtschaft eingesetzt und das Gros dieser Innovationen entfiel auf wenige Länder (Deutschland zählt dazu, wenn die Abwrackprämie als ökologische Investition gewertet wird). Ohne Druck aus der Zivilgesellschaft, ohne die Interventionen sozialer Bewegungen und ohne ökologisch inspirierte Wachstumskritik, so lässt sich schlussfolgern, sind nicht einmal neo-schumpeterianische Versionen eines ökologischen Umsteuerns realistisch. Würden sie dennoch verwirklicht, so sähen wir uns mit einem grundlegenden Problem grüner Investitionen konfrontiert. Alles, was mit der Steigerung von Ressourceneffizienz und -effektivität zu erreichen ist, wird durch Reboundeffekte wieder zunichte gemacht.

Kapitalistische Unternehmen funktionieren so wie Wall-Mart. Tatsächlich hatte der Konzern bei der effizienten Ressourcennutzung Fortschritte gemacht. Doch das eingesparte Geld wurde für eine Expansion eingesetzt, deren destruktive Wirkungen die ökologischen Verbesserungen um ein Mehrfa-

[51] Grober 2010, S. 14.

ches kompensierten[52]. Jenes Geld, das eine mit ökologischen Motiven betriebene Rationalisierung und Modernisierung erwirtschaftet, muss in der kapitalistischen Wirtschaft so rasch wie möglich reinvestiert werden, um zusätzlichen Gewinn zu produzieren. Das bedeutet erhöhten Stoffumsatz, steigenden Energiebedarf und erhöhte Belastungen der Ökosysteme. Die Annahme, „die Tendenz des Kapitalismus zur Effizienz werde uns erlauben, das Klima zu stabilisieren oder uns vor Ressourcenknappheit schützen", sei daher „schlichtweg eine Wahnvorstellung", argumentiert der Umweltökonom Tim Jackson[53].

Wegen der historisch neuartigen Kumulation und wechselseitigen Verschränkung ökonomischer, ökologischer und sozialer Verwerfungen ist es sinnvoll, die gegenwärtige Konstellation als ökonomisch-ökologische Doppelkrise zu bezeichnen. Weder ökologische noch ökonomische Krisen lassen sich, wie gezeigt, auf die eine Ursache zurückführen. Der Begriff Doppelkrise bezeichnet lediglich eine räumliche und zeitliche Synchronisation höchst unterschiedlicher Krisenherde und -ursachen. Das historisch Neue der gegenwärtigen Krisenkonstellation besteht jedoch darin, dass das Wachstumsdilemma fortgeschrittener Kapitalismen offen zutage tritt. Das seit Jahrzehnten fraglos eingesetzte Mittel zur Überwindung ökonomischer Krisen, die Generierung von kredit- und innovationsgetriebenem materiellem Wachstum, bewirkt in der Gegenwart fast zwangsläufig eine Zuspitzung und Verschärfung ökologischer Krisen. Aus diesem Grund befinden sich die Gesellschaften des globalen Nordens in einer historischen Entscheidungssituation: Entweder es gelingt ihnen, Wirtschaftswachstum ökologisch und sozial nachhaltig zu gestalten, oder sie sind gezwungen, ihre Entwicklung – und das heißt auch: ihre wohlfahrtsstaatlichen und sozialen Institutionen – dauerhaft vom Zwang zu permanentem Wachstum zu entkoppeln.

[52] Foster / Clark / York 2011, S. 369.
[53] Jackson 2011, S. 98.

4. Radikale Demokratisierung – eine Perspektive gesellschaftlicher Transformation?

Damit kommen wir schlussendlich zum eigentlichen Kern des Problems. Ein auch nur annäherungsweise sozial und ökologisch nachhaltiger Innovationsmodus wäre hochgradig auf Staatsintervention, zivilgesellschaftliche Bewegung, demokratische Kontrolle, öffentliches Eigentum, Aufwertung von Reproduktionstätigkeit, Ausgleich zwischen Nord und Süd, Egalitarismus und maßvollen Konsum angewiesen. Aber handelte es sich bei einer Gesellschaft, die all dies leisten könnte, noch um eine kapitalistische? Am Nachhaltigkeitsmaßstab gemessen, kommen wir wohl nicht an der Erkenntnis vorbei, dass sich ein Gesellschaftssystem mit eingeschriebenem Wachstumszwang nicht mit der Reproduktionsfähigkeit eines Planeten verträgt, dessen Ressourcen endlich sind.

Mit Blick auf den German Capitalism lässt sich festhalten, dass das vermeintliche Jobwunder keine Alternative für Europa darstellt. Die politischen Eliten in Deutschland agieren mit einer Art Doppelstrategie. Im Inneren sind sie, nicht zuletzt aufgrund des Drucks aus der Gesellschaft, dabei, u.a. mit einem gesetzlichen Mindestlohn und einer Rente mit 63 zumindest einige der schlimmsten Folgen der Agenda-Politik zu korrigieren. In Europa verfolgt die Regierung Merkel hingegen einen anderen Kurs. Hier ist sie, wie gezeigt, die Protagonistin eines Austeritätsregimes, das den Geist von »Hartz IV« auf die Krisenländer anwenden will. Die innere Landnahme des Sozialen hat Deutschland in Europa in eine Position gebracht, die es nun erlaubt, den Schwerpunkt von der „inneren Abwertung" auf die äußere Landnahme zu verlagern. Die Bundesrepublik ist zum wichtigsten Gläubiger der europäischen Krisenstaaten geworden. Niedrige Zinsen für deutsche Anleihen erlauben es, den Staatshaushalt der Bundesrepublik zu sanieren. Zugleich wird den Schuldnern eine Politik aufgezwungen, die Finanzhilfen nur gegen Reformen gewährt. Reform steht in diesem Zusammenhang jedoch für eine radikalisierte Enteignung von Sozialeigentum, für den Abbau sozialer Rechte und Angriffe auf die letzten verblieben Bastionen von Gewerkschaftsmacht und tariflich geschützter Beschäftigung. Diese ökonomische und soziale Bürde nimmt den Krisenstaaten jedoch zugleich jene Handlungsspielräume, die nötig wären, um ökologisch umzusteuern.

Jede Suche nach Alternativen mit Anregungsfunktion hätte hingegen Wege zu sondieren, die geeignet sind, Verwettbewerblichung, ökologische Zerstörung und die Prekarisierung von Arbeit umzukehren. Sozialökologische Investitions- und Innovationsprogramme, wie beispielsweise ein von den Gewerkschaften geforderter Marshallplan (ein höchst problematisches Etikett, das nicht nur in Griechenland sogleich für negative Assoziationen sorgt) für die südeuropäischen Krisenländer, würden, ließen sie sich politisch realisieren, ökologisch zumindest Zeitgewinn bedeuten. Für eine Nachhaltigkeitsrevolution sind sie als Element von Übergangstrategien sinnvoll, aber eben nicht ausreichend. Offenkundig ist eine gesellschaftliche Transformation vonnöten, die das moderne Wachstum als ökonomischen Selbstzweck in Frage stellt. Eine solche Perspektive erscheint gegenwärtig als im schlechten Sinne utopisch, weil sie den Wesenskern kapitalistischer Vergesellschaftung berührt. Das könnte sich jedoch rasch ändern, wenn sich die ökologischen Verwerfungen in den Zentren auch ökonomisch und sozial bemerkbar machen. Wenn, wie in Griechenland und in Ländern des globalen Südens schon der Fall, Energie und Elektrizität nicht mehr immer und – preisbedingt – auch nicht mehr für alle in gleichem Maße zu Verfügung stehen, könnte sich auch hierzulande rasch ein Trend bemerkbar machen, den die jüngste Club-of-Rome-Studie schon jetzt für wahrscheinlich hält: Die größten Fortschritte bei den erneuerbaren Energien trauen die Autoren China zu – nicht, trotz, sondern wegen fehlender Demokratie!

Wer sich autoritären Anwandlungen nicht ohnmächtig

ausliefern will, muss daher schon jetzt mit der Suche nach demokratischen Alternativen beginnen. Dafür gibt es in den bestehenden Gesellschaften Anknüpfungspunkte. Kapitalismus existiert niemals in Reinform. Seine Wirtschaft ist von Sektoren abhängig, die weder nach Wachstumsimperativen funktionieren noch dem Profitmotiv gehorchen. So ist die Inwertsetzung von zunehmend flexibler Produktionsarbeit auf ein in Relation dazu immer größeres Volumen von ernährenden, erziehenden, bildenden, pflegenden und sorgenden Tätigkeiten angewiesen. Diese Tätigkeiten, häufig Domänen von Frauen, werden überwiegend schlecht bezahlt oder gar gratis genutzt. Sie sind Sphäre von Überausbeutung und Diskriminierung. Für solche Dienstleistungstätigkeiten gilt, dass die Wegrationalisierung menschlicher Arbeitskraft zwangsläufig zu Lasten der Dienstleitungsqualität geht. Wenn überhaupt, so sind es jedoch diese relativ rationalisierungsresistenten Sektoren, die in den fortgeschrittenen Ländern langsam, aber stetig wachsen können. Sie zu fördern, bedeutete den allmählichen Bruch mit einem ressourcen-, energie- und schadstoffintensiven Wachstumstyp, der Arbeitskraft durch Technik, durch totes Kapital ersetzt.

Die Aufwertung und bessere Bezahlung eines Teils dieser Tätigkeiten würde einen Paradigmenwechsel in der Finanz- und Steuerpolitik voraussetzen. Es ginge um die Finanzierung qualifizierter Humandienstleistungen, um die Bereitstellung öffentlicher Güter in einem Sektor, der genossenschaftlich organisiert sein könnte. Ein solcher Sektor würde ergänzend innovative Verzahnungen von Öffentlichem und Privatem benötigen, denn nicht alle Pflegeleistungen können öffentlich erbracht werden. Er hätte die Demokratisierung von Dienstleistungsarbeit durch Mitbestimmung von Produzenten und Klienten zu fördern. Geschlechtergerechte Arbeitszeitverkürzungen und bezahlte Zeit für Arbeit an der Demokratie würden ebenfalls zu einem Programm gehören, das sinnvolle Arbeit an die Stelle des Steigerungsprinzips eines „Immer mehr und nie genug!" setzte.

Eine solche Transformation käme nicht ohne die öffentliche Kontrolle gesellschaftlicher Schlüsselsektoren (Energie, Finanzen) aus, weil ökologische Investitionen sich häufig nur auf lange Sicht amortisieren. Sie hätte die großen, marktbeherrschenden Unternehmen zu dem zu machen, was sie implizit bereits sind – zu öffentlichen Institutionen, deren Aktivitäten an einen demokratischen Kollektivwillen gebunden sind. Dies wäre eine Transformationsperspektive, die in einem allgemeineren Sinne die Stärkung gesellschaftlicher gegenüber ökonomischer und staatlicher Macht und damit die Erweiterung von Demokratie bedeuten würde[54]. Politische Akteure, auch Gewerkschaften, setzten ihre Zukunftsfähigkeit aufs Spiel, wollten sie sich der Diskussion über eine solch radikale gesellschaftliche Transformation verweigern. Die Aussichten auf einen demokratischen Wandel hin zu sozialer und ökologischer Nachhaltigkeit mögen gegenwärtig nicht berauschend sein. Sie endlich in Angriff zu nehmen, ist jedoch allemal besser, als sich in blauäugiges Wunschdenken oder zynische Opfermentalität zu flüchten.

Die Vielgestaltigkeit von Herrschafts- und Ausbeutungsbeziehungen erschwert kollektive Identitätsbildung und schränkt die Möglichkeiten zur Ausübung von Gegenmacht ein. Wenn es überhaupt eine Chance geben soll, den kapitalistischen Expansionismus zu attackieren, so bleibt als Option zur Bündelung multipler sozialer Identitäten wohl nur die Vision einer Ausweitung von Demokratie. Demokratie, verstanden als Herrschaft des Volkes, die in der Lage ist, privilegierte Eliten herauszufordern, müsste jedoch neu definiert werden, um dergleichen leisten zu können. Sie wäre nicht mehr ausschließlich als politische Demokratie, sondern zusätzlich als ökonomische Kategorie neu zu bestimmen[55]. Da die materiellen Ressourcen und Zeitbudgets für reproduktive Tätigkeiten durch den Pro-

[54] Wright 2012, S. 462-488.
[55] Meiksins Wood 2010, S. 293.

duktionssektor fremdbestimmt werden, ist Demokratisierung letztendlich nur über neue Formen von Produzentendemokratie zu erreichen, d. h. Demokratie hätte sich in einem umfassenden Sinne als sozialer Antriebsmechanismus auch in der Wirtschaft zu bewähren[56].

Die Verschränkung von flexibler Produktion und sozialer Reproduktion impliziert, dass Demokratisierung mit einer Umverteilung von Ressourcen aus den hochproduktiven in die weniger produktiven Sektoren einhergehen muss. Gesellschaften, die im Rahmen einer umfassenden Demokratisierungsstrategie die Aufwertung von Sorgearbeit und Sorgearbeiterinnen betreiben, wären in diesem Sinne moderne Postwachstumsgesellschaften, die ihre Arbeitsproduktivität nur noch allmählich und nicht auf Kosten lebendiger Arbeit steigerten. Einstweilen sind solche Gesellschaftsentwürfe allenfalls vage Visionen. Unklar ist, ob eine politische Ökonomie pluraler Arbeitsvermögen, die Sorgeleistungen als gleichwertige Tätigkeiten einschließt, gesellschaftlich überhaupt durchsetzbar ist. Immerhin zeigt sich, dass Gesundheit, Pflege, Bildung und Erziehung auch in Deutschland zunehmend zu sozialen Konfliktfeldern werden. Arbeitskämpfe in diesen Feldern sind weiblich geprägt, sie finden Resonanz bei prekär Beschäftigten und sie erfassen mit Erzieherinnen, Ärzten oder dem Pflegepersonal von Kliniken Gruppen, deren Berufsethos sich lange gegen Streiks sperrte. Ein Berufsethos, das sich am Wettbewerbsprinzip reibt, wird mitunter gar zur wichtigsten Quelle einer Kritik an prekären Arbeitsbedingungen wie auch der Verschlechterung von Pflegeleistungen[57].

In einem sehr begrenzten Feld deutet sich an, was auf der europäischen Bühne dringend benötigt wird – ein konfliktorischer demokratischer Impuls, eine neue Variante des »demokratischen Klassenkampfs«. Etienne Balibar hat dies sinnge-

---

[56] A.a.O., S. 294.

[57] Vgl. Kutlu 2013, S. 226ff.

mäß so formuliert: Demokratie sollte gegenwärtig weniger von ihren Institutionen als von ihren oppositionellen Akteuren, von sozialen Bewegungen, von Bereitschaft zu Protest und Widerständigkeit her definiert werden. Dem sei hinzugefügt, dass eine Zivilgesellschaft, der es um die längerfristige Prägung solidarischer Orientierungen geht, mindestens dreierlei zu leisten hat.

Erstens muss sie die Einsicht verbreiten, dass von Solidarität nur die Rede sein kann, sofern diejenigen, die vom Prozess der europäischen Einigung am meisten profitiert haben, nun auch die Hauptlast der Konsolidierung tragen und den Krisenländern endogen begründete und demokratisch legitimierte Aufbau- und Entwicklungsoptionen eröffnen. Zweitens lassen sich solche Einsichten nur verankern, wenn zugleich daran gearbeitet wird, dass die Europäer sich »gegenseitig nicht primär durch ihre Staatsangehörigkeit, sondern als Individuen und Angehörige sozialer Klassen zur Kenntnis nehmen«[58]. Dies wäre drittens die Voraussetzung dafür, dass der angehäufte private Reichtum, der sich paradoxerweise mit jeder Krise vergrößert, angemessen besteuert und zugunsten vor allem der verwundbarsten Gruppen umverteilt werden könnte[59]. Dies wäre im Übrigen auch eine wesentliche Voraussetzung für ökologisches Umsteuern, denn nur in vergleichsweise egalitären Gesellschaften gibt es eine realistische Chance, positionalen und daher auf permanente Steigerung gerichteten Konsum zu überwinden. Die Wiederbelebung des demokratischen, das heißt innerhalb demokratischer Spielregeln ausgetragenen, Klassenkampfs ist eine Grundbedingung für die Überwindung der europäischen Krise. Sie ist zugleich eine Alternative zur Verwilderung des sozialen Konflikts, die sich schon jetzt in Aufständen, Revolten, in Labour Unrest und teilweise gewalttätigen Auseinandersetzungen bemerkbar macht.

---

[58] Offe 2013.

[59] Piketty 2014.

Politisch ist eine solche Entwicklung gegenwärtig mehr als unwahrscheinlich. Doch selbst wenn die Wiederbelebung des demokratischen Klassenkampfs auf europäischer Ebene gelänge, wäre doch klar, dass Verteilungskämpfe mehr und mehr um das Bestehende geführt werden müssten. Der Abschied von der Wachstumsillusion dürfte uns leichter fallen, wenn wir uns vergegenwärtigen, weshalb aus der schöpferischen Zerstörung, die Joseph Schumpeter analysierte, längst die kreative Konservierung unhaltbarer gesellschaftlicher Verhältnisse geworden ist. Der Wachstumskapitalismus ist zu einer Tretmühle mutiert, die sich nur noch bewegt, weil immer mehr Menschen immer mehr Energie aufwenden müssen, um nicht aus dem Rad herauszufallen. Wer es mit Nachhaltigkeitszielen ernst meint, muss diese Tretmühle grundsätzlich infrage stellen. Das geht nur, wenn die Gesellschaft jenseits privater Gewinninteressen und hoffentlich mit gewerkschaftlicher Hilfe auf das „Was" und das „Wozu" der Produktion Einfluss nimmt. Eine neue Wirtschaftsdemokratie wäre nötig, um Nachhaltigkeits-Innovationen zu ermöglichen, die diesen Namen verdienen. Wer die notwendige Grüne Revolution auf eine technokratische Vision reduziert, wird indessen nicht einmal das Tempo drosseln, mit der sich die Tretmühle der Akkumulation unerbittlich in die falsche Richtung bewegt.

Literatur

Bach, Stefan / Benznoska, Martin / Steiner, Viktor: A Wealth Tax on the Rich to bring down Public Debt?, SOEPpapers 397 (2011).

Banyuls, Llopis Josep / Recio, Albert: Spanien: Eine Krise in der Krise, in: Dörre, Klaus / Jürgens, Kerstin /Matuschek, Ingo (Hg.): Arbeit in Europa. Marktfundamentalismus als Zerreißprobe, Frankfurt am Main / New York 2014, S. 197-216.

Boltanski, Luc / Chiapello,: Der neue Geist des Kapitalismus, Konstanz 2003.

Braudel, Fernand: Sozialgeschichte des 15.-18. Jahrhunderts. Aufbruch zur Weltwirtschaft, drei Bände Frankfurt am Main 1985/86.

Brenke, Karl: Einkommensverteilung, Sparen, Konsum und Wirtschaftsleistung – ein Rückblick auf die letzten zehn Jahre, in: Machnig, Matthias (Hg.): Welchen Fortschritt wollen wir? Neue Wege zu Wachstum und Sozialem Wohlstand, Frankfurt am Main 2012, S. 84-102.

Castel, Robert: Die Krise der Arbeit. Neue Unsicherheiten und die Zukunft des Individuums, Hamburg 2011.

Deutsche Bank: Re-Industrialisierung Europas: Anspruch und Wirklichkeit. EU Monitor, Frankfurt am Main 2013.

Dörre, Klaus: Die neue Landnahme. Dynamiken und Grenzen des Finanzmarktkapitalismus, in: Dörre, Klaus / Lessenich, Stephan / Rosa, Hartmut (Hg.): Soziologie – Kapitalismus – Kritik. Eine Debatte, Frankfurt am Main 2009, S. 21–86.

Dörre, Klaus / Scherschel, Karin / Booth, Melanie / Haubner, Tine / et al.: Bewährungsproben für die Unterschicht? Reihe International Labour Studies – Internationale Arbeitsstudien. Band 3, Frankfurt am Main / New York 2013.

Eurostat 2014.

Foster, John Bellamy / Clark, Brett / York, Richard: The Ecological Rift: Capitalism's War on Earth, New York 2011.

Fücks, Ralf: Intelligent wachsen. Die grüne Revolution. München 2013.

Grober, Ulrich: Die Entdeckung der Nachhaltigkeit. Kulturgeschichte eines Begriffs, München 2010.

Habermas, Jürgen: Die Krise des Wohlfahrtsstaates und die Erschöpfung utopischer Energie, in: ders.: Die neue Unübersichtlichkeit, Frankfurt am Main 1985, S. 141-163.

Harvey, David: Marx' »Kapital« lesen. Ein Begleiter für Fortgeschrittene und Einsteiger, Hamburg 2011.

Harvey, David: Das Rätsel des Kapitals entschlüsseln. Den Kapitalismus und seine Krisen überwinden, Hamburg 2014.

Jackson, Tim: Wohlstand ohne Wachstum, München 2011.

Karamessini, Maria / Rubery, Jill (Hg.): Women and Austerity. The Economic Crisis and the Future for Gender Equality, London / New York 2013.

König, Wolfgang: Kleine Geschichte der Konsumgesellschaft, Stuttgart 2008.

Krysmanski, Hans-Jürgen: 0,1 Prozent. Das Imperium der Milliardäre. Frankfurt am Main 2012.

Kutlu, Yalcin: Partizipative Streikführung. Der Erzieherinnenstreik, in: Schmalz, Stefan / Dörre, Klaus (Hg.): Comeback der Gewerkschaften? Machtressourcen, innovative Praktiken, internationale Perspektiven, Frankfurt am Main / New York 2013, S. 226–241.

Lebenslagen: Lebenslagen in Deutschland, Entwurf des 4. Armuts- und Reichtumsberichts der Bundesregierung, Stand 17.09.2012.

Leschke, Janine / Theodoropoulou, Sotiria /Watt, Andrew: Auf dem Weg ins »Europa 2020«? Austeritätskurs und neue Wirtschaftssteuerung auf EU-Ebene, in: Lehndorff, Steffen (Hg.): Spaltende Integration. Der Triumph gescheiterter Ideen in Europa – revisited; zehn Länderstudien, Hamburg 2014, S. 243–272.

Lorey, Isabell: Die Regierung der Prekären, Wien 2012.

Lutz, Burkart: Der kurze Traum immerwährender Prosperität. Eine Neuinterpretation der industriell-kapitalistischen Entwicklung im Europa des 20. Jahrhunderts, Frankfurt am Main / New York 1984.

Luxemburg, Rosa [1913]: Die Akkumulation des Kapitals. Ein Beitrag zur ökonomischen Erklärung des Imperialismus, in: Luxemburg, Rosa (Hg.): Gesammelte Werke, Berlin 1975, S. 5–411.

Markantonatou, Maria: Die Entwicklung der Arbeit, die Automatik der Sparpolitik und die Krise in Griechenland, in: Dörre, Klaus / Jürgens, Kerstin /Matuschek, Ingo (Hg.): Arbeit in Europa. Marktfundamentalismus als Zerreißprobe, Frankfurt am Main / New York 2014, S. 217-228.

Meiksins Wood, Ellen: Demokratie contra Kapitalismus. Beiträge zur Erneuerung des historischen Materialismus, Köln 2010.

Offe, Claus: Europa in der Falle, in: Blätter für deutsche und internationale Politik, Jg. 2013, H. 1, S. 67–80.

Paqué, Karl-Heinz: Wachstum! Die Zukunft des globalen Kapitalismus, München 2010.

Piketty, Thomas: Capital in the twenty-first century, Cambridge 2014.

Priewe, Jan: Die drei großen Krisen des deutschen Kapitalismus: Ein wirtschaftsgeschichtlicher und -theoretischer Vergleich, in: Institut für Marxistische Studien und Forschungen (Hg.): Große Krisen des

Kapitalismus – Lange Wellen der Konjunktur? Beiträge zur aktuellen Krisenanalyse und Monopoltheorie. Informationsbericht 41, Frankfurt am Main 1985, S. 9–50.

Randers, Jørgen: 2052. A global forecast for the next forty years. A report to the Club of Rome commemorating the 40th anniversary of The limits to growth, White River Junction (Vermont) 2012.

Rockström, Johan / Steffen, Will / Noone, Kevin / et al.: Planetary Boudaries: Exploring the Safe Operation Space for Humanity, in: Ecology and Society, Jg. 14 (2009), H. 2.

Schwalbach, Joachim: Vergütungsstudie 2010, o.O. 2012.

Sinn, Hans-Werner: Verspielt nicht eure Zukunft!, München 2013.

Steinko, Armando Fernández: Portugal, Spanien und Griechenland auf der Suche nach einem Ausweg (2013), in: Das Argument, H. 301, S. 140–155.

Stiglitz, Joseph: Im freien Fall. Vom Versagen der Märkte zur Neuordnung der Weltwirtschaft, München 2010.

Stiglitz, Joseph: Der Preis der Ungleichheit. Wie die Spaltung der Gesellschaft unsere Zukunft bedroht, München 2012.

Streeck, Wolfgang: Gekaufte Zeit – Die vertagte Krise des demokratischen Kapitalismus, Berlin 2013.

Vermeulen, Philip: How fat is the top tail of the wealth distribution?, EZB Working Paper Series, No. 1692, July 2014.

Wickham, James: Das irische Beschäftigungsmodell, die Krise und das eigenartige Überleben des Sozialstaats, in: Dörre, Klaus / Jürgens, Kerstin / Matuschek, Ingo (Hg.): Arbeit in Europa – Marktfundamentalismus als Zerreißprobe, Frankfurt am Main / New York 2014; S. 181-196.

Windolf, Paul: Eigentümer ohne Risiko. Die Dienstklasse des Finanzmarkt-Kapitalismus, in: Zeitschrift für Soziologie (6) (2008), S. 516-536.

Weltbank: World Development Indicators 2012, Washington DC.

Wright, Erik Olin: Transformation des Kapitalismus, in: Dörre, Klaus / Sauer, Dieter / Wittke, Volker (Hg.): Kapitalismustheorie und Arbeit. Neue Ansätze soziologischer Kritik, Frankfurt am Main / New York 2012, S. 462-488.

Martin Quilisch

Credo und Kredit, Schuld und Schuldiger

Ein etymologischer und sozialpsychologischer Streifzug

Es geht in diesem Beitrag nicht um strenge wissenschaftliche Kost, eher einen Spaziergang, einen Streifzug durch einen Garten, allerdings einen Garten voller mannigfacher Labyrinthe, Überraschungen und unerwarteten Sichtachsen. Es geht um eine Befragung der Sprache, um Worte des Glaubens und der Religion einerseits und Worte des Geldes der Finanzen andererseits und ihre offenen und mitunter eher verdeckten Verbindungen, Bedeutungen und Deutungen. Man könnte von einem Essay sprechen, einem Versuch, einer Suche am Rande der Wissenschaft und ihrer Erkenntnisse, vor allem der Etymologie und der Wirtschafts- und Sozialwissenschaft. Der Vortragende, eher der Erzähler, ist als Jurist kein Fachexperte, aber immerhin mit dem kritischen und abwägenden Umgang mit Worten vertraut.

1. Geld und „guilt"

Lassen Sie mich mit einer kleinen Geschichte beginnen:

Der Großspekulant und Milliardär Georges Soros, der sein Vermögen einer Spekulation gegen das englische Pfund verdankt und der sich immer wieder mit exzentrischen Ratschlägen in der Öffentlichkeit meldet, etwa dem, die Eurokrise durch einen Austritt Deutschlands aus dem Euro zu lösen, hat sich einmal in der Diskussion um die Schuldenkrise über die Deutschen mockiert, die statt nüchtern wie die Engländer von „debt" zu sprechen das schwergewichtige Wort „Schuld" benutzten. Herr Soros war sich dabei wahrscheinlich nicht bewusst, dass das englische Wort für Schuld, „guilt" in seinem Ursprung, wie ich auch erst bei meinen Recherchen festgestellt habe, mit dem Wort „Geld" verwandt ist. Wir benutzen viele Worte in unserer Sprache, in unseren Sprachen, die eine lange Geschichte haben. Auch wenn wir diese Geschichte meist nicht kennen, bleibt sie gleichwohl nicht ohne Wirkung.

Das Wort „Geld" hat übrigens auch im Deutschen erst seit dem 14. Jahrhundert die heutige Bedeutung als Zahlungsmittel angenommen, vorher stand es vor allem für die Buße für Vergehen, Zahlung von Tribut und Abgabe. Es gehört zunächst in die kultische und rechtliche Sphäre, „das, womit man Opfer, Buße, Tribut entrichten kann".[1] Dies ist noch in den Worten „Wergeld" als Kompensation für die Tötung eines Menschen in den überlieferten germanischen Stammesrechten und dem „Danegeld", dem Tribut der Engländer an die dänischen Invasoren, erkennbar.

Die Geschichte des Geldes ist eine lange Geschichte. Folgt man den Darlegungen und Argumenten des Anthropologen und bekennenden Anarchisten David Graeber sind Schulden und Schuldverhältnisse mindestens so alt, wenn nicht gar älter als Geld. Die wirtschaftlichen Transaktionen in den mesopotamischen Stadtstaaten wurden primär nicht in Bargeld abgewickelt. Sie wurden zwar in Silber oder Korn gemessen, aber diese „Währung" bleibt regelmäßig in den Tempeln, den Vorläufern der Banken, hinterlegt. Kredit, festgehalten auf Tontafeln, ist die Basis der Wirtschaft. Das ist für unseren Zusammenhang von Schuld und Schuldner, Glaube und Gläubiger wichtig. Der Erlass von Schulden durch den Herrscher bei Regierungsantritt, die Forderung nach Zerstörung der Tontafeln, auf denen die Kredite und Schulden, etwa Zuteilungen und Leistungen, die von Tempeln ausgegeben oder gefordert wer-

[1] Vgl. Artikel „Geld" in: Etymologisches Wörterbuch des Deutschen, Edition Kramer.

den konnten, erscheint regelmäßig in den erhaltenen Dokumenten. Schulden werden zwar quantifiziert und schriftlich festgehalten, aber regelmäßig nicht in Bargeld abgewickelt.[2] Die weitgehende Monetarisierung fast aller Lebensbereiche ist übrigens bei genauer Betrachtung eine moderne Erscheinung, die mit der Urbanisierung und Industrialisierung, vor allem der Lohnarbeit mit Kauf und Verkauf der Arbeitskraft einhergeht. In einer Welt, in der die Mehrheit der Bevölkerung von Subsistenzwirtschaft und in agrarischen Verhältnissen lebt, spielt Geld sicher auch eine Rolle, aber eine viel geringere.

Dass Geld, in der Form von Münzgeld, entgegen der herrschenden ökonomischen Theorie seine Entstehung nicht primär seiner Verwendung als Tauschmittel verdankt, ist eine der interessanten Thesen des Buches von David Graeber, „Schulden, die ersten 5000 Jahre". Graeber betont vielmehr den Zusammenhang von militärischer Macht mit der Notwendigkeit Soldaten zu bezahlen und im Lande zu unterhalten, die mit den frühen Imperien auftaucht, die in der „Achsenzeit" (Ein Ausdruck, der von Karl Jaspers geprägt wurde und die Zeit etwa 600 bis 500 v. Chr. umfasst) miteinander kämpfen. Nach Graebers Theorie schafft der Staat erst die Märkte, auf denen Geld gebraucht wird. Ich kann die Richtigkeit dieser These nicht kompetent beurteilen. Sie wirft aber einen recht düsteren Schatten auf den Ursprung Geldes und seine Verbindung zu militärischer Macht. Ein Blick auf die Stärke des Dollars, hinter der die größte Militärmacht der Welt steht und die relative Schwäche des Euros, dessen Mitgliedsstaaten doch nur über begrenztes militärisches Potential verfügen, zeigt eine gewisse Plausibilität dieses Zusammenhangs bis auf den heutigen Tag. Entgegen der Behauptung des römischen Kaisers Vespasian: „non olet", haftet Geld seit seinem Ursprung durchaus ein Geruch von Macht und Krieg an.

[2] Graeber, 2012, S. 27.

2. Schuld und Schuldner

Auch die Worte: „Vergib uns unsere Schuld, wie auch wir vergeben unseren Schuldigern (oder Schuldnern?)“ haben eine lange Geschichte. Schon die doppelte, leicht differierende Überlieferung bei Matthäus und Lukas wirft Fragen auf. Die unzähligen Übersetzungen in fast alle Sprachen der Welt[3] machen die Frage nach der ursprünglichen Bedeutung der Bitte nicht einfacher. War bereits damals mit Vergebung der Erlass von (Geld)schulden gemeint?

Während in Matthäus 6,12 von „opheilemata“ gesprochen wird, was Schulden (Plural) bedeutet, steht in Lukas 11,4, (ebenfalls im Plural) das Wort „hamartia“, das Sünde, Verfehlung bedeutet.[4]

In der kirchlichen Tradition ist die Version bei Matthäus herrschend geworden. Im Lateinischen wird von „debita“ gesprochen, im Englischen von „debt“, im Französischen von „dette“ , was auf das Verb „debere“ – in der Bedeutung von „müssen, sollen“ verweist, aber auch „schulden von Geld“, wie das Substantiv „debitor“ erkennen lässt, bedeutet. „Devoir“ heißt im Französischen auch müssen und (Geld) schulden. „Qu´est-ce que je vous dois?“ „Was bin ich Ihnen schuldig?“ „Was habe ich zu zahlen?“ fragt man umgangssprachlich.

Die Doppeldeutigkeit von moralischer Schuld und finanzieller Verpflichtung zeigt sich auch bei einem Blick auf die Ursprünge des Wortes „Schuld“ in unserer Sprache. „Schuld“ verweist in seinem Wortstamm auf das Wort „sollen“. „Sollen“

---

3 Es gibt vielleicht keinen Text, der in so viele Sprachen übersetzt wurde. Er spielt deshalb auch für den Sprachvergleich eine wichtige Rolle. Vgl. Den Artikel „Sprachvergleich anhand des Vaterunsers“ bei Wikipedia.

4 Die ältesten überlieferten Texte des Vaterunser sind in griechischer Sprache geschrieben. Etymologen behaupten allerdings, dass im Aramäischen das Wort für Schuld und Sünde synonym gebraucht wurde.

bedeutet eine Verpflichtung auf eine Norm, ein Gesetz, das verletzt werden kann. Der Gedanke von Verfehlung – und damit „Sünde" und verwirkter Strafe für die Verfehlung – hängen also eng zusammen.

Aber auch der finanzielle Bedeutungszusammenhang bleibt im Hintergrund erhalten und erkennbar, wir sprechen von „Soll und Haben", wobei allerdings mit „Soll" in der Sprache der Kreditwirtschaft – entgegen dem naiven Sprachgefühl – die Schulden, die jemand bei der Bank hat, gemeint sind. Für die Bank sind meine Schulden eine Forderung, die zu Recht im Soll ausgewiesen wird. Eindeutig hat jemand, der im „Debet" ist, Schulden.

„Schuld" bleibt doppeldeutig. Es kann sowohl um moralische Schuld und Verfehlung gehen, wie um finanzielle Verbindlichkeiten. Aber für unseren Zusammenhang der Bitte um Vergebung oder Erlass unserer Schuld ist eine weitere Dimension wichtig. Es geht nicht nur um individuelle Schuld, sondern um existenzielle Schuld. Der Gedanke der „Erbschuld" oder „Erbsünde" ist in der christlichen Tradition[5] tief verankert. Wir tragen Schuld schon bei unserer Geburt, Schulden, die wir selbst nie bezahlen können. Das gibt dem Wort „Schuld" und „Schulden" ein schweres Gewicht, das wir zwar nicht immer mitdenken, das aber doch bleibt und wirkt. Die Vorstellung, dass Schulden bezahlt werden müssen und vielleicht nie bezahlt werden können, hat hier ihre Wurzel. Sie führt aber umgekehrt auch zu der Konsequenz, dass wir Vergebung brauchen, Erlass der Schuld und der Schulden.

Bei einem Streifzug kann man unerwartete Entdeckungen machen. Eine solche unerwartete Entdeckung verdanke ich dem Kollegen Krabbe, der mit Herrn Heimbucher und mir in

[5] Sowohl Judentum wie Christentum und Islam kennen den Begriff der Sünde. Für das neutestamentliche, christliche Verständnis ist aber der Mensch von Natur aus nicht frei von Sünde, bei allen konfessionellen Unterschieden in der Auslegung der Schöpfungslehre.

der Vorbereitungsgruppe dieser Tagung mitgewirkt hat. Er machte mich darauf aufmerksam, dass der Begriff „Schuld" nicht nur im religiösen und moralischen wie im finanziellen Zusammenhang auftaucht, sondern auch in der Physik eine Rolle spielt. In der Urknall-Theorie wird auch mit einer Art „Schuld" gerechnet und argumentiert: der Störung des Gleichgewichts von Materie und Antimaterie bei der Entstehung unseres Universums. Bei einem völligen Gleichgewicht gäbe es keine Materie. Anschaulich sah ich das neulich in einer Wissenssendung im Fernsehen demonstriert. Aus flacher Erde wurde ein Sandhaufen ausgehoben und wieder mit dem Aushub verfüllt. Danach war der Boden nicht wieder glatt, sondern zeigte eine leichte Erhöhung, ein paar Schaufeln voll. Dieser Überschuss steht für die „Schuld", die den Unterschied zwischen „etwas" und „nichts" entscheidet. Würde diese „Schuld" ausgeglichen würde unsere Welt verschwinden.

Das lässt mich mit der Frage zurück, ob nicht Schuld im Weltplan eine notwendige Antriebskraft ist, ebenso wie die Verpflichtung zur Rückzahlung von Schulden in der Wirtschaft. Auch hier noch eine Anekdote. In den jüngsten Koalitionsverhandlungen wurde Finanzminister Schäuble von Journalisten gefragt, wann denn die Schulden des Staates zurückgezahlt würden und er antwortete: „Ich hoffe nie." Ein wenig ratlos frage ich mich, warum brauchen wir dann Vergebung und Erlass der Schulden? Wäre der Totalerlass, der volle Ausgleich nicht das Ende von allem – oder bedeutet er die Möglichkeit zu neuem Anfang? Sind Vergebung und Erlass nicht nur Durchgangsstationen?

3. Gläubiger und Schuldner

Der tschechische Ökonom Tomáš Sedláček entwickelt in seinem Buch „die Ökonomie von Gut und Böse" eine scharfe Kritik an der herrschenden Theorie der Wirtschaftswissenschaft, in deren Zentrum der rational handelnde „homo oeconomicus" steht und hält ein flammendes Plädoyer für eine neue ethische Grundlegung der Beurteilung wirtschaftlichen Handelns. In einer historischen Analyse der wirtschaftlichen Entwicklung seit der Antike und ihres konzeptionellen Verständnisses setzt er sich auch mit dem besonderen Beitrag des Christentums zur Wirtschaft auseinander. Er widerspricht nicht nur der These von der grundsätzlichen Wirtschaftsfeindlichkeit des Christentums, indem er darauf hinweist, dass von den 30 Gleichnissen im Neuen Testament 19 thematisch im Bereich wirtschaftlichen Handelns angesiedelt sind[6]. Für Sedláček sind die wichtigsten Verbindungen zwischen Christentum und Ökonomie im Vaterunser zu finden. „Und erlass uns unsere Schulden, wie auch wir sie unseren Schuldnern erlassen haben"[7]. Die Wortwahl „erlassen" statt „vergeben" in der deutschen Fassung des Buches von Sedláček ist bemerkenswert. Sie bringt die Nähe des Vorgangs zum ökonomischen und sozialen Zusammenhang klar heraus für eine Zeit in der zahlungsunfähige Schuldner zu „Sklavenarbeitern" werden konnten, in Schuldknechtschaft fallen, aber auch freigelassen oder freigekauft werden konnten.

Die Bitte um Erlass, um Vergebung der Schulden hat eine besondere Struktur unter den Bitten des Vaterunser. Sie postuliert eine funktionelle Abhängigkeit unseres Verhältnisses zu Gott einerseits wie auch des Verhältnisses der Menschen zueinander, zu ihrem Nächsten andererseits. Was ist das Gemeinsame dieses Verhältnisses? Gibt es eine solche Gemeinsamkeit überhaupt? Es ist bemerkenswert, dass bei Lukas im Verhältnis zu Gott von „Sünden" gesprochen wird, sicher nicht von Geldschulden, gleichzeitig aber im Verhältnis zu unseren Mitmenschen gesagt wird: „denn auch wir vergeben allen, die uns etwas schulden" was sehr wohl, gerade vor dem historischen

[6] Sedláček 2012, S. 170.
[7] A.a.O., S. 172.

Hintergrund der antiken Schuldenwirtschaft als finanzielle Verpflichtung mit persönlicher Haftung verstanden werden kann.

Beide sind miteinander verkoppelt. Ich sehe die Gemeinsamkeit im Gedanken der Verbindlichkeit, des Bandes. Bei Schulden sprechen wir von Verbindlichkeiten, auf Englisch „liabilities". Noch deutlicher wird der inhaltliche Konnex der Sprache des Glaubens und der Sprache der Finanzen, wenn wir Schulden als Obligationen, als „bonds" bezeichnen. Das englische Wort „bonds" wird heute vor allem für Wertpapiere und verbriefte Anleihen gebraucht, gibt aber einen wichtigen Hinweis. Es bezeichnet ursprünglich zunächst Familienbande, soziale Bindungen, die Gruppen von Menschen zusammenhalten.

Auch Gläubiger und Schuldner werden durch Verbindlichkeiten, durch ein Band zusammengehalten. Was macht das Wesen dieses Bandes aus, was ermöglicht es? Hier ist etymologisch beim Gläubiger, dem Creditor, anzusetzen. Der Gläubiger glaubt, dass der Schuldner zahlen wird. Das Wort „glauben", in seinen Ursprüngen mit den Wort „lieben" und „loben" verwandt[8], bedeutet aber nicht nur etwas für wahr halten, es bedeutet auch „vertrauen". Gläubiger und Schuldner werden durch gegenseitiges Vertrauen zusammengehalten. Es klingt vielleicht seltsam, aber meine These lautet, die eigentliche Währung unseres menschlichen Zusammenlebens, auch des wirtschaftlichen und finanziellen Handelns ist: „Vertrauen". Insofern sind Credo und Kredit tiefgründig miteinander verbunden. Nicht, dass etwas nicht funktioniert ist der Normalfall, sondern dass etwas funktioniert und unseren Erwartungen entspricht. Die Regel bestimmt unser Leben, nicht die Ausnahme.

[8] Vgl. Stichwort „glauben" in: Etymologisches Wörterbuch des Deutschen.

4. Vertrauen und Macht

Der Gedanke des Vertrauens als Grundlage des Verhältnisses von Gläubiger und Schuldner ist aber nur eine Seite der Medaille. Die französischen Autoren Aglietta und Orléan haben 2002 ein Buch mit den schönen Titel: „Monnaie entre violence et confiance" verfasst. Es zeigt die dunkle Seite des Schuldverhältnisses. Zwischen Gläubiger und Schuldner besteht regelmäßig ein Macht- und Wohlstandsgefälle. Der Gläubiger vertraut nicht nur auf den Zahlungswillen des Schuldners, er misstraut ihm auch und versucht sein Risiko zu begrenzen. Er verlangt Sicherheiten und verlässt sich auf den Machtapparat des Staates und seiner Gerichte. Neben Vertrauen gibt es zwischen den Menschen immer auch Macht und Herrschaft. Regelmäßig ist dabei in unserer Vorstellung der Schuldner der Schwächere, der Abhängige. Eher selten wird der Gläubiger vom Schuldner abhängig wie im Falle der „systemrelevanten Banken" die „too big to fail" sind und deshalb vom Steuerzahler gerettet werden müssen. Das moralische Urteil ist dabei meist auf der Seite des armen Schuldners, nicht auf der Seite des reichen, hartherzigen Gläubigers. Aber stimmt das wirklich?

5. Schulden im Wirtschaftskreislauf

Das Verhältnis von Gläubiger und Schuldner, Creditor und Debitor, ist bei genauerer Betrachtung nicht nur eine bipolare Beziehung. Wir sind in unserem Leben regelmäßig Gläubiger und Schuldner zugleich. In der Geschichte der Wirtschaftswissenschaft war die Erkenntnis vom Wirtschaftskreislauf von Geld und Gütern[9] eine bahnbrechende Entdeckung, ähnlich

[9] Der Begriff wurde durch den französischen Arzt und Ökonom Francois Quesnay in Jahre 1758 geprägt.

wie in der Medizin die Entdeckung des Blutkreislaufs[10], die zeitlich etwas vorausging.

Betrachten wir Schulden als integralen Teil des Wirtschaftkreislaufs so verlieren sie etwas von ihrer moralbetonten Bedeutung. Finanz- und Kreditwirtschaft haben die Explosion der Produktivkräfte und der Güterproduktion, die wir seit etwa 300 Jahren erlebt haben, erst ermöglicht. Nicht die Existenz von Schulden ist der Kern des Problems, sondern die Störung im Kreislauf. Erst wenn Schulden nicht mehr bezahlt werden können und Kredite nicht mehr vergeben werden beginnt die Krise. Entscheidend ist aber hier – und das ist wichtig – der Verlust des Vertrauens, des Glaubens an das zukünftige erwartete Verhalten des Mitmenschen und der Institutionen.

In einer Betrachtung der Schulden als Teil eines Wirtschaftskreislaufs gewinnt die Rolle des Zinses einen neuen Stellenwert. In einer Welt, in der ein Zinsverbot herrscht, wie bis ins Mittelalter hinein, ist das Gläubiger-Schuldnerverhältnis prinzipiell asymmetrisch. Der Schuldner braucht den Gläubiger, aber umgekehrt der Gläubiger nicht den Schuldner. In einer Kreislaufwirtschaft ändert sich die asymmetrische Relation in Richtung auf einen prinzipiell symmetrischen Austausch. Die Sparer als Gläubiger und Anleger sind darauf angewiesen, dass es genügend kreditsuchende Schuldner und Investoren gibt. Der Preis für den Kredit ist der Zins. Es wird auf beiden Seiten Zukunft gekauft und verkauft, in beiderseitiger Erwartung von Gewinn, mit Risiko, aber im grundsätzlichen Vertrauen auf die Erfüllung der Verbindlichkeit.

Nun könnte ich meinen etymologischen Streifzug hier beenden und mich abschließend der Frage zuwenden, ob Vergebung und Erlass von Schulden auch in der heutigen Schuldenkrise ein geeignetes Mittel sein können, verlorenes Vertrauen

[10] Als Entdecker gilt der englische Arzt William Harvey mit seiner Schrift „De Motu Cordis" 1628.

zurück zu gewinnen und die Blockierungen im Geld- und Wirtschaftskreislauf aufzulösen und zu verhindern.

Aber ich will es mir nicht so leicht machen, sondern wenigstens ein paar vorsichtige Bemerkungen zu den Ursachen des Vertrauensverlustes wagen.

Schuldenkrisen und Schuldenerlasse hat es in der Geschichte immer wieder gegeben. Megainflation 1923 und Währungsreform 1948 sind für uns Deutsche hautnahe Beispiele. Auch der Schuldenschnitt für Griechenland und Zypern und die Bankenrettung nach der Lehmann Pleite zeigen die Aktualität des Problems. Sie zeigen auch die Gerechtigkeitsproblematik solcher eher unfreiwilligen Schuldenerlasse, bei der Banken gerettet werden, die die Krise verursacht haben.

Was aber macht die Besonderheit des Vertrauensverlustes in der gegenwärtigen Finanz-, Schulden- und Wirtschaftskrise aus? Ich sehe dabei vor allem drei Entwicklungsprozesse:

- Die Entpersonalisierung der Schuldverhältnisse
- Die Virtualisierung der Schuldverhältnisse
- Die Krise der Wirtschaftswissenschaft.

Die Entpersonalisierung der Schuldverhältnisse

Das Verhältnis von Gläubiger und Schuldner wird ursprünglich als ein personales Verhältnis, als Band zwischen realen Menschen gesehen. Die überkommenen ethischen und moralischen Maßstäbe lassen sich zwar grundsätzlich auch im wirtschaftlichen Bereich auf die Beurteilung der jeweiligen Personen und Handlungsweisen anwenden. Das wird aber immer schwieriger, wenn statt der realen Individuen juristische Personen und Institutionen, Banken, Hedgefonds, internationale Unternehmen und Staaten mit einander interagieren, wenn die Menschen hinter komplizierten, schwer durchschaubaren Konstruktionen verschwinden, Risiken verschleiert, Haftungen begrenzt, abgewälzt und verlagert und Kämpfe um Märkte und

Rohstoffe mit finanziellen Mitteln geführt werden. Diese Undurchschaubarkeit, bei gleichzeitiger interdependenter Abhängigkeit, macht soziales Vertrauen in der modernen Gesellschaft schwer. Es ruft für den Einzelnen das Gefühl der Machtlosigkeit hervor.[11] Und einmal verlorenes Vertrauen ist nur schwer wiederzugewinnen. In diesem Sinne ist die aktuelle Schuldenkrise mit der latenten Drohung eines großen Crash sicher eine Vertrauenskrise. Das Problem des Vertrauens verschiebt sich dabei von der individualethischen Sicht auf eine Frage des „Systemvertrauens".

Es fehlt eine Wirtschaftsethik, die auf institutionelles, entpersönlichtes Handeln ausgerichtet ist und es angemessen erfasst. Die Bemühungen, Standards von „good governance", guter Regierungsführung und Unternehmensführung, zu entwickeln, zeigen das Problem eher als es zu lösen. Interessant fand ich allerdings gerade einen Artikel zur Unternehmensführung, der für „Vergebung" im Umgang mit den Mitarbeitern plädiert, im Interesse des Arbeitgebers wie der Arbeitnehmer. Vergeben kann nicht nur dem Schuldner, sondern auch dem Gläubiger nutzen.

Die Virtualisierung der Schuldverhältnisse

Neben der Entpersönlichung der Schuldverhältnisse ist vielleicht noch ein anderer Prozess bedeutsamer: Die Virtualisierung der Schuldenwirtschaft, des Lebens überhaupt. Der französische Mathematiker Jean-Pierre Serre hat jüngst bemerkt, dass die Erfindung der elektronischen Datenspeicherung und -verarbeitung eine ähnliche welthistorische Dimension hat wie

---

11 Dass sich die „big players" in diesem Spiel mit dem Geld regelmäßig wohl kennen, macht die Sache nicht einfacher. Im finanziellen Massengeschäft wird versucht „Systemvertrauen" durch Rating Agenturen, Schufa-Auskünfte und „Kundenberatung" durch die provisionsinteressierten Banken und Versicherungen zu erzeugen.

die Erfindung der Schrift und die Erfindung des Buchdrucks, dass wir sie in ihrer Reichweite noch gar nicht ermessen können. Dies gilt sicher für die Wirkung dieses Mediums auf die Finanz- und Schuldenwirtschaft. Die Aufblähung der Zahl der Finanztransaktionen, die inzwischen das Vielfache der realwirtschaftlichen Transaktionen und Werte ausmachen, wäre ohne die elektronische Datenverarbeitung nicht möglich. Mit der entfesselten Finanzwirtschaft ist gleichsam neben dem realen Wirtschaftskreislauf ein neuer Geldkreislauf entstanden, der einem gigantischen Aneurysma gleicht. Der anatomische Vergleich zeigt die Gefahr dieses Vorgangs. Platzt ein solches pathologisches Gefäß, hat dies regelmäßig fatale Folgen für den normalen Lebenskreislauf. Geld wird zunehmend nicht mehr in der Realwirtschaft verdient, sondern mit Geld. Profitsuchendes Kapital, das auf unzulängliche Rendite für reale Investitionen trifft, investiert in Wetten auf den Finanzmärkten, die nur noch indirekt mit der Herstellung von Gütern und der Erbringung von Leistungen zu tun haben. Der Finanzsektor droht, wie der Nobelpreisträger für Wirtschaft, Joseph Stiglitz, jüngst in einem Interview[12] gesagt hat, die Wirtschaft zu ruinieren.

Beängstigend ist dabei, dass die Abläufe im Finanzkreislauf zunehmend nicht mehr von Menschen gesteuert werden, sondern von Computerprogrammen, die in Millisekunden Entscheidungen treffen, die automatisch andere Computerprogramme in Gang setzen. Die Folgen können verheerend sein.

Die Krise der Wirtschaftswissenschaft

Für viele Menschen erscheint es selbstverständlich, dass Schuld im moralischen Sinne und Schulden als finanzielle Verpflich-

[12] Interview in der Märkischen Allgemeinen Zeitung vom 18.10.2013 im Zusammenhang mit der Vorstellung des Buches von Stiglitz „Der Preis der Ungleichheit" auf der Buchmesse in Frankfurt.

tung nichts miteinander zu tun haben. Das ist im Wesentlichen eine Folge der Befreiung der Wirtschaftswissenschaften von der Dominanz durch die kirchliche Morallehre seit ihrer Begründung durch Adam Smith. Die „unsichtbare Hand" des Marktes kommt weitgehend ohne Rückgriff auf moralische Regeln aus. Ob dies für Adam Smith selbst so war, wird von Tomáš Sedláček in seinem schon angeführten Buch sehr spannend diskutiert und eher negiert.[13]

Wie weit diese Entlastung von ethischen Urteilen gehen kann, zeigt die wunderbare Erklärung der Funktionsweise eines Hedgefonds in dem Roman von Robert Harris „The Fear Index" (London 2011), wo dargelegt wird, dass auf eine zukünftige Entwicklung am Markt gewettet wird – und diese Wette zugleich durch eine Gegenwette abgesichert wird. Dadurch wird der Eindruck erweckt, man könne risikoneutral spekulieren. Es wird suggeriert, dass es Zukunft ohne Risiko geben kann. Dass dies nicht so ist, zeigt nicht nur das Ende des Romans, sondern auch die derzeitige Erfahrung an den Börsen der Welt. Auf den offiziellen und grauen Finanzmärkten der Welt wird von den institutionellen Großanlegern mit „futures" gehandelt, mit unserer Zukunft gespielt, die Zukunft vielleicht sogar verspielt.

Das herrschende Grundmodell der ökonomischen Theorie geht von einem rational handelnden „homo oeconomicus" und grundsätzlich mathematisch erfassbaren Prozessen aus. Mit der zunehmenden Erkenntnis, dass die gegenwärtigen krisenhaften Entwicklungen in der Wirtschaft und im Finanzsystem sich damit nicht verlässlich voraussagen lassen, gerät die Deutungsmacht der Wirtschaftswissenschaft immer mehr in Zweifel. Auch hier geht Vertrauen verloren. So sind denn auch die Versuche zu verstehen, die Theorie des wirtschaftlichen Handelns auf andere Prämissen zu gründen, insbesondere auf ethische Maßstäbe, die sich enger am tatsächlichen fehlerbehafteten menschlichen Verhalten orientieren.

---

13 Sedláček 2012,S. 251 ff.

Ich kann diese Entwicklungslinien im Rahmen meines Streifzuges nicht weiter verfolgen. Es fehlt mir auch die Fachkompetenz dazu. Dennoch: Die Frage nach der Vergebung von Schuld und dem Erlass von Schulden kann heute nicht mehr allein vor dem Hintergrund wucherischer Gläubiger und armer, von Unfreiheit bedrohter Schuldner betrachtet werden, sondern muss die Komplexität der interdependenten Wirtschafts- und Schuldenkreisläufe im Auge behalten. Es geht um die Begründung und Kritik von „Systemvertrauen", allerdings immer auch auf der Grundlage von „Individualvertrauen".

Kann Vergebung, kann Erlass von Schulden in unserer Welt bei der Überwindung der Schuldenkrise hilfreich sein, können sie dazu beitragen Vertrauen zu bewahren und zurück zu gewinnen?

In einer jüngst erschienenen kleinen Schrift plädieren Tomáš Sedláček und der englische Mathematiker David Orrell unter dem Titel „Bescheidenheit – für eine neue Ökonomie". Es geht den Autoren dabei nicht primär um das viel diskutierte Problem einer sparsameren Nutzung der Ressourcen im Sinne ökologischer Vernunft[14], sondern um eine Rücknahme unserer übersteigerten Selbstgewissheit in der wissenschaftlichen Deutung der Welt[15]. „Wir stolzen Menschenkinder sind eitel arme Sünder und wissen gar nicht viel." heißt es bei Matthias Clau-

[14] Das ist eine grundsätzliche Frage, in einer Welt, die erkennbar „auf Pump" lebt und sich bei der Natur mit ihren begrenzten Ressourcen und auf Kosten zukünftiger Generationen immer mehr verschuldet. Vgl. dazu den Beitrag von Prof. Klaus Dörre: „Grenzen der Verschuldung?" zu dieser Tagung.

[15] Sedláček und Orrell wollen die Wirtschaftwissenschaft als eigenständige Disziplin mit ihren Erkenntnismöglichkeiten keineswegs abschaffen; sie plädieren aber dafür, ihr Deutungsmonopol zu brechen und ihnen andere wissenschaftliche Erkenntnismöglichkeiten, wie Verhaltensforschung, Biologie, auch Theologie zur Seite zu stellen, um eine realistischeres und vielfältigeres Grundmodell des handelnden Menschen ins konzeptionelle Zentrum zu rücken.

dius.

Im Sinne solcher Bescheidenheit liegt es, den realen, fehlerhaften Menschen zum Zentrum der wirtschaftlichen Theorie zu machen. Das ist aber genau jener Mensch, von dem in der Bitte im Vaterunser gesprochen wird. Der Mensch, der Vergebung seiner Verfehlungen braucht und deshalb auch seinen Mitmenschen Verfehlungen vergeben kann und soll. Das liefert uns keine einfachen Handlungsanweisungen für die Lösung komplexer wirtschaftlicher und finanzieller Probleme, aber es gibt uns einen Maßstab und eine Orientierung, um Glauben und Vertrauen im Umgang miteinander zu bewahren. Für uns Christen gibt es ein einfaches moralisches Gebot für unser gesamtes Handeln: „Liebe deinen Nächsten wie dich selbst." Für mich war es eine schöne Entdeckung auf meinem Streifzug als ich in einem der vielen Gespräche, die ich zu diesem Thema mit anderen Menschen geführt habe, die plattdeutsche Fassung der Vergebungsbitte im Vaterunser fand. Da heißt es:

> Un vergev uns uns Schkuld
> Net (ebenso) as wie (wir) uns Nohbars
> (unseren Nachbarn, Nächsten) ok.

Literatur

Aglietta, Michel / Orléan, André: La Monnaie entre violence et confiance, Paris 2002.

Etymologisches Wörterbuch des Deutschen, Edition Kramer, Akademie Verlag GmbH, Berlin, 2012.

Graeber, David: Schulden, Die ersten 5000 Jahre, Stuttgart 2012.

Harris, Robert: The Fear Index, London 2011.

Sedláček, Tomáš: Die Ökonomie von Gut und Böse, München 2012.

Sedláček, Tomáš / Orrell, David: Bescheidenheit – für eine neue Ökonomie, München 2012.

Hermann Michael Niemann

Zwischen Ökonomie und Theologie: Schuld und Schulden in der Sicht der Hebräischen Bibel

Schuld, ein theologisch-moralischer Begriff und Schulden, eine ökonomische Kategorie: Wo liegt der Zusammenhang? Gibt es einen? Als Bibelexeget fragt man zunächst textlich-philologisch:

1. Begriffe

Das deutsche Wort „Schuld" ist ein Verbalabstraktum zu dem Verbum „sollen", das wir in der Finanzsprache als „Soll" = „das Geschuldete" kennen im Gegensatz zum „Haben".[1] In der Alltagssprache unterscheiden wir „Schulden" als Begriff für ein finanzielles oder materielles Soll, lateinisch *debitum*, „Schuld" dagegen verwenden wir eher als moralische Kategorie, lateinisch *culpa*. Die sprachwissenschaftliche Berechtigung der umgangssprachlichen Differenzierung zwischen (moralischer) „Schuld" und (finanziell-materiellen) „Schulden" sei dahingestellt. Ich nutze die umgangssprachliche Differenzierung hier pragmatisch.

Werfen wir einen Blick auf eine erste biblisch-hebräische Begriffsgruppe: Das hebräische אשם (ascham) meint moralische Verschuldung, gegenüber Menschen, gegenüber Gott, es wird für ökonomisch-materielle Entschädigung gebraucht, z.B. für

[1] Seebold 1999, S. 744.

eine konkrete „Sühnegabe", ein religiöses „Schuldopfer" , einen Schuldbetrag, aber auch allgemein-umfassend: Schuld, Geldstrafe, Verschuldung.[2] Das verwandte אשמה (aschma) bedeutet umfassend „Verschuldung, Schuld" (Lev 4,3ff) gegen Gottes Gebot,[3] ist aber auch ökonomisch-konkret z.B. bei Veruntreuung (Lev 5,20-26). Das Wortfeld ist also *allgemein-umfassend, aber auch religiös und ökonomisch konkret.*

Das hebräische עון (awon), häufig ebenso schlicht wie unscharf mit „Sünde, Schuld" übersetzt, bedeutet „Beugung, Verkrümmung, verkehrt sein" mit dem dazugehörigen Verb „verdrehen".[4] Es kann „Beugung" wie auch „Gebeugtsein/-heit" als Schicksal oder Strafe bedeuten, Krümmung wie auch Gekrümmtsein, umfassend und auch spezifisch moralisch-ethisch. Es geht um Schuld, aber nicht spezifisch ökonomisch.

Das zweite häufig mit „Schuld, Sünde" übersetzte hebräische Wort חטא (chatta) , bedeutet genauer „(sich) verfehlen, ein Ziel (konkret: Ri 20,16!) bzw. seine Bestimmung verfehlen, sich verschulden". Dieser Begriff begegnet weitgehend im moralisch-ethischen bzw. theologisch-religiösen Sinn und hat rechtliche, kaum ökonomische Implikationen. Es sind bei diesem Begriff nicht bestimmte Verfehlungen gegen Gebote im Blick, sondern eher „die Verletzung eines Gemeinschaftsverhältnisses: ein Mensch vergeht sich gegen einen Menschen oder gegen Gott". [5]

---

2 Zum Beispiel moralische Schuld (Gen 26,10); religiöse Schuld gegenüber Gott (Jer 51,5); umfassende Schuld (Ps 68,22; Spr 14,9); ein Schuldbetrag (Num 5,7f); Schuldopfer (Lev 5,6ff; Num 6,12; 2Kön 12,17; Ez 40,39); ökonomisch-materielle Sühngabe, Entschädigung (1Sam 6,3f.8.17).

3 Umfassende „Schuld des Volkes" gegen Gottes Gebot (Esra 9,6f.13.15; 10,10-19; 1Chron 21,3; 2Chron 24,18 (religiöse Schuld); Am 8,14 (umfassende Schuld Samarias), vgl. Koehler / Baumgartner 1967ff, S. 92f.

4 Knierim 1978, Sp. 245.

5 Knierim 1978, Sp. 545 mit zahlreichen biblischen Belegen aus allen denkbaren Lebensbereichen.

Die semitische Wurzel חוב hat ein breites Wortfeld: „sich vergehen, sich vergeblich bemühen, schuldig sein, sündigen, ins Elend geraten, sich verschulden, schuldig machen"; nominal „Schuld" (lateinisch *culpa*), auch „Schuldner, Sünder",[6] es reicht also auch in das Wortfeld des lateinischen *debitum*. In der Hebräischen Bibel, dem Ersten oder Alten Testament, gibt es nur 2 Belege: Ezechiel 18,7: ein Pfand als Schuld korrekt zurückgeben, bzw. Daniel 1,10 (pi.): einer moralischen Schuld nicht nachkommen. Ein Beispiel moralisch, eins ökonomisch.

Alle bisherigen Wörter dieser ersten hebräischen Begriffsgruppe bezeichnen umfassend, aber auch differenzierend moralische Schuld (*culpa*), aber auch ökonomische Schulden (*debitum*).

Eine zweite Begriffsgruppe: Das hebräische Verb לוה (lawah) führt uns konkret ins Schuldenwesen und bedeutet „ausleihen" (eher vom Gläubiger aus gesehen); es wird anscheinend wertneutral verwendet (Dtn 28,12; Jes 24,2), gelegentlich sogar positiv.[7] Das hebräische Verb נשא (nascha') bedeutet dasselbe vom Schuldner aus gesehen[8] und betrachtet es dabei als Last.[9] Nominal bedeutet das von dem genannten Verbum abgeleitete נשי (*neschi) „Schuld". Alle biblischen Belege stehen in ökonomischen Kontexten.[10]

משא (maschscha) ist in der Hebräischen Bibel selten und bedeutet „sich eine Gläubigerschuld verschaffen"[11], „Schuld erlassen" (Neh 5,10; 10,32), „Wucher treiben" (Neh 5,7), wird nur ökonomisch verwendet,

6 Koehler / Baumgartner 1967ff, S. 283.

7 Schäfer-Lichtenberger / Schottroff 2009, S. 510.

8 Schäfer-Lichtenberger / Schottroff 2009, S. 510; Koehler / Baumgartner 1967ff, S. 687.

9 Zum Ganzen und zu vielen Details vgl. den umsichtigen Aufsatz von Kessler 1989, S. 181-195.

10 Vgl. Ex 22,24; Dtn 24,11; Jer 15,10; 1.Sam 22,2; 2Kön 4,1; Ps 109,11; Jes 24,2; 50,1.

11 Galling 1954, S. 226 gegen Rudolph 1949, S.130; vgl. auch Koehler / Baumgartner 1967ff, S. 606.

ebenfalls das verwandte משאה (maschscha'ah), das im Plural „Schuld, Abgabe“, „Pfanddarlehen“ bedeutet.[12]

Ergebnis: Das zuletzt skizzierte Wortfeld sprach von Schulden, Schuldnern, Gläubigern, Schuldverschreibungen, Pfändern u.ä., die es zu erstatten gilt, also von klar ökonomischen Tatbeständen. Das andere (erstere) Wortfeld dagegen war stark von einem umfassenden Schuldbegriff geprägt, der auch ökonomische Schulden einschließen konnte und für einen Zusammenhang ökonomischer und moralischer Schuld offen war. Die hebräische Semantik im Bereich der Begriffe „Schuld“ und „Schulden“ ist also der deutschen ähnlich und für die Klärung der Frage, ob und welchen eventuellen Zusammenhang es zwischen religiös-moralischer Schuld und ökonomischem Schuldenwesen gibt, auf den ersten Blick nicht besonders ergiebig. Deshalb wenden wir uns konkret der Lebens- und Textwelt der Hebräischen Bibel und ihren zeitlichen und sachlichen Kontexten zu.

2. Wo, wann, warum, von wem wird bei welcher Gelegenheit von Schulden im Zusammenhang mit Schuld in der Hebräischen Bibel gesprochen?

2.1 Zeitgeschichtlicher Kontext

Über die ersten zweieinhalb Jahrhunderte der Entstehung, der Entwicklung und Differenzierung Israels wissen wir ziemlich wenig, jedenfalls von dem, was uns hier interessiert. Aber seit dem beginnenden 8. Jahrhundert v. Chr. entsteht eine politisch und wirtschaftlich günstige Situation. Starke und politisch klu-

[12] Koehler / Baumgartner 1967ff, S.606; Dtn 24,10 (Pfand); Spr 22,26 (finanziell-ökonomische Schulden).

ge Herrscher in Samaria und Jerusalem können eine stabile außenpolitische Lage über mehrere Jahrzehnte herbeiführen. Sie halten ein Kräftegleichgewicht aufrecht mit den Nachbarn an der wohlhabenden Handelsküste des Mittelmeeres im Westen und Aram (Syrien) im Nordosten, über das die Handelswege zu den Großreichen in Mesopotamien führen. Das führt zu einer seit der Entstehung Israels im 10. Jahrhundert v. Chr. so noch nie da gewesenen innenpolitischen und wirtschaftlichen Hoch-Zeit im 8. Jahrhundert v. Chr. Es bildet sich eine herrschaftsnahe Oberschicht und Besitzelite mit guten politischen und Wirtschaftsbeziehungen zu den Nachbarregionen. Parallel zu dieser gesellschaftlichen Schichten-Differenzierung tritt eine wirtschaftliche Entwicklung, die zu einer über die Bedürfnisse des eigenen Haushalts hinausgehenden bescheidenen Überschuss-Produktion führen kann. Überschüsse können wiederum auf Märkten zwischen Dörfern und kleinen Ortschaften ausgetauscht werden und Bedürfnisse befriedigen wie auch wecken. Es ist dann kein Zufall, dass in biblischen Texten seit dem (späten) 8. Jh. v. Chr. in diesem Zusammenhang als negative Auswirkung dieser an sich positiven gesellschaftlichen und wirtschaftlichen Entwicklung sowohl Kritik an Betrug als auch der Ruf nach korrektem Handeln im Handel laut werden (Am 8,5; Mi 6,10-11; Lev 19,36; Dtn 25,13-16; Spr 20,10 u.ö.).

Die günstigen Verhältnisse schließen nicht aus, dass in dem immer von Trockenheit oder Heuschrecken, feindlichen Raubüberfällen oder anderen Unglücksfällen und Störungen des Lebens bedrohten, relativ armen zentralpalästinischen Bergland Menschen durch klimatische oder persönliche Unglücksfälle, Krankheit von Mensch und Tier, Kinderlosigkeit, ungünstige Bodenverhältnisse in Armut und Not geraten. Unglückliche Ereignisse für eine Familie, ein Dorf müssen nicht gleich sieben magere Jahre hintereinander hervorbringen. Aber wenn, was innerhalb eines Jahrzehnts dort leicht zwei- bis dreimal passiert, nach einem Jahr ein zweites zu trockenes Jahr folgt, kann mit dem dürftigen Ertrag des zweiten Jahres das evtl. geliehene Getreide des ersten. Jahres nicht zurückerstattet werden. Und wenn der Zins zu hoch wird, muss der Bauer oder sein Sohn oder seine Tochter sich in Schuldknechtschaft begeben. Wer bestellt sein eigenes Feld, während er Schulden „abarbeitet“? Oder musste er diese Lebensgrundlage auch verpfänden? Bei manchem Schuldverhältnis mag die Sippe aushelfen. Aber wenn das ganze Dorf, das ganze Tal von Trockenheit geplagt war, wer erweist sich dann als solidarisch helfend? Andere Dörfer wenige Kilometer weiter hatten manchmal mehr Glück mit dem Regen (Am 4,7). Und der König in Jerusalem sah sich berechtigt, für Staatsleistungen Abgaben und Dienste zu fordern, unabhängig vom Ertrag des Erntejahres. In einer bescheidenen Wirtschaft mit prekärer ökonomischer Balance und ohne nennenswerte Reserven und Versicherungen gerät das wirtschaftliche Gleichgewicht leicht aus den Fugen. Und wenn es nicht durch eine inner- oder intergentale Solidarität und Verantwortlichkeit aufgefangen wird, ist die Krise, ein Zerfall der Gesellschaft da.

2.2 Biblisch-theologische Spiegelungen

Vielleicht haben das manche gesehen. Ausgesprochen haben es zunächst nur Vereinzelte, die aber in schriller Deutlichkeit: Amos, einem wohlhabenden Plantagen- und Herdenbesitzer fällt das auf und aufs Gewissen. Er weist auf zahllose Beispiele sozialer Ungerechtigkeit und elitären Machtmissbrauchs (Am 3,9-11; 4,1-3; 5,10-15; 8,4-8). In seinen Reden verbindet sich der Aufweis der Ausnutzung wirtschaftlicher Notlagen von Verarmten und Hilflosen durch „Neureiche“ und Mächtige mit dem Hinweis, dass diese verantwortungslose, unsolidarische Handlungsweise auf der Basis eines falschen religiösen Selbstbewusstseins geschieht (Am 5,18; 6; 8,9-14; 9,7-10). So kommt es zu einem „sinnentleerten“, mit anderen Worten heuchlerischen „Gottesdienst", der in Wirklichkeit nur der religiösen Selbstbefriedigung dient und auf den Gott gern verzichtet (Am 3,13-15; 4,4f; 5,4-7, 21-25; 6; 9,1-5). Wir können feststellen, dass Schulden einen Schuldner nicht schuldig machen. Aber sie können Gläubiger moralisch und religiös schuldig machen, nämlich bei unbarmherzigem, unsolidarischem Verhalten. Leihen und Schuldenmachen war in Israel in einer bestimmen Situation, erkennbar ab dem 8. Jahrhundert v. Chr. häufig, grundsätzlich nicht problematisch, legal und sogar wirtschaftfördernd.[13] Aber es entwickelte sich zu einem ökonomischen Grundwiderspruch[14], der trotz ökonomischer Notwendigkeit und Häufigkeit von Leihen und Verschulden die deutliche Gefahr der Abhängigkeit und schlimmerer belastender Folgen in sich barg.[15] Gott verzichtet nicht nur auf einen unter diesen Umständen für ihn wertlosen, heuchlerischen „Gottesdienst". Solche Handlungsweise bringt die nach biblischem wie altorientalischem Denken auf Gerechtigkeit beruhende Weltordnung[16] nicht nur auf der horizontalen, der zwischenmenschlichen Ebene aus der Balance. Nein, es gerät damit auch die göttlich garantierte Weltordnung auf der vertikalen Ebene ins Wanken. Denn wer *horizontal*-zwischenmenschlich so handelt, hat *vertikal* „Gott vergessen", um es mit dem theologischen Haupt-Stichwort des Propheten Hosea zu sagen. Hier zeigt sich ein unmittelbarer, unauflösbarer Konnex, eine Verbindung von Ökonomie und Theologie, Wirtschaft und (göttlicher) Welt-

---

[13] Darauf weist gegenüber der vorherrschenden Position in den 60er bis 90er Jahren des 20. Jahrhunderts in der sozialgeschichtlichen Analyse der Hebräischen Bibel neuerdings Philippe Guillaume hin und stellt demgegenüber auch positive und förderliche Elemente und Chancen des Kredit- und Schuldenwesens im antiken Israel heraus: Guillaume 2012.

[14] Kessler 1989, S. 31 mit Details und z.B. Hinweis auf Spr 22,7; Jer 15,10.

[15] Kessler 1989, S. 33ff.

[16] Zu dieser Vorstellung grundlegend Schmid 1968.

ordnung, göttlich garantierter Gerechtigkeit. Wie Amos kennt und nennt auch Hosea soziale Verbrechen im Alltagsleben konkret und allgemein (Hos 4,2; 5,10ff; 7,1ff), begangen von einer alles andere als vorbildlichen gesellschaftlichen Elite (Hos 4,4ff; 5; 10,4), die von einem heuchlerischen und erschreckenden religiösem Selbstvertrauen erfüllt ist (Hos 6,1-4; 7,10ff; 8,1f). Er führt die soziale Zerrüttung und Schuld deutlicher theologisch als Amos auf „Gottvergessenheit" zurück, die am Anfang und am Ende des Buches in jeweils 3 Bereichen entfaltet wird:

Hosea 4,2: „...keine *Treue* (hebräisch ämät = Vertrauen[17], Verlässlichkeit), keine *Liebe* (hebräisch chäsäd = Hingabe) und kein *'Wissen um Gott'* (hebräisch da'at Elohim) ist im Lande".

In Hosea 10,12 werden diese zerstörerischen Mängel in positive Maßstäbe umgeprägt, teils mit denselben Stichworten: „Sät euch *Gerechtigkeit* (hebräisch zedaqa = rechtes Verhalten, Gemeinschaftstreue), erntet *Liebe* (hebräisch chäsäd = Hingabe) und erschließt euch Neuland (hebräisch nīr, d.h. eine Neuorientierung), denn es ist Zeit, Gott zu suchen, bis er kommt, um (seine!) *Gerechtigkeit* (hebräisch zädäq) auf euch regnen zu lassen."

Auch der Prophet Micha stößt ins gleiche Horn: Die schwere theologische Krise zwischen Gott und seinem Volk hat ihre Wurzeln in gravierender Verantwortungslosigkeit und Machtmissbrauch vor allem der Elite und ihrem verbrecherischen Sozialverhalten: Sie reißen Äcker und Häuser Verarmter an sich, brechen und verdrehen Recht und Gerechtigkeit, betrügen, üben Gewalt und Lüge (Mi 2,1-5.9; 3,1-3. 5-7.9-11; 6,10-12; 7,3) – und das auch noch mit religiösen Selbstvertrauen und keinerlei Schuldbewusstsein (Mi 3,11). So verursachen ihre gesellschaftszerstörenden Verbrechen, dass das Heiligtum Gottes, der Tempel in Jerusalem, zerstört werden wird (Mi 3,12). Sein Resumée: Die Treuen, die Verlässlichen (hebräisch chasid) sind verschwunden im Land, kein Rechtschaffener (hebräisch yaschar)

[17] Zu Vertrauen als wirtschaftsethischer Kategorie vgl. Kern 2002, S. 139-178.

ist mehr da. Michas Zeitgenosse Jesaja in der Residenz Jerusalem könnte mit ähnlichen Äußerungen zitiert werden.[18]

Einen Text, der so feinsinnig und tiefgründig wie wenige andere biblische Texte Gott als stabilen Anker, als absolutes Maß und als Garant der Gerechtigkeit als Weltordnung setzt, die durch menschliche Ungerechtigkeit und Schuld aus dem Gleichgewicht gebracht wird, finden wir in den meines Erachtens nicht zufällig nebeneinander stehenden *Psalmen 111 und 112*. Und auch die Tatsache, dass Psalm 111 maßstabgebend *vor* Psalm 112 steht, scheint mir nicht zufällig: Psalm 111 preist die Hoheit Gottes, deren herausragendes Kennzeichen seine unbestechliche Gerechtigkeit ist, die aber ebenso von Barmherzigkeit und Güte, Fürsorge und Treue, Rechtschaffenheit und Verlässlichkeit begleitet wird. Vers 3 formuliert: „seine Gerechtigkeit bleibt für immer bestehen", ein Satz, der den auch in Israel bekannten gemeinorientalischen Grundsatz der göttlichen Gerechtigkeit, die die Welt im Gleichgewicht hält, klassisch ausdrückt. Die entsprechende Antwort des Menschen kann nur tiefe, dankbare Ehrerbietung oder Ehrfurcht sein (meist leider mit „Furcht Gottes" übersetzt). Gedanklich-theologisch konsequent anschließend beginnt der folgende Psalm 112: „Heil dem (Menschen), der Gott ehrfürchtig begegnet, an seinen Geboten großen Gefallen hat". Er entfaltet dann die positiven Folgen dieser Haltung, die er interessanterweise nicht als Rechtschaffenheit oder Korrektheit, Schuldlosigkeit oder ähnlich bezeichnet, sondern als „Gerechtigkeit", nun aber Gerechtigkeit des Menschen als spiegelbildliche Antwort auf die Gerechtigkeit Gottes. Wer im Licht der Gerechtigkeit Gottes sein Leben gestaltet, kann gar nicht anders sein als gut, freigebig, bereit zu helfen und zu leihen, rechtschaffen in seinem Beruf und Lebenswandel, großzügig gegen Arme und Bedürftige, von unbestechlicher Gerechtigkeit gegenüber jedermann. Was dazu motiviert, antreibt, trägt und leitet, wird Vers 4 kurz und klar

[18] Bauernlegen, Jes 5,8ff; Strategien dagegen: Lev 25; 1Kön 21; Jer 32.

genannt: „In der Finsternis erstrahlt den Aufrichtigen ein Licht, gnädig, barmherzig und gerecht". D.h. der Lichtglanz Gottes (Ps 43,3) leitet den Menschen in Gerechtigkeit mit den genannten Eigenschaften. Die Vorbildwirkung Gottes ist nach Psalm 111 so stark und eindeutig, dass der Mensch gar nicht anders können sollte, als Gottes Gerechtigkeit in allen Aspekten nach seinen Kräften zu folgen. Das wird auch durch eine sprachliche Feinheit und Parallelität bestätigt, indem Psalm 112,9 exakt die Formulierung von Psalm 111,3 beschwörend wieder aufgreift: „seine (d.h. Gottes) Gerechtigkeit bleibt für immer bestehen". Das ist der unverrückbare Maßstab, auf dem die göttliche Weltordnung beruht, auf die der Mensch not-wendig, Not wendend angewiesen ist.[19]

Kurz und bündig drückt auch Micha 6,8 die Maßstäbe zum Schuldvermeiden aus, oder positiver, zum Leben im Rahmen der gerechten Ordnung Gottes:

„Es ist dir gesagt, Mensch, was gut ist und was der Herr von Dir fordert: nichts als *Recht üben* (hebräisch mischpat), und *Güte* (hebräisch chäsäd) *lieben* und *demütig sein* (צנע „bescheiden, einsichtig, achtsam sein"[20]) *vor Deinem Gott*."

Die Termini in Micha 6,8 entsprechen denen, die wir bisher betrachtet haben: Recht handeln, Gerechtigkeit üben, dem Recht zur Geltung verhelfen, Güte oder Gemeinschaftstreue lieben, ehrerbietig, bescheiden, einsichtig, achtsam gegenüber Gott und seiner Ordnung, seiner Weisung sein (vgl. Hos 4,2; 10,12).

Zwischenergebnis: Die von Gott gegründete und bewahrte Schöpfungs-/Weltordnung bildet nach der Hebräischen Bibel den not-wendenden Maßstab für fundamentale menschliche

[19] In Ps 43,1-5 findet ein fiktiver Prozess statt gegen ein ganzes Volk, um die gesamte Lebensordnung (Gerechtigkeit), die ge- oder zerstört ist, wiederherzustellen.

[20] Etwas unsicher und umstritten, vgl. Koehler / Baumgartner 1967ff, S. 972f.

Ordnung. Damit ist die *irdische* Ordnung *außerirdisch* verankert und damit not-wendig ein *übergeordneter* Maßstab.

Es könnte für unser protestantisches systematisch-theologisches Denken einen Moment lang erstaunlich oder befremdlich sein, dass der Schutz von materieller Unversehrtheit und sozialer Integrität auf der zwischenmenschlichen Ebene im frühen theologisch-prophetischen Reden der Bibel, in Psalmen und biblischer Sozialgesetzgebung den Auslöser und das Prüf-Feld abgibt, wo sich erweist, ob der Mensch gemäß der von Gott garantierten Weltordnung lebt und handelt. Ist nicht eher das Immateriell-Geistige fundamental? Soll wirklich Sozial-Zwischenmenschliches, soll Materielles so grundlegend genommen werden? So sieht es in der Tat ein Materialist wie Bertolt Brecht in der Dreigroschenoper: „Erst kommt das Fressen, dann kommt die Moral". Er hat damit die Bibel ein gutes Stück auf seiner Seite. Brecht und die Bibel haben eine satte Elite im Visier, die von oben herab Moral predigt. Es ist aber wohl nicht entscheidend, was *Ausgangspunkt, Grundlage oder Fundament* und was *Ziel und Überbau* ist, *sondern es geht um Zusammenhänge, Gleichgewicht, Stabilität und Ordnung, um Relationen*. Schauen wir auf einen weiteren textlichen Anknüpfungspunkt in der Hebräischen Bibel, Deuteronomium 5,6-21:

> Ich bin der Herr Dein Gott... Du sollst keine anderen Götter haben neben mir.
>
> Du sollst dir kein Gottesbild machen.
>
> Du sollst den Namen Gottes nicht missbräuchlich nutzen...
>
> Halte den Sabbat (den Raum für die Begegnung zwischen Gott und Mensch) frei.
>
> Nimm Vater und Mutter wichtig.
>
> Du sollst nicht töten.
>
> Du sollst die Ehe nicht brechen.

> Du sollst nicht stehlen.
>
> Du sollst nicht als Falschzeuge gegen Deinen Nächsten aussagen.
>
> Du sollst nicht die Frau deines Nächsten begehren noch sein Haus, Acker, Diener, Vieh, seinen gesamten Besitz.

Die *horizontal-zwischenmenschlich regulierenden Gebote* 6-10 stehen gewissermaßen unter dem Dach der Würde und des Schutzes Gottes in den *vertikalen Gott-Mensch-Geboten* 1-3. Die Gebote 4 und 5 bilden Scharniere, wo sich vertikale und horizontale Gebote im Kreuzungspunkt der Gemeinschaft Gottes und des Menschen am Sabbat treffen (Gebot 4) und die Eltern (nebst Gott und dem König) von herausgehobenem Rang und zu würdigen sind (Gebot 5).[21] Unter den zehn Fundamental-Regeln ist zwar keine, die Schulden im ökonomischen Sinne anspricht. Weder das Schuldenmachen wird verboten, das wäre auch unrealistisch, noch ein korrektes, sozialverträgliches Einfordern von Schulden durch Gläubiger wird gefordert. Aber es ist auffällig, dass die Hälfte (Gebot 6-10) potentielle Schuld auf der zwischenmenschlichen Ebene anspricht, positiv: vor Schuld bewahren soll, indem sie die Unversehrtheit grundlegender Existenzbereiche fordert und unter das schützende Dach der Gott-Mensch-Relations-Gebote stellt.[22] In diese Tendenz weist auch Psalm 24, der – ob nun zu Recht oder zu Unrecht – manchmal als ein Text angesehen wird, der sich als eine Art „Einlass-Liturgie“, „Prüfungstext“ oder „Beichtspiegel“ beim Eintritt ins Heiligtum verstehen lässt. „Wer darf hinaufziehen

[21] Fluch gegen Gott und die Eltern ist außergewöhnlich verwerflich: Lev 24,10-23 (Gott); Ex 21,17; Lev 20,9; Spr 20,20 (Eltern), aber auch gegen den König (2Sam 16,5-13).

[22] Konkret sanktionieren sie den Raub des Lebens (Gebot 6), den Einbruch in eine andere Ehe (Gebot 7), den Raub von Eigentum (Gebot 8), Beschädigung oder gar Beraubung von Recht und Gerechtigkeit (Gebot 9) sowie drohenden Raub von allem grundlegenden Besitz (Gebot 10).

zum Berg JHWHs, wer darf stehen an der Stätte seiner Heiligkeit?" fragt Vers 3. Dann wird aber nicht nach konkreter Schuld gefragt und nicht etwa der Dekalog Gebot für Gebot abgefragt. Es wird (in Vers 4) geantwortet, dass derjenige eintreten dürfe, der „unschuldige Hände" habe und „reinen Herzens" sei, eher ethische Termini. Dann folgt als exemplarische Illustration innerer und äußerer (Un-)Lauterkeit: „...wer nicht strebt (in seinem Innern) nach Nichtswürdigem (Eitlem, Leerem) und schwört nicht falsch". Damit sind Hand, Herz[23] und Mund angesprochen, oder anders: Handeln, Denken und Reden, ja, der ganze Mensch in seiner gesamten Existenz. Hier steht auch keine speziell religiöse Schuld im Vordergrund. Was der Mensch konkret tun und lassen soll, ist der ethischen Sensibilität des Einzelnen, dem Gemeinschaftssinn und seiner Verantwortung gegenüber Gott und seinen Mitmenschen in jeder konkreten Situation überlassen.

Abgesehen davon, dass seit den frühen Propheten gewarnt wird vor asozialem, unbarmherzigem Verhalten von Gläubigern gegenüber Schuldnern unter Hinweis auf die Barmherzigkeit Gottes und die gemeinschaftszerstörende Wirkung von solchem unsozialem Verhalten, abgesehen davon greift hier auch der kurze Fundamental-Satz Leviticus 19,18 „Du sollst deinen Nächsten lieben wie dich selbst", den Jesus als Kenner seiner Bibel zitiert (Mt 5,43; 19,19) und den er der Gottesliebe (Dtn 6,5) parallel stellt (vgl. unsere obige Betrachtung von Ps 111 und 112) und als zentralen Kern von Tora und Propheten qualifiziert (Mt 22,36-40; Lk 10,25-37). Und auch Paulus als Schriftgelehrter nennt die Nächstenliebe (Röm 13,8-10) „des Gesetzes Erfüllung". Ein konkretes Verbot von Schulden kann

[23] In der hebräischen Anthropologie ist das Herz nicht wie bei uns der Sitz vor allem von romantischen oder anderen Gefühlen und Empfindungen, sondern der Ort des Verstandes, des scharfen Denkens, Planens und der Entschlusskraft: Schroer / Staubli 2005, S. 33-44; vgl, auch Wolff, 2010, S. 75-101.

z.B. im Dekalog fehlen, weil das Schuldenwesen nicht grundsätzlich problematisch ist. Wichtig ist, dass die prophetischen Autoren und Psalm-Dichter die zerstörerische Seite des Schuldenwesens weniger mit nüchternen finanzökonomischen Termini benennen, sondern lieber in dramatische, aufrüttelnde Sprachbilder kleiden von Raub und Gewalt der Reichen und Mächtigen gegenüber den Armen und Schwachen, sie sprechen von „Schlingenlegen, Plündern und Fallenstellen" (Mi 2; Hi 24; Spr 6,1-5; Jer 5,27; Ps 35; Ps 109,11).[24] Die prägnanten Sprachbilder vermögen über das monokausale Leid der finanziellen Verschuldung hinaus zu weisen auf das multikausale, umfassende menschliche Leid der Verschuldeten, der Verarmten und ihrer Familien.[25]

Auch das späteste Buch der Hebräischen Bibel deutet anscheinend noch einmal den Konnex zwischen Schuld/*culpa* und Schulden/*debitum* an: „Tilge deine Sünden durch Gerechtigkeit und deine Verschuldung durch Barmherzigkeit gegen die Elenden" (Dan 4,24). Im Hintergrund dieser Aussage steht das Wissen der Hebräischen Bibel um den unauflösbaren Zusammenhang zwischen Gerechtigkeit bzw. Recht und Frieden, die beide nur zusammen verwirklicht werden können: „Das Werk der Gerechtigkeit wird Frieden sein und die Frucht des Rechts wird sein Sicherheit für immer" (Jes 32,17, vgl. Jes 48,18; 51,5f; 62,2). Viel poetischer drückt es freilich Psalm 85, 11-12 aus: „Gerechtigkeit und Frieden küssen sich, Verlässlichkeit sprosst auf aus der Erde und Gerechtigkeit schaut herab vom Himmel".

Geht die Hebräische Bibel schließlich über theologisch-ethische Appelle noch hinaus? Werfen wir einen Blick auf einen letzten Text[26]: Deuteronomium 15,1-11 zieht alltagspraktische Schlussfolgerungen aus den sozialen Verwerfungen des

---

[24] Kessler 2009, S. 36-41.

[25] A.a.O., S. 44f.

[26] Vgl. dazu Conrad 2002, S. 26ff.

Schuldenwesens. Gläubiger sollen Schuldnern unter ihren Landsleuten im siebten Jahr die (Rest-)Schuld erlassen. Selbst wenn das regelmäßige Erlassjahr kurz bevorsteht, so dass das Darlehen bald verfällt, soll man mit offener Hand leihen. Das bedeutet: Darlehen gehen dem Gläubiger ggf. verloren. Einklagbar ist ein Krediterlass nicht. Deshalb wird dieses Handeln an Gott gebunden, der Erlass geschieht „zu Gottes Ehre“ (Vers 2), Gott wird ihn belohnen, gegebenenfalls Hartherzigkeit bestrafen (Vers 9f). Denn Gott hat gute Lebensbedingungen für alle geschaffen. Dass es Arm und Reich gibt, verletzt Gottes Ordnung. *Armut, Schulden und Schuld können also durch Hinwendung zu Gott überwunden werden. Das Erlassgebot ist keine realistische Grundlage für eine Sozial- und Wirtschaftsreform. Aber es setzt Maßstäbe und erinnert, dass Besitz-Differenzen kein Ergebnis unveränderlicher schicksalhafter Entwicklungen sind, sondern Folgen von Schuld sein können und also vom Menschen zu verantworten sind.*[27]

Materielle Schulden und moralisch-ethische Schuld sind als theologische und ökonomische Kategorien offensichtlich stärker aufeinander bezogen als ich selbst am Anfang der Vorbereitung des Vortrags dachte. Finanzielle oder materielle Schulden sind nur ein ökonomischer Ausschnitt von „Schuld“ im umfassenden Sinn. Schuld (finanztechnisch = Soll) bezeichnet eine Bringepflicht, eine Verpflichtung auf allen denkbaren Ebenen, ökonomisch *und* moralisch-religiös. Da wir als Menschen anscheinend dazu neigen, das Soll = die Schuld bzw. Schulden gelegentlich nicht zu begleichen (nicht können, nicht wollen, es vergessen…), bedarf es einer übergeordneten Instanz, übergeordnet, um ordnende Maßstäbe zu setzen, eine normierende und akzeptierte Instanz, eine „Auf-Sicht“. Hier liegt die „Metapher“ (?) „Gott“ nahe. Wer mit dieser Metapher nichts anfangen kann, greift vielleicht zu „Humanität“ o.ä. Aber ist das ein angemessenes Äquivalent? Dazu fällt mir nur Baron Münch-

---

[27] Conrad 2002, S. 28.

hausen ein, wohl der einzige *homo sapiens*, der sich am *eigenen* Schopf aus dem Sumpf zu ziehen vermag! Solange der Mensch nicht selbst unfehlbar ist, muss es anscheinend dabei bleiben, dass wir eine übergeordnete Orientierungs-Instanz brauchen. Die gegenwärtige Schuldenkrise ist nur eine unserer heutigen Überlebensfragen neben Problemen mit der Atomkraft, der Demographie, dem Klima, einer Ressourcengerechtigkeit, dem Terrorismus usw. Sie alle stellen uns vor die Frage persönlicher Verantwortung[28]. Die erste Professorin in meinem Fach im deutschsprachigen Raum, die Rostockerin Marie-Louise Henry (1911-2006) hat die Frage der Verantwortung ohne das Wort Gott so ausgedrückt, dass es auch für Nichtgläubige verständlich ist, worum es hier geht: „Wenn der Mensch sich nicht mehr über sich selbst hinausgewiesen weiß, verantwortungsschwer gebunden an eine Größe, die mehr ist als er, dann begibt er sich auf den Weg zum Unmenschen".[29]

3. Fazit

Die Frage nach einem evtl. Zusammenhang zwischen ökonomischen Schulden und dem theologisch-moralischen Begriff der Schuld („Sünde", lat. *culpa*) führt in der Hebräischen Bibel ganz irdisch-diesseitig zunächst und vor allem auf ein Versagen des Menschen, auf Schuld, auf Störungen und Verwerfungen im menschlichen bzw. zwischenmenschlichen Bereich. Dieses Versagen bedeutet aber zugleich eine Verschuldung gegenüber der gerechten Welt- und Lebensordnung, die Gott für den Menschen geschaffen hat, repräsentiert und garantiert und bedeutet damit eine Schuld gegenüber Gott. Störungen der horizontal-zwischenmenschlichen Gerechtigkeit als Weltordnung bringen zugleich die vertikale Beziehung von Gott und Mensch ins Wanken, da Horizontale und Vertikale, das Ver-

28 Jonas 1984.
29 Henry 1994, S. 482f.

hältnis von Menschen untereinander und das Verhältnis zwischen Gott und Mensch untrennbar zusammenhängen. Es kommt nicht darauf an, ob der horizontale oder der vertikale Faktor primär ist; die doppelte Relation Mensch – Mensch bzw. Gott – Mensch ist in jedem Fall gestört.

Der Umgang mit ökonomischen Schulden *kann* zur moralischen Schuld führen, wie die Hebräische Bibel zahlreich, eindrücklich und mit ebenso sprachgewaltigen wie poetischen Texten zeigt, z.B. bei einem unbarmherzigen, wenn auch rechtskonformen, korrekten, aber kaltherzigen und verantwortungslosen Umgang mit Finanzen oder Verschuldeten, ihrer Situation und den Folgen.

Ein problematisches, ordnungswidriges Beispiel von heute aus dem engerem Bereich der Schulden- oder Finanzwirtschaft mag das Erfinden von Pseudo-Finanzprodukten sein oder sogenannte Leerverkäufe oder die sogenannten Zinswetten, selbst wenn diese Instrumente rechtlich zulässig oder jedenfalls nicht ausdrücklich verboten sind. Sie können hinsichtlich der weltweiten Folgen, die eine mit diesem Mitteln verursachte oder verstärkte Schulden- und Finanzkrise hat, eine moralisch schwerwiegende Schuld im Sinne einer hochgradigen Verantwortungslosigkeit darstellen.

Die Tendenz des Gleichnisses von den anvertrauten Pfunden (Mt 18,23-35) fügt sich sowohl in die den *personae miserae* zugeneigte, die Schwachen verteidigende Tendenz der Hebräischen Bibel ein, wie auch in die generelle Tendenz des theologischen Grundsatzes von der göttlichen Gerechtigkeit als Weltordnung, die kein Selbstzweck ist, sondern als grundlegendes Beispiel orientierenden Charakter hat (Ps 111 und 112). Diese Tendenz verurteilt keineswegs Besitz an sich, ruft aber zu einem gerechten, solidarischen und verantwortlichen Umgang damit auf.[30] Die Begründung liegt nicht nur in dem Maß-

[30] Das entspricht der Definition von Wirtschaftsethik des Bonner Sozialethikers Martin Honecker als einer „Verbindung von Sachge-

stab, den Gott als Garant der gerechten Weltordnung darstellt, sondern auch in der Einsicht, dass alles Sein und Haben nicht menschliches Verdienst, sondern allein Gottes Gabe und Auftrag an uns Menschen ist.

Literatur

Conrad, Joachim: Gerechtigkeit für die Armen – Ökonomische Perspektiven im Alten Testament, in: Udo Kern (Hg.),Wirtschaft und Ethik in theologischer Perspektive, Rostocker Theologische Studien 7, Münster 2002, 9-28.

Galling, Kurt: Die Bücher der Chronik, Esra und Nehemia. Das Alte Testament Deutsch, 12. Göttingen 1954.

Guillaume, Philippe: Land, Credit and Crisis, Agrarian Finance in the Hebrew Bible, Durham 2012.

Henry, Marie Louise: Überlegungen zum Auftrag und zur Verantwortung der Theologie im 20. Jahrhundert, in: Hermann Michael Niemann / Matthias Augustin / Werner H. Schmidt (Hg.), Nachdenken über Israel, Bibel und Theologie. Festschrift für Klaus-Dietrich Schunck zu seinem 65. Geburtstag. Beiträge zur Erforschung des Alten Testaments und des Antiken Judentums, 37. Frankfurt am Main 1994, 473-484.

Jonas, Hans: Das Prinzip Verantwortung. Versuch einer Ethik für die technologische Zivilisation. suhrkamp taschenbuch 1085. Frankfurt am Main 1984.

Kern, Udo: Vertrauen als wirtschaftsethische Kategorie, in: Kern, Udo (Hg.), Wirtschaft und Ethik in theologischer Perspektive, Rostocker Theologische Studien 7, Münster 2002, 139-178.

Kessler, Rainer: Das hebräische Schuldenwesen. Terminologie und Metaphorik, Wort und Dienst 20, 1989, 181-195 (= ders., Studien zur Sozialgeschichte Israels. Stuttgarter Biblische Aufsatzbände 46, Stuttgart 2009, 31-45).

rechtem und Menschengerechtem“ in seinem „Grundriß der Sozialethik“, Berlin New York 1995, 432, zitiert bei Kern 2002, S. 150.

Knierim, Rolf: Artikel עון ʿāwōn Verkehrtheit, in: Jenni, Ernst und Westermann, Claus (Hg.), Theologisches Handwörterbuch zum Alten Testament, Band II, München-Zürich 1978, 243-249.

Knierim, Rolf: Artikel חטא ḥṭʾ „sich verfehlen", in: Jenni, Ernst und Westermann, Claus (Hg.), Theologisches Handwörterbuch zum Alten Testament, Band I, München-Zürich 1978, 541-549.

Koehler, Ludwig / Baumgartner, Walter: Hebräisches und Aramäisches Lexikon zum Alten Testament (HAL), 3. Auflage, Leiden 1967ff.

Rudolph, Wilhelm: Esra und Nehemia samt 3. Esra. Handbuch zum Alten Testament, Erste Reihe, 20, Tübingen 1949.

Schäfer-Lichtenberger, Christa / Schottroff, Luise: Artikel „Schulden", in: Crüsemann, Frank / Hungar, Kristian / Janssen, Claudia / Kessler, Rainer / Schottroff, Luise (Hg.): Sozialgeschichtliches Wörterbuch zur Bibel, Gütersloh 2009, 509-515.

Schmid, Hans Heinrich: Gerechtigkeit als Weltordnung, Hintergrund und Geschichte des alttestamentlichen Gerechtigkeitsbegriffes, Beiträge zur Historischen Theologie 40, Tübingen 1968.

Schroer, Silvia / Staubli, Thomas: Die Körpersymbolik der Bibel, Gütersloh 2005.

Seebold, Elmar (Hg.): Kluge, Etymologisches Wörterbuch der deutschen Sprache, 23. erweiterte Auflage, Berlin-New York 1999.

Wolff, Hans Walter: Anthropologie des Alten Testaments, mit 2 Anhängen neu herausgegeben von Bernd Janowski, Gütersloh 2010.

Andreas Lindemann

Befreiung von der Schuld

Ökonomische Kategorien im Neuen Testament

Welche Aussagen machen neutestamentliche Schriften zu der Frage nach der „Befreiung von Schuld“, wo sagen sie möglicherweise auch etwas zur „Befreiung von Schulden“? Es geht in diesem Beitrag um die Frage, wie die ökonomischen Kategorien „Schuld(en)“ und „Schuldenerlass“ in der religiösen Sprache des Urchristentums verwendet werden, ob und wie sie begegnen in der Rede von der Beziehung zwischen Gott und Mensch. Gefragt wird zum andern aber auch nach neutestamentlichen Aussagen zur realen Wirtschafts- und Finanzwelt in der Zeit des Urchristentums. Und es geht um die Frage, ob der christliche Glaube und die auf die auf diesem Glauben basierende Ethik dazu konkrete Vorschläge gemacht oder sogar Weisungen gegeben hat; im Blick sind dabei nicht nur Schulden, sondern generell „Geld“. Beide Aspekte sollen in acht Punkten betrachtet werden.

1. Zu den aktuellen Problemen, die sich zu Beginn des 21. Jahrhunderts mit Schulden, Schuldenerlass oder „Schuldenbremsen“ verbinden, können neutestamentliche Texte naturgemäß wenig sagen. Zwar lässt das Römische Reich in der frühen Kaiserzeit durchaus Parallelen zur heutigen „Globalisierung“ erkennen, und es gibt dazu auch zahlreiche literarische und nichtliterarische Zeugnisse.[1] Mit Blick auf Galiläa und Judäa zur Zeit des Urchristentums sind eine erstrangige Quelle vor allem

[1] Vgl. Raymond Bogaert, Art. Geld (Geldwirtschaft), in: Reallexikon für Antike und Christentum IX, Stuttgart 1976, Sp. 797–907 (zum Imperium Romanum Sp. 831–843, zum frühen Christentum Sp. 843–854).

die Bücher des Historikers Flavius Josephus (37–ca. 100) zur jüdischen Geschichte und zum Jüdischen Krieg[2], während die neutestamentlichen Texte nur sehr eingeschränkt für eine Analyse der wirtschaftlichen Verhältnisse in Betracht kommen. Der gegen Ende des 1. Jahrhunderts verfasste Jakobusbrief macht seinen Adressaten in scharfer Form den Vorwurf, sie würden die Armen verachten und die Reichen bevorzugen (Jak 2,1–13), und er kündigt den Reichen, die ihren Arbeitern den Lohn vorenthalten haben, ein unbarmherziges Gericht an (Jak 5,1–6). Aber der Brief wendet sich nicht an eine bestimmte Gemeinde oder gar an bestimmte Personen, sondern pauschal an die ganze Kirche (Jak 1,1), so dass sich nicht sagen lässt, auf welche konkreten sozialen Gegebenheiten er sich bezieht. Auch ist nicht klar, wie „Armut" und wie „Reichtum" hier zu definieren sind. Die vermutlich erst im ersten Drittel des 2. Jahrhunderts geschriebene Offenbarung des Johannes beschreibt in apokalyptischen Bildern den (nahe bevorstehenden) Untergang des mit der Bezeichnung „Babylon" charakterisierten Römischen Reiches, und sie verurteilt den Reichtum und das Luxusleben (Offb 18). Aber inwieweit sich in diesen Aussagen reale Gegebenheiten und Erfahrungen widerspiegeln oder inwieweit sie eher als religiöse „Propaganda" oder Ideologie zu werten sind, lässt sich angesichts des besonderen Charakters dieser Bücher kaum sagen. Für beide Schriften ist entscheidend, dass alle gottfeindliche Macht dem Gericht Gottes unterworfen werden wird.

2. Konkrete Aussagen zu unserem Thema bietet in den Briefen des Apostels Paulus vor allem der Erste Korintherbrief; er lässt erkennen, dass der christlichen Gemeinde in der Hafen- und Handelsstadt Korinth Menschen unterschiedlicher sozialer Stellung angehören, wie vor allem die Aussagen im Ersten Korintherbrief 1,26–29 und 7,17–24 zeigen. Paulus erörtert in die-

[2] Vgl. Tessa Rajak, Art. Josephus Flavius, in: Religion in Geschichte und Gegenwart[4], Band 4, Tübingen 2001, Sp. 585–587.

sem Brief unter anderem die Frage, ob Christen das Fleisch von Tieren verzehren dürfen, die unter Anrufung der heidnischen Götter geschlachtet worden waren (1Kor 8,1–13). Die Beteiligung an einem Opfermahl komme gar nicht in Betracht (1Kor 10,14–22), aber Fleisch, das auf dem Fleischmarkt verkauft wird, dürfe man „guten Gewissens" essen (1Kor 10,25.26). Aber konnten sich die korinthischen Christen oder zumindest einige unter ihnen den Kauf von teurem Fleisch überhaupt leisten? Oder diskutiert Paulus hier eine eher theoretische Frage? Das geht aus dem Brief nicht eindeutig hervor, und so fallen in der Literatur zur Auslegung des Ersten Korintherbriefes die Antworten unterschiedlich aus, wobei ich vermute, dass Paulus durchaus mit der Möglichkeit rechnet, dass Angehörige der christlichen Gemeinde in Korinth auf dem Fleischmarkt einkaufen.

Im Lukasevangelium wird, wie in allen anderen Evangelien auch, von der Gruppe der zwölf als Apostel bezeichneten Jünger gesprochen.[3] Aber Lukas erwähnt auch drei Frauen, nämlich Maria Magdalena, Johanna und Susanna, „und dazu viele andere", die Jesus in Galiläa gefolgt seien und die „ihnen dienten aus ihrem Vermögen" (Lk 8,1–3); Lukas ist sich also als einziger der Evangelisten dessen bewusst, dass die Gruppe um Jesus eine materielle Basis brauchte und auch tatsächlich hatte und dass sie jedenfalls nicht vom Betteln lebte. Über die Herkunft des von den Frauen zur Verfügung gestellten Geldes sagt Lukas nichts; er schreibt aber, Johanna sei „die Frau des Chuza, eines Verwaltungsbeamten des Herodes" gewesen. Um welche Geldsummen es sich gehandelt haben könnte, deutet Lukas nicht an.[4]

3 Lk 6,12–16; Lukas folgt hier Mk 3,13–19, vgl. Mt 10,1–4.

4 Die Erwähnung des Chuza „soll zum Ausdruck bringen, dass der Einfluss Jesu bis in höhere gesellschaftliche Schichten reicht"; Lukas sagt nicht, die Frauen hätten sich von ihrem gesamten Vermögen getrennt (Wolter 2008, S. 301).

3. Die Überschrift zu unserer Tagung nimmt eine Wendung aus der im Matthäusevangelium überlieferten Fassung des Vaterunser-Gebets auf.[5] Gott wird darum gebeten, er möge „uns unsere Schulden erlassen“ (Mt 6,12a), was dann verbunden wird mit der Aussage „wie auch wir sie erlassen haben denen, die uns etwas schuldig sind“ (Mt 6,12b). Der griechische Begriff für „Schuld“, der in Matthäus 6,12a im Plural verwendet ist, stammt aus der Ökonomie – es ist also buchstäblich vom „Schuldenerlass“ die Rede. Geht es um materielle Schulden? Das Vaterunser-Gebet, das vermutlich auf Jesus zurückgeht, war ursprünglich in der sogenannten Logienquelle – abgekürzt Q – überliefert, der neben dem Markusevangelium zweiten Textgrundlage für das Matthäus- und das Lukasevangelium. Der Paralleltext in Lukas 11,4 spricht nicht von „Schulden“, sondern es heißt dort: „Vergib uns unsere Sünden“; in dieser Fassung wird also nicht ökonomische, sondern religiöse Sprache verwendet. Der dann folgende Satz lautet in der Lukas-Fassung aber: „... denn auch wir vergeben jedem, der uns etwas schuldet“, es wird also unterschieden zwischen dem die Gottesbeziehung betreffenden religiösen Begriff „Sünden“ und dem Verb „etwas schuldig sein“, das die zwischenmenschlichen Beziehungen betrifft; diese Differenzierung „soll möglicherweise Vergehen, die das Gottesverhältnis betreffen, von zwischenmenschlichen Vergehen unterscheiden“.[6] Sprach der ursprüngliche Text in der Logienquelle von „Sünden“ oder vom „Schulden“? Möglich ist, dass die unterschiedliche Begrifflichkeit auf eine Formulierung in der aramäischen Sprache Jesu zurückgeht, die beide Deutungen und deshalb beide Übersetzungsmöglichkeiten im Griechischen ermöglichte; doch hier ist Sicherheit nicht zu gewinnen, zumal wir nicht sagen können, ob die Differenzen erst auf der Ebene der Evangelien entstanden sind oder schon auf einer früheren Stufe der Überlieferung. In der Fassung des Mat-

[5] Vgl. dazu den Beitrag von Martin Quilisch in diesem Band.
[6] Wolter 2008, S. 409.

thäusevangeliums wird zur Beschreibung der Beziehung zwischen Gott und Mensch jedenfalls die Sprache der Wirtschafts- und Finanzwelt verwendet, aber dennoch lässt sich nicht sagen, ob damit zugleich der Gedanke verbunden ist, auf der Ebene der zwischenmenschlichen Beziehungen müsse auf die Rückforderung von Schulden verzichtet werden.

4. In der Jesusüberlieferung gibt es einige Aussagen über die Frage, wie Menschen untereinander mit materiellen Gütern und mit Schulden umgehen sollen. Bemerkenswert ist eine im außerkanonischen Thomas-Evangelium überlieferte Aussage Jesu (Logion 95): „Wenn ihr Geld habt, gebt (es) nicht gegen Zins. Vielmehr gebt [es] dem, von dem ihr es nicht (zurück)erhalten werdet." Der koptische Text lässt keine eindeutige Antwort auf die Frage zu, ob hier vom Verzicht auf das ausgeliehene Geld oder aber lediglich vom Verzicht auf Zinsen gesprochen wird.[7] Dass dieses Logion auf Jesus zurück geht, ist unwahrscheinlich[8]; es erinnert aber an eine Aussage Jesu in der „Feldrede" im Lukasevangelium, die ähnlich auch bei Matthäus in der Bergpredigt steht, die also wohl aus der Loqienquelle stammt: Jesus plädiert für den Verzicht auf Gegenseitigkeit bei guten Taten und sagt: „Wenn ihr die liebt, die euch lieben, was für ein Dank steht euch dann zu? Und wenn ihr denen Gutes tut, die euch Gutes tun, was für ein Dank steht euch dann zu? Dasselbe tun auch die Sünder. Und wenn ihr denen leiht, von denen ihr etwas zu erhalten hofft? Auch Sünder leihen Sündern, um ebenso viel zurückzuerhalten" (Lk 6,32–34/Mt 5,46.47) Die Anwendung lautet dann: „Liebt eure Feinde und tut Gutes. Und leiht, wo ihr nichts zurückerhofft. Dann wird

---

7 Übersetzung Schröter/Bethge 2001, S. 179. In Anm. 186 wird als mögliche andere Übersetzung angeführt: „gebt es dem, von dem ihr sie (sc. die Zinsen) nicht erhalten werdet".

8 Die Frage, ob das Thomasevangelium die kanonisch gewordenen neutestamentlichen Evangelien voraussetzt und sogar benutzt hat, ist in der Forschung umstritten.

euer Lohn groß sein, und ihr werdet Söhne und Töchter des Höchsten sein, denn er ist gütig gegen die Undankbaren und Bösen“ (Lk 6,35/Mt 5,44.45). Reziprozität im Handeln, wie sie hier kritisiert wird, entspricht der Alltagserfahrung; Jesus fordert hingegen von seinen Hörern, sie sollten „einseitig das tun, was alle Menschen sich voneinander wünschen“.[9] Wie eine solche Forderung praktisch zu verwirklichen ist, lässt sich nicht sagen. Jedenfalls setzt die Argumentation voraus, dass die Angesprochenen über Geld verfügen, das sie gegebenenfalls verleihen könnten.

5. In einigen Gleichnissen Jesu spiegeln sich menschliche Erfahrungen mit Arbeit und mit Geld und auch mit Schulden. Auf vier Beispiele gehe ich im Folgenden etwas näher ein.

5.1 Das in Lukas 19,11–27 und in Matthäus 25,14–30 überlieferte Gleichnis von den anvertrauten Talenten/Minen („Pfunden“)[10] erzählt von einem Mann, der vor einer längeren Reise seinen Sklaven große Geldsummen anvertraut, nämlich – wie die Matthäus-Fassung sagt – fünf, zwei und ein (Silber-)Talent; in der Lukas-Fassung wird ausdrücklich gesagt, dass sie mit dem Geld „wirtschaften“, es also vermehren sollen.[11] Die beiden ersten Sklaven verdoppeln den ihnen anvertrauten Betrag, der dritte dagegen vergräbt das Talent. Als der Hausherr zurückkehrt und von den Sklaven Rechenschaft fordert, werden die beiden ersten wegen ihres Erfolges gelobt, der dritte jedoch wird scharf kritisiert; denn er hätte das Geld, so sagt sein Herr, zumindest zu den Wechslern bringen sollen, und dann „hätte ich bei meiner Rückkehr das Meine mit Zinsen zurückerhal-

9 Wolter 2008, S. 259.

10 Das Gleichnis dürfte also aus der Logienquelle Q stammen, doch sind die erzählerischen Differenzen so groß, dass sich ein gemeinsamer ursprünglicher Wortlaut nicht rekonstruieren lässt.

11 Die Lk-Fassung enthält zeitgeschichtliche Bezüge, die sich vermutlich einer späteren Überlieferungsphase verdanken und auf die hier nicht näher einzugehen ist.

ten". So gibt er dieses eine Talent zusätzlich noch demjenigen, der schon zehn Talente hat. „Denn jedem, der hat, wird gegeben werden, und er wird haben im Überfluss; wer aber nicht hat, dem wird auch das genommen werden, was er hat", heißt es anschließend (Mt 25,29/Lk 19,26), und damit wird ein Grundprinzip der kapitalistischen Wirtschafts- und Finanzordnung beschrieben.

Wenn wir dieses Gleichnis religiös deuten, so liegt die Auslegung nahe, dass der „Herr", der den Sklaven das Geld anvertraut, für Gott steht: Gott erwartet von den Menschen, dass sie mit den ihnen anvertrauten Fähigkeiten handeln und sie nicht verkümmern lassen. Im Matthäusevangelium steht das Gleichnis in einer Reihe von Texten, die vom kommenden Gericht sprechen: Gott verlangt im Endgericht Rechenschaft über Erfolg oder Misserfolg ihres Lebens. Dementsprechend gibt der zurückgekehrte Herr abschließend den Befehl (Mt 25,30), der „unnütze Knecht" solle hinausgeworfen werden „in die Finsternis", und „da wird sein Heulen und Zähneklappern".

Wird damit zugleich der in diesem Gleichnis vorausgesetzten „sozialen Welt" von Geldwirtschaft und Zinsnehmen zugestimmt? Gibt es auf der religiösen Ebene eine Entsprechung zu dem in der Welt des Gleichnisses erzählten materiellen Erfolg der beiden ersten Sklaven? Oder nimmt dieses Gleichnis einfach die den Adressaten bekannte Wirklichkeit auf, ohne sie positiv oder negativ zu werten? Wieder ist eine eindeutige Antwort kaum möglich.

5.2 Im Lukasevangelium erzählt Jesus das Gleichnis von einem reichen Mann, der seinen Verwalter beschuldigt, sein Vermögen verschleudert zu haben (Lk 16,1–9.10–13). „Was höre ich da von dir?", sagt er zu ihm, und er fordert ihn auf: „Gib Rechenschaft über deine Verwaltung; denn du kannst hinfort nicht Verwalter sein." Der Verwalter sieht den drohenden Absturz vor sich, will aber vermeiden, künftig Handarbeit leisten oder gar betteln gehen zu müssen (Vers 3). So fasst er einen Entschluss (Vers 4): „Ich weiß, was ich tun will, damit sie mich in ihre Häuser aufnehmen, wenn ich von dem Amt abgesetzt werde." Er erkauft sich das Wohlwollen der Schuldner seines Herrn, indem er die von ihnen ausgestellten Schuldscheine fälscht. Dem, der hundert Fass Öl schuldet, sagt er: „Schreib schnell fünfzig!", und wer hundert Sack Weizen schuldet, soll stattdessen schreiben „achtzig". Seltsam ist nun der anschließende Kommentar: Der Herr lobt den ungetreuen Verwalter, weil er klug gehandelt hatte (Vers 8a), und es heißt dann weiter (Vers 8b): „Ja, die Kinder dieser Welt sind unter ihresgleichen klüger als die Kinder des Lichts." Es ist nicht eindeutig erkennbar, ob mit der Bezeichnung „der Herr" in Vers 8 Jesus als der Erzähler des Gleichnisses gemeint ist, der die erzählte Handlung gleichsam von außen kommentiert, oder ob der reiche Mann hier die Bezeichnung „der Herr" bekommt. Jedenfalls wendet sich Jesus in Vers 9 direkt an seine Hörer: „Macht euch Freunde mit dem ungerechten Mammon, damit man euch, wenn er ausgeht, aufnimmt in die ewigen Wohnungen." Indem das Geld hier im griechischen Text mit dem semitischen Wort „Mammon" bezeichnet wird, erscheint es geradezu als personifiziert, vielleicht sogar als dämonisiert. Aber Jesus empfiehlt seinen Hörern zugleich, sie sollten sich darum bemühen, mit Hilfe eben dieses Mammons Freunde zu gewinnen.

Es muss offen bleiben, ob das Gleichnis mit seinem Lob für den ungetreuen Verwalter tatsächlich sagen will, dass es gar nicht darauf ankommt, Geld „treu" zu verwalten, weil Geld eben nichts anderes ist als „Mammon". Jedenfalls folgen in den Versen 10–12 traditionelle weisheitliche Lebensregeln, die etwas ganz anderes sagen: „Wer im Kleinsten treu ist, ist auch im Großen treu; und wer im Kleinsten nicht treu ist, ist auch im Großen nicht treu." Und damit verbindet sich die Schlussfolgerung: „Wenn ihr also mit dem ungerechten Mammon nicht treu gewesen seid, wer wird euch dann das wahre Gut anvertrauen? Und wenn ihr mit fremdem Gut nicht treu gewesen seid, wer wird euch dann euer eigenes geben?" Anders als das Gleichnis selber ruft dessen „Anwendung" also dazu auf, mit fremdem Gut verantwortungsvoll und „treu" umzugehen. Danach folgt schließlich in Lukas 16,13 jener berühmte Satz aus der Logienquelle, den Matthäus in die Bergpredigt eingefügt hat (Mt 6,24): „Kein Knecht kann zwei Herren dienen. Denn entweder wird er den einen hassen und den anderen lieben, oder er wird sich an den einen halten und den anderen verachten", mit der abschließenden scharfen Feststellung: „Ihr könnt nicht Gott dienen und dem Mammon." Hier impliziert die Verwendung des Begriffs „Mammon" die Warnung vor einem Umgang mit Geld, der Züge einer Gottesverehrung annimmt.

5.3 Besonders bedeutsam für unser Thema ist das Gleichnis von den Arbeitern im Weinberg (Mt 20,1-15), weil hier das „Himmelreich" direkt in Beziehung gesetzt wird zu einer zwar ungewöhnlichen, aber jederzeit möglichen Handlungsweise eines Weinbergbesitzers.[12] Der Mann geht am frühen Morgen hinaus, um Arbeiter für seinen Weinberg einzustellen. Er einigt sich mit ihnen auf einen Denar als Tageslohn, und dann schickt er sie als Tagelöhner in seinen Weinberg (Vers 2). Drei Stunden später sieht er andere Männer ohne Arbeit auf dem Marktplatz stehen und sagt ihnen, dass auch sie in den Weinberg gehen sollen, „und was recht ist, will ich euch geben" (Vers 4). Zur Mittagszeit und am Nachmittag geschieht dasselbe (Vers 5). Sogar am Spätnachmittag, um die elfte Stunde, geht der Gutsherr noch einmal hinaus, und „er fand", so heißt es, „andere dastehen, und er sagte zu ihnen: Was steht ihr den ganzen Tag hier, ohne zu arbeiten?"(Vers 6). Sie sagen darauf: „Es hat uns niemand eingestellt" und der Besitzer des Weinbergs antwortet: „Geht auch ihr in den Weinberg!" (Vers 7)

Wir kennen natürlich die Fortsetzung der Erzählung und wissen, wie das Gleichnis endet. Aber was erwarteten diejenigen Hörer, die das Gleichnis zum ersten Mal bis zum Ende von

[12] Der Begriff „Himmelreich, Reich der Himmel" ist die so nur im Matthäusevangelium begegnende Bezeichnung der endzeitlichen Gottesherrschaft.

Vers 7 gehört hatten? Es wäre ja denkbar, dass der Gutsherr am Abend die Auszahlung des Lohnes verweigert oder dass er den Tagelöhnern eine geringere als die vereinbarte Summe bezahlt. Doch vermutlich nahmen die Zuhörer an, die Arbeiter würden ihren Lohn erhalten jeweils entsprechend der von ihnen geleisteten Arbeit. Jedenfalls wäre das das Normale, und es wäre auch gerecht.

Was geschieht tatsächlich? Der Weinbergbesitzer gibt dem Verwalter die Anweisung, die Tagelöhner zu bezahlen, angefangen bei den zuletzt Eingestellten bis zu den Ersten (Vers 8). Daraufhin empfängt jeder der zur elften Stunde hinzugekommenen Arbeiter einen Denar (Vers 9), woraufhin die zuerst angeworbenen Arbeiter meinen, sie würden mehr erhalten; doch auch sie empfangen jeder einen Denar (Vers 10).[13] Sie nehmen das Geld, beschweren sich dann aber (Vers 11) und sagen dem Weinbergbesitzer: „Diese Letzten haben nur eine Stunde gearbeitet, und du hast sie uns gleichgestellt, die wir die Last des Tages und die Hitze ertragen haben" (Vers 12). Zweifellos beschweren sich diese Tagelöhner mit Recht, denn das, was sie sagen, trifft ja zu. Der Weinbergbesitzer aber greift sich einen von ihnen heraus und sagt (Verse 13.14): „Freund, ich tue dir nicht unrecht. Hast du dich nicht mit mir auf einen Denar geeinigt? Nimm das Deine und geh! Ich will aber", so fügt er hinzu, „diesem Letzten gleich viel geben wie dir." Und dann fügt er in Form von rhetorischen Fragen zwei weitere Argumente ergänzend hinzu (Vers 15): „Ist es mir etwa nicht erlaubt, mit dem Meinigen zu tun, was ich will? Machst du ein böses Gesicht, weil ich gütig bin?" Die erste Frage klingt, als spräche hier ein rechtlich autonomer Großgrundbesitzer oder ein Fabrikherr aus dem frühen 19. Jahrhundert. Durch die zwei-

[13] Aus erzähltechnischen Gründen geht die Gleichniserzählung auf die zur dritten, sechsten und neunten Stunde eingestellten Tagelöhner nicht ein, sondern er werden nur die Vorgänge um die beiden „Randgruppen" geschildert.

te Frage soll der Protest gegen die ungewöhnliche Bezahlung moralisch disqualifiziert werden, indem der Gutsherr die Forderung nach leistungsgerechtem Lohn als Widerspruch gegen seine gütige Gesinnung bewertet und damit letztlich als Ausdruck von Neid. Mit diesen beiden Fragen, die ohne Antwort bleiben, endet die Gleichniserzählung; die Arbeiter der ersten Stunde haben gar nicht mehr die Chance zu einer Gegenrede.

Aber wir als die Hörer sehen uns zu einer Antwort herausgefordert: Ist gleicher Lohn für ungleiche Arbeit gerecht? Handelt der Weinbergbesitzer nicht völlig willkürlich? Oder sollen wir dieses Handeln tatsächlich als einen Akt seiner wohltätigen Fürsorge verstehen?

Zu jener Zeit konnte mit einem Denar eine Familie einen Tag lang ernährt werden; die Arbeiter erhalten also alle eben jenen Betrag, den sie als „Existenzminimum" zum Leben brauchen.[14] Aber ist damit das Verhalten des Weinbergbesitzers gerechtfertigt? Sind denn alle in der Erzählung erwähnten Tagelöhner gleichermaßen auf diesen einen Denar angewiesen? Waren sie alle verheiratet und hatten Kinder, für die sie sorgen mussten? Oder ist die von dem Weinbergbesitzer behauptete Güte (Vers 15b) in Wahrheit nur der Versuch einer Rechtfertigung seines offensichtlich ungerechten Handelns?

Udo Ebert hat in einem Aufsatz zum Verhältnis von Rechtfertigung und Gerechtigkeit auf den juristischen Aspekt von „Rechtfertigungsgründen" hingewiesen: Wer beispielsweise eine Sachbeschädigung begeht, um einen Menschen zu retten, der ist durch dieses Handeln „gerechtfertigt" und kann nicht wegen der an sich strafbaren Sachbeschädigung belangt werden.[15] Ist das Handeln dieses Weinbergbesitzers womöglich entsprechend zu beurteilen?

Das Gleichnis von den Arbeitern im Weinberg spricht Vers 1a zufolge vom Himmelreich und insofern von Gottes Gerech-

---

[14] S. dazu die Informationen bei (Strack-) Billerbeck, 1969, S. 831.

[15] Ebert, 2011, S. 551–553.

tigkeit. Die Botschaft lautet, dass Gott allen denselben Lohn zahlt, unabhängig von der jeweils erbrachten Leistung. Bei Gott gibt es *nur* „Erste" – so wird gelegentlich gesagt.[16] In der erzählten Welt des Gleichnisses haben aber alle Tagelöhner immerhin tatsächlich gearbeitet, und *jeder* hat eine Leistung erbracht, während Menschen, die nicht arbeiten konnten oder die nicht arbeiten wollten, nicht im Blick sind. Heißt dies auf einer religiösen Deutungsebene, dass Gott jedenfalls ein Minimum an Leistung verlangt und dass er dem Menschen seine Gnade jedenfalls nicht „kostenlos" gewährt?

Die erzählte Welt des Gleichnisses spielt auf der Ebene einer grundsätzlich vorstellbaren sozialen Wirklichkeit, auch wenn das geschilderte Verhalten des Weinbergbesitzers natürlich nicht der allgemeinen Erfahrung entspricht. Aber die Schilderung ist doch sehr anschaulich und genau, so dass man meinen könnte, das Gleichnis sei möglicherweise auch als Modell für eine gegenüber der üblichen Realität veränderte soziale Praxis zu verstehen. Dann wäre es nicht allein religiös auf das kommende „Himmelreich" hin zu deuten, sondern es wären Konsequenzen für das gegenwärtige Leben und insbesondere für die reale Arbeitswelt zu ziehen: Jeder erhält so viel, wie er braucht, unabhängig von der Leistungsfähigkeit und -bereitschaft.

Aber vielleicht müsste man dann eine Fortsetzung erzählen: Am folgenden Morgen ging der Weinbergbesitzer abermals auf den Markt; aber früh um sechs Uhr fand er dort niemanden, denn alle waren davon überzeugt, es genüge, abends um 17 Uhr mit der Arbeit zu beginnen. So ist das Gleichnis sicher nicht gemeint. Aber dass eine mögliche Übertragung auf die soziale Wirklichkeit *gar nicht* im Blick ist, dürfte ebenfalls unwahr-

[16] Der abschließende Spruch in Vers 16 „So werden die Letzten die Ersten und die Ersten die Letzten sein." nimmt einen Aspekt der erzählten Handlung auf, trifft dabei aber nicht deren Pointe. Mt 20,16 entspricht Mt 19,30, so dass die Gleichniserzählung durch dieses apokalyptische Wort gerahmt wird.

scheinlich sein. Möglicherweise wäre nach einer Interpretation zu fragen, in der die einerseits so auffallend konkret geschilderte soziale Welt bedacht wird, und die andererseits der religiösen Deutungsebene im Blick auf Gottes Reich und Gottes Gerechtigkeit entspricht, und die dabei nicht beide Bereiche völlig voneinander trennt, als hätte das eine mit dem anderen gar nichts zu tun.

5.4 Ganz nahe bei unserem Thema steht das Gleichnis vom „Schalksknecht" (Mt 18,23–35): Der Diener eines Königs schuldet diesem die riesige Summe von zehntausend Talenten.[17] Als sich herausstellt, dass der Diener diesen Betrag nicht bezahlen kann, gibt der König den Befehl, den Diener und seine Familie in die Sklaverei zu verkaufen. Der Diener bittet daraufhin inständig um Zahlungsaufschub, und der König akzeptiert das und verzichtet sogar auf die Rückzahlung des Geldes (Verse 23–27). Jener Diener aber geht nun hin und fordert von einem anderen Diener mit größter Schärfe die Tilgung der vergleichsweise geringen Schuld von einhundert Denaren, und er sorgt dafür, dass jener Mitknecht ins Gefängnis geworfen wird (Verse 28–30). Die anderen Knechte melden das dem König, der daraufhin den zuvor ausgesprochenen Schuldenerlass revidiert und den unbarmherzigen Knecht zur Folter verurteilt (Verse 31–34). „So wird auch mein himmlischer Vater an euch tun", sagt Jesus in der Anwendung des Gleichnisses (Vers 35), „wenn ihr einander nicht von Herzen vergebt, ein jeder seinem Bruder."

Im Kontext des Matthäusevangeliums dient die Gleichniserzählung der Erläuterung eines vorangegangenen Dialogs (Mt 18,21.22). Petrus hatte Jesus gefragt: „Wie oft kann mein Bruder

[17] Die Zahl ist nicht als eine konkrete Summe aufzufassen – „zehntausend" ist die höchste gängige Recheneinheit, ein „Talent" ist die größte Geldeinheit. „Zehntausend Talente" sind also ein unvorstellbar großer Betrag, wobei noch zu beachten ist, dass es um die *Schulden* eines Dieners gegenüber seinem König handelt.

an mir schuldig werden, und ich muss ihm vergeben? Bis zu siebenmal?", und Jesus hatte geantwortet: „Ich sage dir, nicht bis zu siebenmal, sondern bis zu siebenundsiebzigmal" – soll heißen: immer wieder; und dann erzählt Jesus das Gleichnis vom „Schalksknecht". Hier sind wir der eingangs erwähnten matthäischen Fassung der Vaterunserbitte sehr nahe: Da Gott dem Menschen eine unvorstellbar große Schuld erlässt, ist der Mensch aufgefordert, seinem Mitmenschen ebenfalls Schuldenerlass zu gewähren.

Nun ging es freilich in der Frage des Petrus nicht um den Erlass geschuldeter Geldsummen, sondern er spricht vom „Sündigen" des Bruders. Es ist nicht ein nicht rechtzeitig zurückgezahlter Kredit gemeint, sondern es geht um jede Form persönlicher zwischenmenschlicher Verfehlung.

Das Gleichnis vom Schalksknecht bildet, ähnlich wie das Gleichnis von den Arbeitern im Weinberg, eine soziale Wirklichkeit ab – sicherlich sehr zugespitzt, aber doch grundsätzlich vorstellbar. Will dieses Gleichnis also zumindest auch sagen, dass angesichts der Vergebungsbereitschaft Gottes auf der Ebene von Wirtschaft und Finanzen ebenfalls ein Schuldenerlass unter allen Umständen geboten ist? Der Schuldner, also der König, könnte dann vielleicht sogar dazu bereit sein, auf die Rückzahlung des geschuldeten Geldes zu verzichten; aber vermutlich wird er seinem Knecht nicht noch einmal eine derart hohe Geldsumme anvertrauen. Und wenn wir uns den Schuldner nicht als einen absoluten Herrscher vorstellen, der ohne weiteres auf die Rückzahlung einer riesigen Schuld verzichten kann, sondern wenn wir stattdessen an eine demokratisch legitimierte und verantwortliche Regierung denken und uns jenen Knecht als einen Steuerhinterzieher vorstellen, dann wird klar, dass dieses Gleichnis kaum dazu geeignet ist, Argumente für einen unbedingten Schuldenerlass zu liefern. Der Sinn der erzählten Szene liegt offensichtlich ganz auf der religiösen Ebene: Gott ist es, der Sünden vergibt, und so sind auch die Menschen dazu aufgefordert, ihre wechselseitigen Verfehlungen einander zu vergeben.

6. Die bisher erwähnten Texte spiegeln mehr oder minder deutlich Aspekte der realen Welt. Aber in diesen Texten werden keine Forderungen formuliert, die sich auf konkrete ökonomische Gegebenheiten beziehen und hier womöglich Verhaltensänderungen einfordern. Es gibt aber andere Texte im Neuen Testament, in denen es durchaus um den Umgang mit „real existierendem" Geld geht, wenn auch nicht unbedingt um Schulden.

6.1 Ein Mann, der im Matthäusevangelium als „Jüngling" bezeichnet wird, fragt Jesus, wie er das ewige Leben erlangen könne.[18] Jesus sagt ihm, er solle die Gebote der Tora halten, und als der Mann antwortet, das habe er getan, gewinnt Jesus ihn lieb und sagt: „Eines fehlt dir. Geh, verkaufe, was du hast, und gib es den Armen, so wirst du einen Schatz im Himmel haben, und komm und folge mir nach!" Der Jüngling aber geht traurig fort, „denn", so heißt es, „er hatte viele Güter" (Mk 10,17–22). Im anschließenden Gespräch sagt Jesus den Jüngern, reiche Menschen würden nur schwer ins Reich Gottes kommen; als die Jünger darüber erschrecken, sagt Jesus den berühmten Satz: „Eher geht ein Kamel durch ein Nadelöhr als ein Reicher in das Reich Gottes." Auf die im Grunde überraschende Frage der Jünger „Wer kann dann gerettet werden?" antwortet Jesus: „Bei Menschen ist es unmöglich, nicht aber bei Gott. Denn alles ist möglich bei Gott" (Mk 10,23–27).

Ist diese Szene, die man geradezu als eine gescheiterte Jüngerberufung lesen könnte, als ein Modell zu verstehen? Ist vor-

---

[18] Mk 10,17–31; Mt 19,16–24; Lk 18,18–33. Auf die Differenzen der drei Darstellungen derselben Geschichte ist hier nicht im einzelnen einzugehen; vgl. aber Andreas Lindemann, Eigentum und Reich Gottes. Die Erzählung „Jesus und der Reiche" im Neuen Testament und bei Klemens von Alexandria, in: ders 2011, S. 312–341. Die kurze Auslegung oben im Text bezieht sich auf die im Markusevangelium erzählte Fassung der Szene.

ausgesetzt, dass die Nachfolger Jesu auf allen Besitz verzichten müssen bzw. dass sie darauf bereits verzichtet haben? Eben das spricht Petrus ja tatsächlich aus: „Siehe, *wir* haben alles verlassen und sind dir nachgefolgt." Doch Jesus antwortet darauf: „Amen, ich sage euch: Da ist keiner, der um meinetwillen und um des Evangeliums willen Haus, Brüder, Schwestern, Mutter, Vater, Kinder oder Äcker verlässt und nicht hundertfach empfängt – jetzt in dieser Zeit Häuser, Brüder und Schwestern, Mütter und Kinder und Äcker inmitten von Verfolgungen, und in der kommenden Welt ewiges Leben" (Mk 10,28–30). Diese Antwort bezieht sich offensichtlich nicht mehr auf die Welt des irdischen Jesus und auf die Welt der ihm buchstäblich „folgenden" Jünger; jetzt ist vielmehr die Gemeinde derer im Blick, die um Jesu willen ihre sozialen Bindungen aufgegeben haben, dafür aber neue Beziehungen eingegangen sind. Auch in dieser neuen sozialen Wirklichkeit gibt es also durchaus „Häuser" und Familien, und es gibt auch so etwas wie gemeinsamen Grundbesitz.[19]

6.2 Man hat im Blick auf das Leben der Nachfolger des irdischen Jesus vom Ethos des „Wanderradikalismus" gesprochen.[20] Tatsächlich gibt Jesus in der kurzen Aussendungsrede in Markus 6,7–13 den Jüngern die Anweisung, sie sollten „nichts mitnehmen auf den Weg als allein einen Stab, kein Brot, keine Tasche, kein Geld im Gürtel, wohl Schuhe, aber nicht zwei Hemden". „Wo man euch aufnimmt", so sagt Jesus, „da sollt ihr bleiben, bis ihr weiterzieht; aber wo man euch nicht aufnimmt und nicht hört, da geht hinaus und schüttelt den Staub von euren Füßen zum Zeugnis gegen sie." Die drei ersten Evangelien schildern Jesus und seine durch Galiläa ziehende Anhängerschar nicht als

[19] Lührmann 1987, S. 176: Durch Mk 10,30 wird die Frage nach dem Verhältnis von Besitz und Nachfolge so beantwortet, dass „Nachfolge durchaus auch geschehen kann innerhalb von sozialen Strukturen des ‚Hauses', nicht nur als Herauslösung aus ihnen".

[20] Vgl. Theißen 2004.

Bettler; aber offenbar verfügen sie nicht über feste Einnahmen, vielleicht nicht einmal über eigenes Geld. Welche materielle Basis die Gruppe hat, wird mit einer Ausnahme nirgends gesagt; und wenn in Johannes 12,6 die von Judas verwaltete gemeinsame Kasse erwähnt wird, so steckt darin eher ein polemischer Unterton, als dass es um eine objektive Information über die Struktur der Gruppe ginge.

6.3 Allein der Evangelist Lukas spricht, wie eingangs erwähnt, von der finanziellen Unterstützung der Jesus-Gruppe durch drei namentlich genannte Frauen. Ob und inwieweit hinter dieser „redaktionellen" Notiz des Evangelisten eine vielleicht sogar historisch zuverlässige Tradition steht, lässt sich nicht sagen.[21]

Im Werk des Lukas wird aber auch sonst das Geld ausdrücklich thematisiert. Er überliefert die aus Warnung vor dem „Schätzesammeln", die er aus der Logienquelle übernimmt und die Matthäus an hervorgehobener Stelle in die Bergpredigt eingefügt hat (Lk 12,33.34 / Mt 6,19–21): „Verkauft euren Besitz und gebt Almosen! Macht euch Geldbeutel, die nicht verschleißen: einen unerschöpflichen Schatz im Himmel, wo kein Dieb naht und keine Motte frisst. Denn wo euer Schatz ist, da wird auch euer Herz sein." Hier zeigt sich ein rigoroses Armutsideal. Aber in der ebenfalls von Lukas verfassten Apostelgeschichte wird erzählt, dass sich nach Ostern die Jesusgläubigen in Jerusalem in privaten Häusern versammeln (Apg 2,46); und nach Apostelgeschichte 11,27–30 lassen Christen, die in der syrischen Großstadt Antiochia leben, aus eigenem Vermögen den Armen in Jerusalem während einer Hungersnot materielle Hilfe zukommen – sie sind also nicht als „besitzlos" gedacht.

[21] Wolter 2008, S. 302: Der Evangelist hat vermutlich die Verhältnisse seiner Zeit „in die Zeit Jesu zurückprojiziert – was natürlich nicht ausschließt, dass Lukas hier eine historisch zuverlässige Information wiedergibt".

Vielleicht haben die wandernden Missionare der frühesten Zeit der Kirchengeschichte tatsächlich ohne Geld gelebt. Welche materielle Basis die Missionstätigkeit des Paulus hatte, bevor es zur Gründung von städtischen Gemeinden kam, lässt sich nicht sagen; wenn Gemeinden entstanden waren, dürften sie die missionarische Arbeit unterstützt haben. Im zweiten Jahrhundert macht man in den Gemeinden aber die Erfahrung, dass „wandernde Propheten" versuchen, die Gastfreundschaft und Freigiebigkeit auszunutzen. In der Didache, einer sehr früh verfassten „Kirchenordnung", wird jedenfalls gesagt, zwar müssten die Gemeinden einen wandernden Propheten oder Apostel bei sich aufnehmen und verköstigen – aber nur für einen, höchstens zwei Tage. „Wenn er aber drei Tage bleibt, ist er ein Pseudoprophet", und er soll Wegzehrung mitnehmen für einen Tag, aber wenn er um Geld bittet, ist er ein Pseudoprophet (Did 11,5–6).

7. Die „Kollekte", die Paulus in seinen Gemeinden zur Unterstützung der Armen in der Jerusalemer Jesusgemeinde veranstaltet, ist eine der am besten bezeugten Aktionen der ältesten Kirchengeschichte, und hier geht es tatsächlich unmittelbar um das Thema „Geld". Paulus erwartet, dass in den von ihm in Kleinasien, Mazedonien und Achaja gegründeten Gemeinden Geld gesammelt wird, das dann nach Jerusalem gebracht werden soll.

7.1 Diese Kollekte war eine soziale Hilfsaktion, aber sie sollte zugleich auch „geistlich" verstanden werden, weil durch sie die Zusammengehörigkeit, ja geradezu die Einheit der Kirche aus Juden und Nichtjuden zum Ausdruck kommen sollte. Im Blick auf die Organisation schreibt Paulus von Ephesus aus im Ersten Korintherbrief 16,1-4: Es solle „an jedem ersten Tag der Woche ein jeder von euch zur Seite legen, was er erübrigen kann, damit nicht erst dann, wenn ich komme, gesammelt werden muss. Nach meiner Ankunft werde ich die Leute, die ihr für geeignet haltet, mit Briefen nach Jerusalem schicken, eure Spende zu überbringen. Wenn es aber angebracht erscheint, dass auch ich hingehe, können sie mit mir reisen." Paulus nimmt also auf die offensichtlich unterschiedlichen finanziellen Möglichkeiten der korinthischen Gemeindeglieder Rücksicht, insofern jeder geben soll, „was er erübrigen kann"; aber er rechnet doch damit, dass ein größerer Geldbetrag zustande kommen wird. In einem späteren Brief schreibt er (2Kor 8,13–14), es gehe bei der Kollektenaktion nicht darum, „anderen Erleichterung zu verschaffen, euch aber in Bedrängnis zu stürzen", es solle vielmehr „alles auf Gleichheit beruhen". Ganz konkret heißt es: „Gegenwärtig mag euer Überfluss ihren Mangel aufwiegen, damit auch ihr Überfluss euren Mangel aufwiege, so dass es zu einem Ausgleich kommt." Paulus ruft also dazu auf, „Gleichheit" zu schaffen oder einen „Ausgleich" (*isotēs*).

Wie die zur Kollekte für Jerusalem aufgerufenen Gemeinden mit der Aufforderung konkret umgegangen sind, können wir nicht sagen. Paulus geht in den uns erhaltenen Briefen nirgends darauf ein, wie groß der Bedarf in Jerusalem überhaupt war und wie die Notsituation entstanden war. Wir erfahren aus den uns zur Verfügung stehenden Quellen, vor allem aus der Apostelgeschichte, auch nicht, wie die Jerusalemer Judenchristen mit dem Geld umgegangen sind. Entscheidend ist, dass Menschen in Korinth, vermutlich auch in Ephesus und selbst in den als besonders arm geltenden Gemeinden Makedoniens, dazu bereit und imstande sind, in offenbar nicht unerheblichem Umfang Geld für bedürftige Menschen im weit entfernten Jerusalem zu geben.[22]

---

[22] In der Apostelgeschichte wird die ganze Kollektenaktion gar nicht erwähnt, insbesondere auch nicht im Zusammenhang des letzten Besuches des Paulus in Jerusalem (Apg 21–23). Daraus wird bisweilen gefolgert, dass die Judenchristen in Jerusalem das „Heidengeld" gar nicht akzeptiert haben. Die Angaben in Apg 20,4–5 über die Begleiter des Paulus könnten aber diejenigen Personen sein, von denen Paulus in 1 Kor 16,3 spricht. Vgl. Koch 2013, S. 323–334; ferner Andreas Lindemann, Hilfe für die Armen. Die Jerusalem-

7.2 Bemerkenswert ist, dass die Kollekte offenbar auch als „Rückzahlung von Schulden" verstanden werden konnte. Im Römerbrief, den Paulus in Korinth schreibt, bevor er mit dem Geld nach Jerusalem reisen will (Röm 15,25), berichtet der Apostel den ihm unbekannten römischen Adressaten von der Aktion: „Makedonien und Achaia haben beschlossen, eine Kollekte für die Armen unter den Heiligen in Jerusalem zu erheben" (Röm 15,26), und dazu nennt er eine interessante Begründung: „Sie sind ja ihre Schuldner", schreibt er (Röm 15,27a), und dabei verwendet er den auf die Finanzen bezogenen Begriff. Er fügt hinzu (Vers 27b): „Denn wenn die Heiden an ihren geistlichen Gütern Anteil bekommen haben, ist es recht und billig, dass sie ihnen auch mit leiblichen Gütern Dienst erweisen." Die Kollekte ist also die materielle Gegengabe der heidenchristlichen Gemeinden für die geistliche Gabe, die in der judenchristlichen Gemeinde in Jerusalem ihren Ursprung hat.

7.3 In ähnlicher Weise argumentiert Paulus, freilich auf einer eher als privat zu bezeichnenden Ebene, in seinem kleinen Brief an Philemon. Ein Sklave des Philemon, Onesimus, hatte seinem Herrn gegenüber ein Unrecht begangen, er hatte sich „schuldig" gemacht, wie Paulus schreibt (Phlm 18). Was genau vorgefallen war, erfahren *wir* nicht, aber die Beteiligten wissen natürlich Bescheid.[23] Der Briefadressat Philemon war offenbar durch Paulus Christ geworden, und nun erfährt er (und erfahren auch wir) aus diesem Brief, dass sein Sklave Onesimus ebenfalls Christ geworden ist; Philemon erhält von Paulus geradezu die Anweisung, er solle ab sofort die Beziehung zu seinem Sklaven grundlegend korrigieren (Verse 13–17). Sollte

Kollekte des Paulus als „diakonisches Unternehmen", in: ders 2011, S. 253–283.

[23] Die oft vertretene Annahme, Onesimus sei aus der Sklaverei geflohen, ist sehr unwahrscheinlich; Paulus befindet sich ja in Gefangenschaft, und ein entlaufener Sklave wäre gewiss nicht ausgerechnet dorthin geflohen.

Onesimus dem Philemon einen Schaden zugefügt haben, so erklärt sich Paulus dazu bereit, diesen Schaden zu ersetzen: „Ich schreibe es mit eigener Hand: Ich will's bezahlen" (Vers 19a). Aber dann fügt er hinzu: „Ich schweige davon, dass du dich selber mir schuldig bist" (Vers 19b), womit er natürlich auf die Christwerdung, vermutlich die Taufe, des Philemon anspielt. Paulus deutet an, eine durch Onesimus entstandene materielle Schuld könne mit der geistlichen „Schuld" verrechnet werden. Möglicherweise ist die erklärte Zahlungsbereitschaft des Paulus eher rhetorisch als real zu verstehen; aber da wir entgegen manchen Aussagen zur Biographie des Paulus über seine finanziellen Verhältnisse gar nichts sagen können, ist es jedenfalls nicht ausgeschlossen, dass Paulus sein finanzielles Angebot ernst meint.

8. Ein bemerkenswertes Beispiel für die Verwendung sozialer und ökonomischer Kategorien im Zusammenhang religiös-geistlicher Rede bietet das vierte Kapitel des Römerbriefs, wo Paulus am Beispiel „unseres Erzvaters Abraham" (Röm 4,1) zeigt, auf welche Weise Gott den Menschen „rechtfertigt": Wäre Abraham durch seine „Werke" gerechtfertigt worden, also aufgrund einer von ihm erbrachten Leistung, so könnte er sich, wie Paulus schreibt, „rühmen" (Vers 2a), insofern er dann Anspruch hätte auf Lohn für die von ihm geleistete Arbeit, seine „Werke". Aber Gott gegenüber gelte das nicht (Vers 2b), denn hier sage die Schrift: „Abraham hat Gott geglaubt, und das ist ihm zur Gerechtigkeit gerechnet worden" (Vers 3).[24] Wer Leistung erbringt, so erläutert Paulus in Vers 4, der erhält Lohn – nicht aus Gnade, sondern weil ihm dieser Lohn zusteht. „Dem aber, der nicht mit Werken umgeht, glaubt aber an den, der die Gottlosen gerecht macht, dem wird sein Glaube gerechnet zur Gerechtigkeit" (Vers 5), was für Abraham, aber zugleich auch für alle Glaubenden gilt. Mit anderen Worten: Nach Paulus besteht eine fundamentale Differenz zwischen einerseits der

[24] Das biblische Zitat folgt dem griechischen Text von Gen 15,6.

ratio der Alltagswelt, wo es um Leistung und Lohn geht, und andererseits der im Glauben erfahrenen Wirklichkeit Gottes, wo die Gnade herrscht. Die paulinische Argumentation in Röm 4 kann geradezu verstanden werden als eine Radikalisierung der im Gleichnis von den Arbeitern im Weinberg problematisierten direkten Relation von Leistung und gerechtem Lohn.

Ich schließe mit einer Frage: Könnte anknüpfend an Römer 4 und Matthäus 20,1-15 gefragt werden, ob möglicherweise nicht allein in der Beziehung zwischen Gott und dem Menschen, sondern auch in zwischenmenschlichen Beziehungen die Möglichkeit besteht, nicht auf „Werken" zu bestehen, also auf Leistung und auf der Rückzahlung von Schulden? Wäre es möglich, dass die Anerkennung des Menschen aus „Gnade" geschieht, oder sagen wir: „aus Liebe"[25], so dass der Mensch in dieser Weise „gerecht" gesprochen wird und ihm so ein neues Leben möglich gemacht wird? Oder sind beide Bereiche nicht nur voneinander zu unterscheiden, sondern sind sie exakt voneinander zu trennen?

Literatur

Billerbeck, Paul / (Strack, Hermann L.): Das Evangelium nach Matthäus erläutert aus Talmud und Midrasch, München 1969.

Ebert, Udo: Rechtfertigung und Gerechtigkeit. Versuch eines Vergleichs zwischen theologischer und juristischer Lehre, in: Kristian Kühl / Gerhard Seher (Hg.), Rom, Recht, Religion. Symposion für Udo Ebert zum siebzigsten Geburtstag, Tübingen 2011, 549–662.

Koch, Dietrich-Alex: Geschichte des Urchristentums. Ein Lehrbuch, Göttingen 2013.

Körtner, Ulrich H.J.: „... und hätte die Liebe nicht ..." Der Begriff der Agape im Christentum, in: Christian Ammer (Hg.), Überleben. Gabe und Aufgabe, Evangelische Forschungsakademie, Hannover 2013, 85–101.

[25] Vgl. dazu Körtner 2013.

Lindemann, Andreas: Glauben, Handeln, Verstehen. Studien zur Auslegung des Neuen Testaments II, Tübingen 2011.

Lührmann, Dieter: Das Markusevangelium, Handbuch zum NT 3, Tübingen 1987.

Schröter, Jens / Bethge, Hans-Gebhard: Das Evangelium nach Thomas (NHC II,2), in: Nag Hammadi Deutsch I, Berlin/New York 2001, 151–181.

Theißen, Gerd: Die Jesusbewegung. Sozialgeschichte einer Revolution der Werte, Gütersloh 2004.

Wolter, Michael: Das Lukasevangelium, Handbuch zum NT 5, Tübingen 2008.

Jürgen Kampmann

Reformatorische Positionen zu Zins und Wucher

„Ich fand es immer merkwürdig, wenn Leute gesagt haben, Kirche kann nicht politisch sein", sagte Margot Käßmann dem Evangelischen Pressedienst (epd) beim Antritt ihres Amtes als Botschafterin der Evangelischen Kirche in Deutschland (EKD) für das Reformationsjubiläum 2017. Das Evangelium selbst sei politisch, ist sie überzeugt. Auch bei Luther findet Käßmann dafür Vorlagen – beispielsweise die Schriften gegen den Wucher. Interessant sei es, das heute mit der Finanz- und Wirtschaftskrise zu verbinden[1]. Dieser Bezug führt uns direkt zu den Fragestellungen, die auch für den Kontext dieser Tagung relevant sind:

- Was hat Martin Luther und was haben andere Reformatoren zur Frage des Zinsnehmens und des Wuchers dargelegt?
- Vor welchen zeitgenössischen Hintergründen sind diese Überlegungen entstanden?
- Welche philosophischen Überzeugungen und theologischen Einsichten stehen dahinter?
- Welche Wirkungen sind davon ausgegangen?
- Und schließlich: Was trifft von den Überlegungen aus dem 16. Jahrhundert unsere Fragen in der Gegenwart?

Martin Luther hat sich im Laufe seines reformatorischen Wirkens mehrfach zu den Fragen der Geldwirt-

[1] http://www.luther2017.de/20345/neue-stimme-im-chor-der-lutherdekade-botschafterin-der-ekd-margot-kaessmann (03.01.2014, 07:45).

schaft, zur Frage des Zinsnehmens und des Wuchers, aber auch zur Frage der Bildung von wirtschaftlichen Monopolen geäußert, sowohl im Genre der Predigt als auch in Form theologischer Abhandlungen und einer Vielzahl von Bemerkungen im Alltag. Schon dies belegt, dass die hier angesprochene Thematik aus seiner Perspektive jedenfalls durchaus nicht als randständig betrachtet worden ist.

So hat Luther schon im November 1519 einen „Kleinen Sermon von dem Wucher“[2] veröffentlicht, gefolgt von einem zwei Monate später vorgelegten „Großen Sermon von dem Wucher“[3]. 1524 hat er die Abhandlung „Von Kaufshandlung und Wucher“ ausgehen lassen[4] und 1540 einen Ratschlag „An die Pfarrherrn wider den Wucher zu predigen“[5]. Es hat sich also durchaus nicht nur der „junge Luther“ mit dieser Thematik befasst! Entsprechend große Aufmerksamkeit hat das Thema auch in der wissenschaftlichen Literatur seit langem gefunden; genannt seien hier nur einige zentrale Abhandlungen aus den letzten 60 Jahren:

- aus dem Jahr 1948 Hans-Günther Assel, Das kanonische Zinsverbot und der „Geist“ des Frühkapitalismus in der Wirtschaftsethik bei Eck und Luther;[6]
- sowie Hans Wangemann, Luther als Sprecher und Lenker der öffentlichen Meinung seiner Zeit in der Zinsfrage;[7]
- aus dem Jahr 1953 Helmut Kahlert, Ein Vergleich der Wirtschaftsauffassungen von Luther und Melanchthon, besonders ihrer Stellung zu Zins und

[2] Luther 1519, WA 6, S. 3-8.
[3] Luther 1520, WA 6, S. 36-60.
[4] Luther 1524, WA 15, S. 293-322.
[5] Luther 1540, WA 51, S. 331-424.
[6] Assel 1948.
[7] Wangemann 1948.

Handel;[8]

- als kleine Quellenausgabe, vorgelegt von Martin Treu im Jahr 2000: Martin Luther und das Geld. Aus Luthers Schriften, Briefen und Tischreden;[9]
- und nicht zuletzt eine 2012 erschienene Tübinger Dissertation, die eine umfassende Perspektive entfaltet: Philipp Koch, Gerechtes Wirtschaften. Das Problem der Gerechtigkeit in der Wirtschaft im Lichte lutherischer Ethik.[10]

Wie sieht der Ertrag dieser intensiven Forschung aus?

1. Zur Frage des Zinsnehmens in der vorreformatorischen Zeit

Die reformatorischen Positionen zu Zins und Wucher sind formuliert vor dem Hintergrund der rechtlichen und tatsächlichen Verhältnisse ihrer Zeit – und vor den bis dahin zu diesem Komplex in der abendländischen Christenheit entwickelten Perspektiven. So war schon im Zuge des Zweiten Laterankonzils 1139 beschlossen worden, dass keine Zinsen auf verliehenes Geld erhoben werden dürften;[11] 1215 wurde dies beim IV. Laterankonzil durch Papst Innozenz III. (1198–1216) ebenso bekräftigt wie fast ein Jahrhundert später 1311 durch das Konzil von Vienne.[12]

Damit wurde aber de facto nur eine schon altkirchlich beschriebene Haltung zum Zinsnehmen fortgesetzt. Denn bereits 306 hatte die Synode von Elvira den Beschluss ge-

---

8 Kahlert 1953.

9 Treu 2000.

10 Koch 2012.

11 Assel 1948, S. [36]; Barge 1951, S. 11; vgl. auch Rolf Sprandel, [Art.] Zins IV, in: Theologische Realenzyklopädie (TRE) 36 (2004), S. 681-687, hier S. 682.

12 Assel 1948, S. [36]; Sprandel 2004 (wie Anm. 11), S. 682.

fasst, Klerikern wie Laien bei Androhung der Exkommunikation zu verbieten, Zinsen zu nehmen.[13] Die Synode von Arles 314 und das Konzil von Nicäa 325 schrieben dies fort.[14]

Das Thema war in der Zeit der Alten Kirche damit dennoch nicht erledigt – 443 sah sich Papst Leo I. (440–461) gefordert, Kleriker, die Wucher trieben, mit Strafe zu bedrohen.[15] Im frühen Mittelalter wurden ebenso auch von Karl dem Großen (768–814) 806 und 813 in dessen Kapitularien Strafen für Wucher der Laien bestimmt, wobei der Tatbestand so definiert wurde: „Usura est ubi amplius requiritur, quam quod datur" – „Wucher liegt vor, wo mehr zurückgefordert als gegeben wird."[16]

Die kirchlich vertretene Auffassung zur Frage des Zinsnehmens ist also durch die Jahrhunderte hindurch durchaus nicht unklar. Man findet sie ungebrochen auch in der Scholastik; Thomas von Aquin (1225–1274) formuliert: „Zins zu nehmen für geliehenes Geld, ist an sich ungerecht: denn da wird verkauft, was es nicht gibt."[17] Im Hintergrund steht die Überzeugung, dass bei einem verzinsten Darlehen derselbe Gegenstand zweimal verkauft werde: zunächst als Sache, also die Geldsumme, die zurückerstattet werden muss, zum anderen als Nutzungsentschädigung für die Sache, für die ein Zins entrichtet werden muss. Diesen doppelten „Verkauf" ein und dersel-

---

13 Assel 1948, S. [27f].

14 Sprandel 2004 (wie Anm. 11), S. 682.

15 Assel 1948, S. [34].

16 Assel 1948, S. [35]; Zitat: Corpus Gratianum Secunda Pars Causa XIV Quaestio C IV, in: Corpus Iuris Canonici (CIC) (1879), S. 735.

17 Zitiert bei Assel 1948, S. [40] (mit Anm. 2): „quod accipere usuram pro pecuniam mutuata est secumdum se injustum, quia venditur id quod non est". – Zur Haltung Thomas von Aquins in dieser Frage s. Sprandel 2004 (wie Anm. 11), S. 682f., sowie detailliert Koch 2012, S. 136-138.

ben Sache bezeichnet Thomas als Wucher. Dabei nahm Thomas die Theorie des Aristoteles von der Unfruchtbarkeit des Geldes[18] auf – Geld sei ein Konsumgut (so wie auch Wein, Öl oder Gewürze), das durch Gebrauch verbraucht werde und deshalb nicht fruchtbar ist bzw. sein dürfe.[19]

2. Aufweichungen der kirchlichen Position

Diese puristische Sicht geriet zu Beginn des 16. Jahrhunderts angesichts einer Reihe von Entwicklungen mehr und mehr unter Druck, weil sie den veränderten Realitäten des wirtschaftlichen Lebens erkennbar nicht mehr gerecht wurde[20]. In der kaufmännischen Praxis gab es zu dieser Zeit längst Kreditgeschäfte,[21] und anders als etwa zu Beginn des 13. Jahrhunderts waren auch nicht mehr Zinssätze von 20 Prozent bei Krediten üblich, sondern nur noch solche zwischen 5 und 10 Prozent[22]. Außerdem hatte schon Papst Alexander III. (1159–1181) Juden Zinsgeschäfte mit der Begründung gestattet, dass diese ja dem kirchlichen Recht nicht direkt unterlägen[23]. Über lange Zeit wa-

---

[18] S. dazu Barge 1951, S. 46; vgl. Sprandel 2004 (wie Anm. 11), S. 682.

[19] Näher erläutert bei Barge 1951, S. 45f.

[20] S. Sprandel 2004 (wie Anm. 11), S. 683; vgl. Assel 1948, S. [41]-[44]; vgl. Pawlas (2013), S. 11f.

[21] Barge 1951, S. 10f.

[22] Zur Entwicklung der Zinssätze s. Sprandel 2004 (wie Anm. 11), S. 684f.

[23] Jörg Thierfelder: Christliche Judenfeindschaft – Judenverfolgung, in: Lachmann/Gutschera/Thierfelder 2010, S. 107-120, hier S. 111. – Auch Juden unterlagen eigentlich einem Verbot, Zins zu nehmen (so Dtn 23,20), doch Dtn 23,21a eröffnete mit Blick auf Christen eine Ausnahme: „Von dem Ausländer darfst du Zinsen nehmen, aber nicht von deinem Bruder“.

ren die Juden die einzige Gruppe, die erwerbsmäßig Geld verleihen durfte, und da es ihnen aufgrund des Zunftzwanges verboten war, ein Handwerk auszuüben, waren sie oft als Geldverleiher tätig – ein Umstand, der mit dazu beitrug, dass sich in der Bevölkerung ein Bild von habgierigen, reichen und betrügerischen Juden formte, das zu einem Charakteristikum des Antijudaismus im Mittelalter wurde[24].

Geldgeschäfte kannte man also trotz des kirchlichen Zinsverbotes sehr wohl. Von 1525 an wurde zunächst in Trier, später auch in weiteren deutschen Territorien (so in Kursachsen, Mecklenburg, Nürnberg) dann auch per Gesetz erlaubt, Darlehnszinsen zu nehmen[25]. 1543 erteilte Kaiser Karl V. (der übrigens ja auch nur aufgrund von Darlehen, die ihm die Fugger gewährt hatten, 1519 zum Kaiser gewählt worden war)[26] niederländischen Kaufleuten die Erlaubnis, Geld gegen Zinsen zu verleihen[27].

Bis dahin hatte es aber auch schon diverse, allgemein gängige Techniken gegeben, das Zinsverbot zu umgehen. So war es üblich, einem Produzenten von Waren die hierfür benötigten Rohstoffe naturaliter als Kredit zu geben – etwa in der Weise, dass ein Schneider Tücher und Garn oder ein Metzger Schlachtvieh – als „Viehborg" bezeichnet

Vgl. auch Ferguson 2012, S. 35.

24 S. dazu detailliert Hans-Jörg Gilomen: Die ökonomischen Grundla-gen des Kredits und die christlich-jüdische Konkurrenz in Spätmit-telalter, in: Brugger/Wiedl 2007, S. 139-169.

25 S. http://www.wirtschaftslexikon.co/d/zinsverbot/zinsverbot.htm, 06.07.2014, 20:35.

26 Alfred Kohler: [Art.] Karl V., in: Religion in Geschichte und Gegenwart, 4. Aufl. (RGG^4) 4 (2004), Sp. 818f, hier Sp. 818.

27 http://www.wirtschaftslexikon24.com/d/geldgeschichte-iii-das-spaetmittelalter-und-die-folgezeit-die-entstehung-des-modernen-bankenwesens/geldgeschichte-iii-das-spaetmittelalter-und-die-folgezeit-die-entstehung-des-modernen-bankenwesens.htm, 06.07.2014, 20:40.

– erhielt[28]. Nach dem Verkauf des Produktes (also des fertiggenähten Anzugs oder der hergestellten Fleisch- und Wurstwaren) wurde der natural gewährte Kredit dann in Geld einschließlich eines Aufpreises (der dann aber nicht als Zins bezeichnet wurde) an denjenigen zurückgezahlt, der die Rohware geliefert hatte. Zudem tätigte man unter Kaufleuten „Barattgeschäfte", das heißt, man tauschte (grundsätzlich ohne Dazwischenschaltung von Geld) Ware gegen Ware oder auch Wertpapier gegen Wertpapier, um vorkommenden Schwankungen des Geldwertes zu entgehen und trotzdem mit berechenbaren und zugleich verlässlichen Erträgen des eingesetzten Warenwertes arbeiten zu können.

Dem kam umso größere Bedeutung zu, als es kontrollierbare Stabilitäten des Münzgeldwertes noch nicht gab – mit der Folge der sogenannten „Preisrevolution". Ein bekanntes Beispiel für den Geldwertverfall ist die Geschichte des in Norddeutschland weitverbreiteten Mariengroschens, dessen Silbergehalt man bereits im Laufe des 16. Jahrhunderts mehr und mehr senkte[29].

Dem korrespondierte eine auch in Luthers Wittenberger Lebensumfeld massiv zu erlebende Verteuerung der Lebensmittel und Gebrauchsgegenstände – diese Lebenshaltungskosten lagen beispielsweise dort 1538 etwa doppelt so hoch wie 1520(!)[30] – während die Löhne fast unverändert geblieben waren[31]. Die Ursachen dafür waren verschieden: 1538 hatte man es zum Beispiel mit einer Mäuseplage zu tun, 1539 aber gab es trotz einer hervorragenden Getreideernte eine – wie Luther sie bezeichnete – „mutwillige Teuerung" durch eine bewusste Verknappung des Angebotes und Aufkaufen des Korns durch den Adel

[28] Kellenbenz 1980, S. 587.

[29] Auer 2006, S. 5-7.

[30] Barge 1951, S. 35-37.

[31] A.a.O., S. 36.

in großem Stil[32].

Im 16. Jahrhundert hatte man es also schon mit durchaus komplexen ökonomischen Verhältnissen zu tun, die einzelne Familien ebenso wie die Bevölkerung ganzer Regionen unversehens in wirtschaftliche Not bringen konnten, aus der gegebenenfalls nur nachgesuchte und dann auch gewährte Kredite herauszubringen verhießen.

3. Luthers Haltung zum Zinsnehmen

Luther hat in der Auseinandersetzung mit diesen Fragen stets die unbedingte Geltung des göttlichen Wortes herausgestellt. Lukas 6,35b ist für ihn (als Weisung Jesu) eindeutig: „[T]ut Gutes und leiht, wo ihr nichts dafür zu bekommen hofft." In den Sermones von 1519 und 1520 argumentiert Luther differenziert: „Zum ersten, Ist zu wissen, das unßer Herr Jhesus Christus, Matt[häi] am funfften, da er seyn volck leret, wie sie sich solten halten gegen [ein]ander yn den zeytlichen gutern, zu geben und zuleyhen" – abgehoben wird auf Matthäus 5,42 („Gib dem, der dich bittet, und wende dich nicht ab von dem, der dir etwas von dir borgen will.") – „setzt er drey unterschiedliche grad. Der erst ist, Szo yemant unß ettwas mit gewalt nimpt, solnn wirs nit allein faren lassen, sondern auch bereyt sein, ßo er mehr nemen wolt, dasselb auch zulassen, Und spricht alßo ‚wer mit dir hadernn will am gericht, das er dir den rock nehme, ßo las yhm auch den mantel', das ist, solt nit widderstreben noch weeren, das er den mantell nit auch nehm. Und diß ist der hochst grad yn dißem werck. Der ander ist, das man geben soll yderman, der seyn [be]darff und begeret, davon sagt er alßo ‚Wer von dir bittet, dem gib'. Der dritt grad ist, das man williglich und gerne leyhe odder borge an allen auffsatz

32 Ebd.

odder tzinße, davon sagt er ‚Und wer von dyr borgen odder entleyhen will, von dem kere dich nit', das ist, versags yhm nicht."[33] Das fußt auf Lukas 6,30-35: „Eym yglichen gib, der dich drumb bitt [...] Aus wilchen worten" – so Martin Luther – „clar wirt, das Christen menschen nit anders zu [tun] gepurt, dan geben und leyhen umbsunst, dartzu den feynden wolthun und nit mit yhn haddernn noch sie beschedigen."[34]

Angesichts des in der Bergpredigt bzw. der Feldrede aus dem Munde Jesu Gebotenen kann die Forderung von Zinsen darum keinen Bestand haben: „Nun sehen zu, wü die bleyben, die weyn, korn, gelt und was deß ist[,] yhrm nehsten alßo leyhen, das sie ubir das jar auß die selben zu zinßen vorpflichten odder besweren und ubir laden, das sie mehr adder eyn anders, das besser ist, widder geben müssen, dan sie geborget haben: das seyn Juddische stucklein unnd tucklein, und ist eyn unchristenlich furnehmen widder das heylig Evangelium Christi, ja widder das naturlich gesetz und recht, das der her antzeygt Luce 6[,31] das do sagt: Was du wilt, das dir die menschen thun und lassen sollen, das thu und las du auch yhnen. Es ist niemant, der nit gern wolt, das man yhm an auffsatz leyhe, Warumb thut er dan widder dasselb eynem andernn? und gehn doch hyn als frum Christen, beeten, fasten, geben tzu weyln eyn almoßen, stifften diß und das. Aber ditz Christliche werck will man nit achten, do es gantz und gar anligt."[35] Und es anders zu halten, weil es sonst doch gang und gäbe sei, selbst im Raum des kirchlich-monastischen Wirtschaftens (den Luther aus seiner seit 1515 ausgeübten Tätigkeit als Distriktsvikar für die zehn Augustinerkonvente in Meißen und Thüringen im Augustiner-Eremitenorden nur zu gut kannte)[36], könne als Argu-

[33] Luther 1519, WA 6, S. 3.

[34] A.a.O., S. 4f.

[35] A.a.O., S. 5.

[36] S. dazu Christoph Burger, Luther im Spannungsfeld zwischen

ment überhaupt nicht verfangen: Du kannst „das gepott Christi nit umbstossen, da er dir gepeut, du solt leyhen an allen auffsatz deinem nehsten, Dartzu, ßo ers [be]darff, auch geben gantz umbsunst. Thustu es nit, ßo bistu auch keyn Christen mensch, und wirst deynen hymell hie auff erden empfangenn haben. Dan nit deyn wille, ßondernn gottis gepott und das naturlich recht muß vorgehen, solltu selig werden."[37] Kurz: „Dan Christlicher handell und wolthun mit tzeytlichem gutt stehet yn den dreyen, geben umbsunst, leyhen an auffsatz unnd mit lieb faren lassen, Wie gesagt ist."[38]

Nun wäre Luther aber nicht Luther, wenn er nicht sorgsam das biblisch Gebotene auch auf das tatsächlich biblisch Gebotene begrenzte – und darauf sähe, dass es nicht unbesehen und damit unzulässig über den damit gesteckten Raum und Rahmen ausgedehnt wird – so dass er feststellt: „Unter dißen dreyen graden [Christen göttlich gebotenen Handelns] seynd nu ander grad[,] die tzeyttlichen gutter zu wandelnn, als mit kauffen, erben, bescheyden und der gleichen; die mit geystlichen und weltlichen gesetzen vorfasset seyn, yn wilchen niemant besser noch erger wirt fur gott. [...] Dan das ist keyn vordienst, ßo du ettwas kauffst, erblich besitzist odder ßonst redlicher weys ubirkumist [...]"[39]

Während nun Luther Zinsgewinne aus Darlehen – „Dargeliehenem" – strikt ablehnt, verwirft er Zinsgewinne aus Kapitalgeschäften wie aus dem sogenannten „Zinskauf" aber nicht pauschal – auch wenn er darin eine beständige Gefahr sieht, dass auch daraus Wucher werden könne. Doch im Unterschied zum einfachen Gewähren eines Darlehens lag beim Zinskauf (der auch als „Renten-

Heiligungsstreben und dem Alltag eines Ordensmannes, in: Bultmann/Leppin/Lindner 2007, S. 171-185.

[37] Luther 1519, WA 6, S. 5.

[38] A.a.O., S. 6.

[39] Ebd.

kauf" bezeichnet wurde) die Denkfigur zugrunde, dass es sich dabei um ein reales Kaufgeschäft handele: Der Schuldner, der über einen bestimmten Sachwert verfügt, etwa ein Stück Ackerland, erhält darauf bezogen ein Kapital zur Verfügung und zahlt für dieses Kapital einen jährlichen Zinsbetrag, den er – so die Überlegung weiter – aus dem aus der Sache erwirtschafteten Ertrag aufbringt. Den kauft ihm der Gläubiger dann ab, so dass der Schuldner als Verkäufer des Zinses angesehen wurde.[40]

Unter der Bedingung, dass dieser Handel zum Vorteil beider Seiten gereichte – und nicht etwa eine verkappte Ausnutzung einer Zwangslage des Schuldners darstellte –, billigte Luther dieses Geschäft, jedenfalls sofern es sich in realistischen Dimensionen des erzielbaren Ertrages abspielte – je nach Bodenqualität in einer Größenordnung von vier bis sechs Prozent Zins.[41] Höhere Zinssätze verwarf Luther hingegen vehement: „Da solten die gewaltigen eyn sehen. Hie wirt das arm gemeyn volck heymlich auß gesogen und schwerlich unter drugckt."[42]

Auch ein angeblich guter Zweck – dass etwa der Zinsertrag einer kirchlichen Kasse zugutekomme, heilige das Mittel eines überhohen Zinssatzes keinesfalls. Im Gegenteil, die Kirche müsse mit gutem Beispiel vorangehen und mehr als jeder andere, der ein Sachkapital gebe, von hohen Zinsen darauf Abstand nehmen:[43] „yhe weniger auffs hundert, yhe gottlicher und Christenlicher der kauff ist."[44] „[D]as heyst gott gedienet, seyn gepot gehalten, das man niemant stehle, neme, ubir setze und des gleichen, ßondernn gebe und leyhe den durfftigen. [...] Und, wie ich droben gesagt, wen alle welt tzehen auffs hundert nehme, ßo solten doch die geystlichen stifte das gestrengist recht

[40] Ebd.

[41] Luther 1519, WA 6, S. 6.

[42] A.a.O., S. 7.

[43] Ebd.

[44] A.a.O., S. 6.

halten und mit furchten vier odder funff nehmen, Dan sie sollen leuchten und gutt exempell geben den weltlichen. [...] Furcht man aber, das der kirchen und stifften ab gehe, ßo die meynung soll fur sich gehen, sag ich: Es ist besser auß zehen stifftung eyne gottliche gemacht, dan vill behalten widder gottis gepott. [...] Das beste were, das man sich zu dem Evangelio leudete, nehete und sich ubete yn Christenlichen hendellnn mit den guternn, wie gesagt ist."[45]

Festzuhalten ist also, dass Luther die Gestaltung der wirtschaftlichen Interaktionen nicht etwa geistlich zu überformen versucht hat im Sinne einer gesetzlichen Regelung des in diesem Lebensfeld Angemessenen und Unangemessenen. Er sah den Einzelnen seiner persönlichen Verantwortung für sein Verhalten, für sein Geschäftsgebaren gerade nicht enthoben – ein jeder habe sich in die Verantwortlichkeit vor Gott und dessen klar bezeugtes Wort zu stellen –, so dass im Ergebnis dem Armen keine Last auferlegt, sondern geholfen werde. Auf Geliehenes Zinsen zu erheben, ist aber für Luther nichts anderes, als dem Bedürftigen wider Gottes Wort eine Last aufzuerlegen.

Im Kleinen Katechismus entfaltet Luther später (1529) auch das 7. Gebot „Du sollst nicht stehlen" genau in dieser Richtung: „Wir sollen Gott fürchten und lieben, dass wir unsers Nächsten Geld oder Gut nicht nehmen noch mit falscher Ware oder Handel an uns bringen, sondern ihm sein Gut und Nahrung helfen bessern und behüten."[46] Und im Großen Katechismus definiert er „stehlen" aus eben dieser Linie der Argumentation heraus: „Denn stehlen heißet nicht anders, als eines andern Gut mit Unrecht an sich bringen, worin in Kürze aller eigene Vorteil zum Nachteil des Nächsten in allen Handelsgeschäften mit

---

45 A.a.O., S. 7f.

46 Luther 1529b, LD 6, S. 144 (= WA 30 I, S. 359).

einbegriffen ist."[47]

In seiner Schrift „Von Kaufhandlung und Wucher" hat Luther 1524 den Bereich des wirtschaftlichen Handelns in noch weitaus mehr Facetten durchmustert. Er unterstreicht darin zunächst, dass „Kaufen und Verkaufen ein notwendig Ding ist, das man nicht entbehren und gut christlich brauchen kann".[48] Dabei denkt Luther an die Waren des täglichen Bedarfs – also im Wesentlichen landwirtschaftliche und handwerkliche Produkte, die er als „Gottes Gaben" versteht, „die er aus der Erde gibt und unter die Menschen austeilt".[49] Den Fernhandel mit aus dem Ausland importierten Luxusgütern sähe Luther hingegen am liebsten obrigkeitlich unterbunden; „kostbares Seiden- und Goldwerk und Gewürz" sind Dinge, „die nur zur Pracht und keinem Nutzen dien[en] und Land und Leuten das Geld aussaug[en]"[50]. Allerdings realisiert Luther auch, dass er mit diesem Ansinnen wohl scheitern wird: „Es will doch sonst kein Schreiben noch Lehren helfen, bis uns die Not und Armut zwinge."[51] Ein besonderer Dorn im Auge ist Luther der Abfluss von Kapital ins Ausland: „Rechne du, wieviel Geld während einer Messe zu Frankfurt ohne Not und Ursache aus deutschem Lande geführt wird, so wirst du dich wundern, wie es zugehe, dass noch ein Heller in deutschen Landen sei. Frankfurt ist das Silber- und Goldloch, durch das aus deutschem Lande herausfließt, was bei uns quillt und wächst, gemünzt oder geschlagen wird. Wäre das Loch zugestopft, so brauchte man jetzt nicht die Klage zu hören, wie allenthalben lauter Schulden und kein Geld, alle Lande und Städte mit Zinsen beschwert und ausgewuchert sind."[52]

[47] Luther 1529a, LD 3, S. 58 (= WA 30 I, S. 163).
[48] Luther 1524, LD 7, S. 264 (= WA 15, S. 293).
[49] Ebd.
[50] Luther 1524, LD 7, S. 264 (= WA 15, S. 293f).
[51] Luther 1524, LD 7, S. 264 (= WA 15, S. 294).
[52] Ebd.

Luthers Anliegen 1524 besteht darin, die im Handel fast durchweg verbreitete Überzeugung „Ich darf meine Ware so teuer geben, wie ich kann“[53] in Frage zu stellen: „Denn wo das Schalksauge und der Geizwanst hier gewahr wird, dass man seine Ware haben muss, oder dass der Käufer arm ist und seiner bedarf, da macht ers sich zu Nutzen und Gewinn. Da sieht er nicht auf den Wert der Ware oder auf den Dienst für seine Mühe und Gefahr, sondern schlechtweg auf die Not und das Darben seines Nächsten, nicht um denen abzuhelfen, sondern um diese zu seinem Gewinn zu gebrauchen, seine Ware (im Preis) zu steigern, die er sonst wohl ungesteigert ließe, wo des Nächsten Not nicht da wäre.“[54]

Kaufen und Verkaufen versteht Luther also als Werk des Christen an seinem Nächsten und deshalb sollte es „begrenzt“, man würde heute sagen: einem Reglement unterworfen sein – „durch solch Gesetz und Gewissen [...], dass du es ohne Schaden und Nachteil deines Nächsten übst.“[55] Wie das Gestalt gewinnen kann, durchmustert Luther dann an einer Vielzahl von geschäftlichen Gepflogenheiten seiner Zeit.[56] Da er die Ausnutzung von Zwangs- und Notlagen ablehnt, ist es nur logisch, dass er wirtschaftliche Monopole grundsätzlich verwirft – sowie alle Techniken, die solche Monopole schaffen sollen, also die künstliche Verknappung einer bestimmten Ware, um die Preise nach oben zu treiben, oder auch Dumpingpreise, um schwächere Konkurrenten vom Markt zu verdrängen.[57]

Luther ist aber auch nicht der Überzeugung, das wirtschaftliche Geschehen durch weltliche Gesetze oder auch geistliche Gesetze wirklich unter Kontrolle bringen zu

[53] Luther 1524, LD 7, S. 265 (= WA 15, S. 294).
[54] Luther 1524, LD 7, S. 265 (= WA 15, S. 295).
[55] Luther 1524, LD 7, S. 266 (= WA 15, S. 295).
[56] Luther 1524, LD 7, S. 266-274.
[57] A.a.O., S. 275-278.

können. Ein Verfahren zur allgemeinen Festsetzung von Preisen für bestimmte Güter durch die Obrigkeit hält er für utopisch.[58] Dass die regionalen Märkte die Preise bilden, erscheint ihm angemessen, und wenn jemand sich mit seiner Preisforderung im Spektrum des durchschnittlichen Preisniveaus bewegt, erscheint Luther das gerechtfertigt: „Was auf solche Weise gewonnen wird, achte ich für redlich und gut gewonnen".[59] Wo es solche Durchschnittspreise nicht gibt, da ist der Einzelne in seinem Gewissen gefordert, einen angemessenen Preis zu bilden, der Kosten und Mühe, Arbeit und auch das Wagnis mit einbezieht und der auf nicht mehr zielt, als den eigenen Lebensunterhalt – gemessen am Auskommen eines Tagelöhners – zu sichern.[60]

Diese eigene Verantwortlichkeit für das Handeln und Wirtschaften kann keinem Christen abgenommen werden, das Gewissen ist darin auch nicht autonom, sondern in Gott gebunden; er, Gott, ist derjenige, an dessen Wollen man sich zu orientieren hat. Luther bringt es auf den Punkt: „[E]in ewiger sicherer Pfennig ist ja besser als ein zeitlicher unsicherer Gulden."[61]

So verwirft Luther das Agieren der Großhandelshäuser, die eine solche Marktmacht haben und über solche Netzwerke verfügen, dass sie in jedem Falle Nutznießer wirtschaftlicher Entwicklungen sind und selbst die Obrigkeiten, deren Auftrag es wäre, deren Einfluss um der Schwächeren willen zu begrenzen, von diesen abhängig seien –[62] Luther erinnert in diesem Zusammenhang an Catos Bemerkung: „Kleine Diebe liegen im (Schuld)Turm und Stock, aber öffentliche Diebe gehen in Gold und Seide."[63]

58 Luther 1524, LD 7, S. 267 (= WA 15, S. 296).
59 Ebd.
60 Luther 1524, LD 7, S. 267-269.
61 Luther 1524, LD 7, S. 281 (= WA 15, S. 312).
62 Luther 1524, LD 7, S. 280-282.
63 Luther 1524, LD 7, S. 282 (= WA 15, S. 313).

Und er zieht die Konsequenz: „Sollen die Handelsgesellschaften bleiben, so muss Recht und Redlichkeit untergehen. Soll Recht und Redlichkeit bleiben, so müssen die Handelsgesellschaften untergehen."[64]

Dass er sich mit diesen Perspektiven wohl nicht durchsetzen wird, räumt Luther zum Schluss seiner Schrift noch einmal ein. Aber: „Hätte ich eine Seele damit unterrichtet und aus dem Schlund erlöst, so hätte ich mich nicht umsonst bemüht."[65] „[D]ass sie sich nicht aufs Künftige vermessen, noch auf Menschen oder sich selbst vertrauen, sondern an Gott alleine hangen",[66] ist die Perspektive, die Luther den Glaubenden auch für ihr Agieren in ökonomischen Angelegenheiten nahezubringen unternommen hat – und unter diesem Aspekt begegnet das Thema auch in seinem weiteren Leben.[67]

4. Zeitgenössische Auseinandersetzungen mit der Argumentation Luthers

Ganz ohne Wirkung blieben Luthers Vorstellungen indes nicht. So wurde 1529 im Kurfürstentum Sachsen wie im Herzogtum Sachsen verordnet, dass Darlehen – abgesehen von tatsächlich damit verbundenen Auslagen – nur zinslos gegeben werden dürften und dass beim Verfahren des Zinskaufes nur ein jährlicher Zins von fünf Prozent statthaft sei –[68] Bestimmungen, die dann auch 1539 in das Zwickauer Stadtrecht Eingang fanden.[69]

---

[64] Ebd.

[65] Ebd.

[66] Luther 1524, LD 7, S. 271 (= WA 15, S. 302).

[67] S. dazu eine ganze Reihe von Beispielen bei Barge 1951, S. 35-40.

[68] So erläutert a.a.O., S. 41.

[69] A.a.O., S. 41f.

5. Die Perspektiven Philipp Melanchthons und Johannes Calvins

Wenig Unterstützung fand Martin Luther mit seinen Detailüberlegungen zu Wirtschaftsfragen allerdings bei Philipp Melanchthon – der darauf abhob, dass ein Christ zwar seinerseits keine Zinsen fordern solle, dass aber gegen von der Obrigkeit genehmigte Zinsverträge nichts einzuwenden sei.[70] Im Zuge des „Eisenacher Wucherstreits" unterstrich er gegenüber dem dortigen Prediger Jakob Strauß, die Zinsfrage zur Diskussion zu stellen und sich darüber zu äußern, welche Verträge nicht statthaft seien, sei nicht die Aufgabe evangelischer Prediger.[71]

Johannes Calvin unterscheidet zwischen gerechtem und ungerechtem Zinsnehmen. Ein gerechtes Zinsnehmen liegt seiner Ansicht nach vor, wenn ein gewährtes Darlehen der Gründung oder dem Ausbau eines Unternehmens dient und somit dem Darlehensnehmer einen Gewinn einbringt.[72] Darlehen und damit auch Zinsen – jedenfalls (modern formuliert) im Rahmen des Produktivitätszuwachses, der durch die Investition ermöglicht wird – sind nach seiner Überzeugung nicht abzulehnen, da sie indirekt zur Schaffung von Arbeitsplätzen beitragen und damit letztlich auch die Situation der Armen verbessern.[73]

So formulierte Calvin 1545 auf eine Anfrage, wie er sich zur Frage des Zinses stelle, dass man seines Erachtens die Zinsen „nicht gemäß irgend einem gewissen und besonderen Ausspruch Gottes beurteilen" müsse, „sondern allein

---

[70] S. dazu detailliert Clemens Bauer, Melanchthons Wirtschaftsethik, in: Archiv für Reformationsgeschichte 49 (1958), S. 115-160, sowie Kahlert 1953, insbesondere S. 57-61.

[71] S. dazu Greschat 2010, S. 49; vgl. Barge 1951, S. 42.

[72] Dazu a.a.O., S. 55f.

[73] Zu dieser Haltung Calvins s. auch Assel 1948, S. [ohne Paginierung].

nach der Regel der Billigkeit."[74] Selbst wenn man das Zinsnehmen nach der Regel Christi, „Was ihr nicht wollt, dass man euch tue" verwerfe, so sei zu bedenken, dass diese nicht überall für passend befunden werden müsse.[75] Auch die „Goldene Regel" lässt Calvin also nicht unbesehen als Argument gegen das Zinsnehmen gelten.

Da man den Armen aber nach dem Gebot Christi in Liebe über sich selbst stellen solle, verlangt auch Calvin, dass Darlehen für unproduktive Zwecke – also für bloßen Konsum – zinslos bleiben müssten. Von Armen darf kein Zins genommen werden, und keiner, „der von Bedürftigkeit völlig in der Enge ist oder durch schwere Not geschlagen ist", soll genötigt werden.[76]

6. Reformatorische Positionen zu Zins und Wucher – ein Fazit

Bei näherem Besehen gleichen sich die reformatorisch vertretenen Positionen zu Zins und Wucher darin, dass unstrittig ist, dass Zinsen nicht diejenigen noch weiter niederdrücken dürfen, die keine Möglichkeit haben, diese Zinsen durch ihre Arbeit auch tatsächlich zu erwirtschaften. Die Risiken bei der Gewährung eines Darlehens müssen zwischen dem Geber des Kapitals und demjenigen, der es nimmt, angemessen verteilt sein. Das ist bei Gewährung eines schieren Gelddarlehens aber viel schwieriger sicherzustellen als bei einem auf einem auf einen physisch existierenden Sachwert fußenden Darlehen – da bei

[74] Johannes Calvin, De usuris, in: CO Xa, Sp. 245-249; deutsche Übersetzung Albrecht Thiel, in: http://www.ekd.de/calvin/wirken/zinsnehmen.html (Stand 25.07.2014, 12:14).

[75] Ebd.

[76] Ebd.

Letzterem eben der Sachwert als Sicherheit existiert. Das Risiko ist dabei auf den aus der betreffenden Sache erwirtschaftbaren Ertrag beschränkt – und wenn dabei für beide an dem Darlehensgeschäft Beteiligten existenzsichernd (und eben nicht existenzgefährdend!) – etwas herauskommen soll, dann kann ein Zinsertrag von mehr als fünf Prozent kaum zu erwarten sein.

Bei reinen Gelddarlehen ist das Risiko für den Gläubiger, dass er sein dem Schuldner dargeliehenes Kapital nicht ungeschmälert zurückerhält aber um ein Vielfaches höher, und daher ist eine erheblich höhere Zinserwartung naheliegend. Die geht aber fast unweigerlich einher mit der Unmöglichkeit, auf redlichem Wege mit dem zur Verfügung gestellten Kapital solche Erträge zu erzielen – und dazu vermag jedenfalls Martin Luther kein Placet zu geben.

So sehr dem Wittenberger Reformator bewusst gewesen ist, dass er mit seiner Überzeugung schwerlich das ökonomische Handeln seiner Zeit prägend würde verändern können, so deutlich hat er einer „Eigengesetzlichkeit" der Ökonomie, gar einem „freien Spiel der Kräfte" widersprochen.

Eine unmittelbare Relevanz für die Gegenwart können die skizzierten reformatorischen Positionen zu Zins und Wucher in ihrer theologisch begründeten Geltendmachung der Verantwortlichkeit des einzelnen Glaubenden auch in seinem wirtschaftlichen Agieren, das vom Schutz des wirtschaftlich Schwachen nicht absehen darf, gewinnen. Die im Hintergrund stehende, aus dem Menschenbild nicht weniger als aus der Erfahrung gewonnene Analyse, dass Gier, Gewinnsucht und das Schielen auf den eigenen Vorteil die üblichen Motoren im Umgang mit Geld und Kapital sind, ist wohl auch zeitlos zu nennen.

Doch wenn auch Übervorteilen, Monopol- und Kartellbildungen, Preisabsprachen, Warenverknappungen und dergleichen auch heute längst nicht aus der Geschäftswelt verschwunden sind – die Komplexität der ökonomischen

Verflechtungen im 21. Jahrhundert übertrifft die des 16. Jahrhunderts bei Weitem. Erinnert sei nur an den heute wirtschaftlich so außerordentlich bedeutsam gewordenen Bereich der Aktiengesellschaften und des damit einhergehenden Aktienhandels – der sich zum einen weithin anonym darstellt und der zum anderen Mechanismen zum Beispiel hinsichtlich der Bewertung des Aktienwertes unterworfen ist, die von der Möglichkeit zur Einflussnahme durch Einzelne weit entfernt sind. Die Bildung sogenannter „Blasen" nicht nur in diesem Bereich, sondern auch bei der Bewertung von Immobilien, die Wechselwirkungen, die davon wiederum ausgehen auf Darlehen, mit denen Immobilien finanziert worden sind, bis hin zur Institution von Banken, deren Verbindlichkeiten nur zu einem kleinen Bruchteil durch Eigenkapital gedeckt sind, und nicht zuletzt das unentrinnbare Eingebundensein des Einzelnen mit seinem Eigentum in das Ganze von Volkswirtschaften, die wiederum eingespannt sind in Kreditsicherungssysteme, die längst nationale Grenzen hinter sich gelassen haben – all dies liegt weit jenseits der Perspektiven, die im 16. Jahrhundert angesichts der damaligen Gegebenheiten entwickelt werden konnten. Zu den damals skizzierten Maximen in der Gegenwart bruchlos Zuflucht nehmen zu wollen, um die heutigen ökonomischen Probleme und Nöte lösen zu wollen, wäre nicht nostalgisch, es wäre utopisch.

Um dies nur an einer Frage zu verdeutlichen: Die heute von vielen Staaten in Europa, in den USA und in Japan betriebene und durch demokratisch gewählte Regierungen auch legitimierte Niedrigzinspolitik, die bewusst darauf setzt, dass die Inflationsraten und damit der Wertverlust des Geldes höher liegen als die Verzinsungen des den Banken und auch den Staatswesen geliehenen privaten Kapitals, müsste nach den in der Reformationszeit geltend gemachten Kriterien besonderes Lob erfahren – vor der Hand sieht das so aus, als ob die niedrigen Zinsen besonders denjenigen zugute kämen, die sonst unter hohen

Schuldzinsen zu leiden hätten. Aber geht diese kollektive Betrachtung im 21. Jahrhundert wirklich so auf? Sind es wirklich die Armen, denen die niedrigen Zinsen zugute kommen? Oder sind die Nutznießer nicht doch Reiche – Vermögende, die sich verspekuliert hatten und die es nun mittels ihres politischen Einflusses geschafft haben, dass nicht mehr sie ihr eingegangenes Spekulationsrisiko tragen müssen, sondern dass dieses Risiko im Wege staatlicher Transfers an Banken sozialisiert worden ist – so dass auf diese Weise letztlich eine große Vielzahl von Ärmeren das Vermögen der kleinen Zahl der Reichen sichert?

Die Fragen, die einst nach dem Zinsnehmen gestellt worden sind, treten heute denn auch weit zurück hinter die Fragen nach der politischen Steuerung des Geldwertes, nach der Staatsverschuldung, nach den bestehenden steuerlichen Lasten, den erhobenen sozialen Abgaben und den gesetzlich gewährten sozialen Leistungen, die das Verhältnis zwischen Arm und Reich in erheblichem Maße bestimmen.

Margot Käßmanns eingangs entworfene Perspektive, dass es interessant sei, Luthers Schriften gegen den Wucher „heute mit der Finanz- und Wirtschaftskrise zu verbinden“,[77] wird den gegenwärtigen Herausforderungen bei näherem Besehen, so fürchte ich, bei weitem nicht gerecht – es sei denn, man beschränkte das auf die gewiss nach wie vor zutreffende Einsicht, die Luther in einer Tischrede so formuliert hat:

„Gott und nicht das Geld | erhält alle Zeit die Welt. [...] Doch die Welt ist so töricht und will alle ihre Freude im Geld suchen.“[78]

[77] http://www.luther2017.de/20345/neue-stimme-im-chor-der-lutherdekade-botschafterin-der-ekd-margot-kaessmann. (03.01.2014, 07:45).

[78] WA Tr 3, S. 191, Nr. 3145c.

Literatur

Aland, Kurt (Hg.): Luther deutsch. Die Werke Martin Luthers in neuer Auswahl für die Gegenwart, Stuttgart/Göttingen (= LD).

Assel, Hans-Günther: Das kanonische Zinsverbot und der „Geist" des Frühkapitalismus in der Wirtschaftsethik bei Eck und Luther, Dissertation, Erlangen 1948.

Auer, Eberhard F.: Von feinem Silber. Vom Versuch, mit gutem Geld schlechtes zu verdrängen (Das Fenster in der Kreissparkasse Köln, Thema 168, März 2006), Köln 2006.

Barge, Hermann: Luther und der Frühkapitalismus (Schriften des Vereins für Reformationsgeschichte 168), Gütersloh 1951.

Brugger, Eveline / Wiedl, Birgit (Hg.): Ein Thema – zwei Perspektiven. Juden und Christen in Mittelalter und Frühneuzeit, Innsbruck 2007.

Bultmann, Christoph / Leppin, Volker / Lindner, Andreas (Hg.): Luther und das monastische Erbe, Tübingen 2007.

Calvin, Johannes: Joannis Calvini opera qui supersunt omnia, Brunsvigae (= CO).

Ferguson, Niall: Der Aufstieg des Geldes. Die Währung der Geschichte. Aus dem Englischen von Klaus-Dieter Schmidt (Bundeszentrale für politische Bildung Schriftenreihe 1163), Lizenzausgabe Bonn 2012.

Greschat, Martin: Philipp Melanchthon. Theologe, Pädagoge und Humanist, Gütersloh 2010.

Kahlert, Helmut: Ein Vergleich der Wirtschaftsauffassungen von Luther und Melanchthon, besonders ihrer Stellung zu Zins und Handel, ohne Ort [Nürnberg] 1953.

Kellenbenz, Hermann (Hg.): Handbuch der Europäischen Wirtschafts- und Sozialgeschichte. Bd. 2. Europäische Wirtschafts- und Sozialgeschichte im Mittelalter, Stuttgart 1980.

Koch, Philipp: Gerechtes Wirtschaften. Das Problem der Gerechtigkeit in der Wirtschaft im Lichte lutherischer Ethik, Göttingen2012.

Lachmann, Rainer / Gutschera, Herbert / Thierfelder, Jörg: Kirchengeschichtliche Grundthemen: historisch, systematisch, didaktisch, 3. Aufl., Göttingen 2010.

Luther, Martin: Eyn Sermon von dem Wucher Doctoris Martini

Luther Augustiner tzu Wittenbergk (1519), WA 6, 3-8.

Luther, Martin: Eyn Sermon von dem Wucher Doctoris Martini Luther Augustiner tzu Wittenbergk (1520), WA 6, 36-60.

Luther, Martin: Von Kaufshandlung und Wucher (1524), LD 7, 262-283.

Luther, Martin: Von Kaufshandlung und Wucher (1524), WA 15, 293-322.

Luther, Martin: Der Große Katechismus 1529, LD 3, 11-150.

Luther, Martin: Der Kleine Katechismus 1529, LD 6, 138-159.

Luther, Martin: An die Pfarrherrn wider den Wucher zu predigen, Vermahnung (1540), WA 51, 331-424.

Luther, Martin: Martin Luthers Werke. Kritische Gesamtausgabe, Weimar (= WA).

Luther, Martin: Tischreden (WA Tr), WA Tr 3.

Pawlas, Andreas: Luther zu Geld und Zins. Mit einem Vorwort über Lutherische Erwägungen zu Geld und Zins. Uppsala 2013.

Treu, Martin (Hg.): Martin Luther und das Geld. Aus Luthers Schriften, Briefen und Tischreden. Gesammelt, kommentiert und eingeleitet, Wittenberg 2000.

Wangemann, Hans: Luther als Sprecher und Lenker der öffentlichen Meinung seiner Zeit in der Zinsfrage, Dissertation Leipzig 1948.

http://www.luther2017.de/20345/neue-stimme-im-chor-der-lutherdekade-botschafterin-der-ekd-margot-kaessmann, 03.01.2014, 07:45.

http://www.wirtschaftslexikon.co/d/zinsverbot/zinsverbot.htm, 06.07.2014, 20:35.

http://www.wirtschaftslexikon24.com/d/geldgeschichte-iii-das-spaetmittelalter-und-die-folgezeit-die-entstehung-des-modernen-bankenwesens/geldgeschichte-iii-das-spaetmittelalter-und-die-folgezeit-die-entstehung-des-modernen-bankenwesens.htm, 06.07.2014, 20:40.

Jochen Hörisch

Das Schächergewerbe oder Richard Wagner und Karl Marx

Vorbemerkung: Auf der Januartagung 2014 der Evangelischen Forschungsakademie in Berlin habe ich in freier Rede die leitenden Thesen meiner Abhandlung „Man muss dran glauben – Die Theologie der Märkte" (München: Fink 2013) vorgetragen. Der im Programm angekündigte Bezug zu ökonomischen Themen im Werk Richard Wagners kam nur kursorisch zur Geltung. Der folgende Text entspricht also nicht meinem Vortrag in Berlin, wohl aber der Ankündigung.

Um Fragen des Wertes, des Tausches, des friedlichen oder gewaltsamen Wechsels von Besitz und Eigentum kreisen Wagners Werke unablässig. Schon in der ersten romantischen Oper, die Wagner für wert hielt, im Bayreuther Festspielhaus präsentiert zu werden, treffen mit Daland und dem Fliegenden Holländer zwei gewiefte Kaufleute aufeinander. Sie werden überraschend schnell handelseinig. Nüchterner und zugleich verrückter, irrationaler, jedem Kaufmannskalkül stärker zuwiderlaufend kann es nicht zugehen, wenn zwei Männer einen Deal vereinbaren. Ausnahmesituationen bedingen sonderbare Preisbildungen. In Ausnahmesituationen kann man wie Heinrich III in Shakespeares Drama bereit sein, ein Königreich für ein Pferd zu bieten – „A horse! A horse! A kingdom for a horse" – oder eben wie der Fliegende Holländer unermessliche Schätze für eine Übernachtung an Land.

HOLLÄNDER
Vergönne mir auf kurze Frist dein Haus,
und deine Freundschaft soll dich nicht gereu'n:

mit Schätzen aller Gegenden und Zonen
ist reich mein Schiff beladen: – willst du handeln,
so sollst du sicher deines Vortheils sein.

Bemerkenswert ist, dass der zur ewigen Seefahrt Verdammte erst gar nicht damit rechnet, von Daland Gastrecht zu erhalten. Er kalkuliert, dass Daland kalkuliert, und hat damit so Unrecht nicht. Schon sein anfänglicher Appell an Freundschaft und Gönnertum ist eigentümlich vergiftet: gönnen möge ihm Daland sein Haus nur auf „kurze Frist". Ein ökonomischer Zeitkalkül durchkreuzt sofort die Geste des Gönnens, so wie der Appell an Freundschaft sogleich mit dem starken Hinweis garniert wird, solche Freundschaft werde von einem lohnenden Handel nicht unterscheidbar und zum sicheren Vorteil des Freundes sein, der eben damit, kaum so angesprochen, nicht länger Freund und Gastgeber ist, sondern Partner eines lukrativen Handels wird. Genau auf dieses Stichwort „Vorteil" reagiert Daland ohne zu zögern - anders als auf die ja auch nicht sonderlich emphatisch vorgetragenen Stichworte „gönnen" und „Freund":

DALAND
Wie wunderbar! Soll deinem Wort ich glauben?
Ein Unstern, scheint's, hat dich bis jetzt verfolgt.
Um dir zu frommen, biet' ich, was ich kann:
doch – darf ich fragen, was dein Schiff enthält?

HOLLÄNDER
(gibt seiner Mannschaft ein Zeichen; zwei von derselben bringen eine Kiste an's Land).
Die seltensten der Schätze sollst du seh'n,
kostbare Perlen, edelstes Gestein.
(Er öffnet die Kiste.)
Blick' hin, und überzeuge dich vom Werthe
des Preises, den ich für ein gastlich Dach
dir biete!

„Ein gastlich Dach" oder der „Wert des Preises": Zum Gastrecht gehört, dass es gerade nicht der Logik von Berechnungen, sondern dem Gestus der Gabe zugehört. Im Dialog zwischen dem Holländer und Daland dominiert eindeutig die Rhetorik der Ökonomie. In kurzer Frist fallen Worte wie Wert, Preis, kostbar, handeln, Schatz und Vorteil, die keinen Zweifel daran aufkommen lassen, dass zu Beginn von Wagners romantischer Oper weder beim Fliegenden Holländer noch bei Daland ein großes Empathie-Gefühl, sondern vielmehr das Streben nach Nutzenmaximierung vorherrscht. Was auch heißt, dass das Zählen von Werten erst einmal das Erzählen einer ja nicht uninteressanten Lebensgeschichte aussticht.

DALAND
(voll Erstaunen den Inhalt der Kiste prüfend).
Wie? Ist's möglich? Diese Schätze!
Wer ist so reich, den Preis dafür zu bieten?

HOLLÄNDER
Den Preis? Soeben hab' ich ihn genannt: –
dieß für das Obdach einer einz'gen Nacht!
Doch, was du siehst, ist nur der kleinste Theil
von dem, was meines Schiffes Raum verschließt.
Was frommt der Schatz? Ich habe weder Weib,
noch Kind, und meine Heimath find' ich nie!
All' meinen Reichthum biet' ich dir, wenn bei
den Deinen du mir neue Heimath giebst.

DALAND
Was muß ich hören!

HOLLÄNDER
Hast du eine Tochter?

DALAND
Fürwahr, ein treues Kind. *(1, 263-264)*

Wiederum häufen sich ökonomische Begriffe wie „reich, Preis, Schatz". Umso erstaunlicher ist es, dass der Wechsel aus dem Register des Zählens und Aufzählens von Werten in das Register des pointiert knappen Erzählens einer trostlosen Lebensgeschichte („Ich habe weder Weib, noch Kind, und meine

Heimath find' ich nie") abrupt erfolgt. Ebenfalls schroff und direkt ergeht die Frage, ob Daland eine Tochter habe. Dass diese Frage nicht von romantischem Liebesverlangen, sondern ökonomisch motiviert ist (wie sollte der Holländer verliebt sein, er hat die Tochter Dalands ja noch gar nicht gesehen – sie aber hat von ihm und seinem Bild geträumt), versteht sich nun fast von selbst. Erstaunt wäre man nicht, wenn statt der Worte „treues Kind" die Wendung „teures Kind" erklänge. Der Fortgang der Handlung ist bekannt. Die beiden Männer müssen nicht lange schachern, sie sind sich schnell handelseinig, weil ihre jeweiligen Nutzenmaximierungsstrategien einander bestens ergänzen. Der angebotene Brautpreis ist aus der Sicht des Brautvaters sensationell hoch; der Brautwerber kann seinerseits aus dem Vollen schöpfen und muss deshalb nicht kleinlich kalkulieren. Ja, er, der zu unendlichem Dasein Verdammte, will ja gerade Knappheit erfahren – er will eben kein ewiges, sondern (wie der Protagonist in Harold Ramis' Film *Und täglich grüßt das Murmeltier*) ein befristetes Dasein, das der Knappheit an Zeit unterliegt. Noch aber muss er in Kategorien einer überweltlichen Ökonomie denken, die keine Knappheit kennt – auch keine Knappheit an Zeit! Und so kommt ein Deal zustande, der es in sich hat. Denn dieser Schacher schaltet Erlös und Erlösung zusammen: Der ungeheure Erlös, den der eine (Daland) erzielt, ermöglicht dem anderen (dem Fliegenden Holländer) die Erlösung vom Fluch, nicht sterben zu können. Bei diesem seltsamen profan-sakralen Schacher spielt eine schöne, junge, von mystischen Stimmungen nicht freie Frau eine entscheidende Rolle. Die verkaufte Braut Senta vermittelt zwischen ihrem sich aufs Zählen verstehenden Vater und dem Geliebten, der sich als Gefangener einer großen Erzählung erfahren muss, aus der er sich lösen, aus der er sich durch die Liebe eines Weibes erlösen lassen will.

Der Plot, den Wagners geniales, 1841 uraufgeführtes Frühwerk bündig, pointiert und eben auch theorienah vor Augen und Ohren bringt, ist von beeindruckender Stimmigkeit. Daland denkt in Kategorien einer beschränkten Ökonomie der Knappheit, der über unendlich viel Zeit verfügende (und genau darunter leidende!) Fliegende Holländer hat hingegen keine Schwierigkeiten mit einer Ökonomie der Verausgabung.[1] Er bewegt sich in erhabenen Sphären jenseits aller Endlichkeit. Doch er sehnt sich nach Endlichkeit und Sterblichkeit. Um sein Ziel zu erreichen, um in die endliche Sphäre zu gelangen, ist er (ein altes Motiv, das schon in Wagners erstem Opernwerk *Die Feen* eine entscheidende Rolle spielt) auf die Liebe eines sterblichen Weibes angewiesen, auf eine unbedingte, ihrerseits unendliche Liebe. Deshalb ist es eine Katastrophe, dass der Fliegende Holländer einen Nebenbuhler, ein mögliches Liebesobjekt-Äquivalent hat: Erik. Äquivalenzen kann es nämlich nur unter Endlichkeits- und Knappheitsbedingungen geben. Das Erhabene, das Nicht-Repräsentierbare[2] hat keine Äquivalenz, es kennt keine gleichwertige, gleich-gültige (das ist ja der Wortsinn des Begriffs „Äquivalenz“) Entsprechung. In liebespsychologischer Münze heißt das: Senta hat, woran Erik sie erinnert, was wiederum der Fliegende Holländer mitbekommt, vor ihrem bedingungslosen Treueversprechen an den Holländer schon einmal einem anderen Mann, Erik, ein ähnliches und gleichwertiges Versprechen gegeben. Erik hat also plausible Gründe, wenn er die von Senta behauptete absolute „Pflicht“ in Frage stellt, sich ganz und gar dem Fliegenden Holländer zuzuwenden.

ERIK
Welch‘ hohe Pflicht? Ist‘s höh‘re nicht, zu halten,
was du mir einst gelobtest, ew‘ge Treue?

SENTA *(heftig)*
Wie? Ew‘ge Treue hätt‘ ich dir gelobt?

[1] Vgl. Georges Bataille:, Der Begriff der Verschwendung; in Bataille 1975, S. 9-32.

[2] Vgl. Lyotard 1994.

ERIK *(mit Schmerz)*
Senta, o Senta, läugnest du? –
Willst jenes Tag's du nicht dich mehr entsinnen,
als du vom Fels mich riefest in das Thal?
Als, dir des Hochlands Blume zu gewinnen,
muthvoll ich trug Beschwerden ohne Zahl?
Gedenkst du, wie auf steilem Felsenriffe
vom Ufer wir den Vater scheiden sah'n?
Er zog dahin auf weiß beschwingtem Schiffe,
und meinem Schutz vertraute er dich an:
als sich dein Arm um meinen Nacken schlang,
gestandest Liebe du mir nicht auf's Neu'?
Was bei der Hände Druck mich hehr durchdrang –
Sag', war's nicht die Versich'rung deiner Treu'?
(Der Holländer hat den Auftritt belauscht; in furchtbarer Aufregung bricht er jetzt hervor.)

HOLLÄNDER
Verloren! Ach verloren! Ewig verlor'nes Heil! (1,288 sq.)

Die profane, bedingte, auf Wertabstraktionen fokussierte Ökonomie der Äquivalenz sticht die sakrale Ökonomie der reinen Verausgabung und des erhabenen Über-Wertes aus. Es gibt keinen absoluten Wert jenseits aller Werte. Das Kommensurable sticht das vermeintlich Inkommensurable aus. Es gehört zu den intrikaten und produktiven Paradoxien, die Wagners Werk immer erneut umkreist, dass der Fliegende Holländer die Sphäre der Unendlichkeit ja gerade verlassen will, sein Wunsch sich also zumindest zum Teil erfüllt, wenn Senta sich unfähig zeigt, überirdischen Qualitätsansprüchen zu genügen. Senta verbleibt in der Sphäre endlicher Widersprüche, deren Grundfigur es ist, das Ungleiche gleich zu setzen. Der erdverbundene Jäger Erik ist ein gänzlich anderer Mann als der maritime Fliegende Holländer, so wie Venus eine gänzlich andere Frau ist als Elisabeth und Brünnhilde von ganz anderer Qualität als Gudrun – aber dennoch haben die jeweiligen Alternativfiguren die starke Gemeinsamkeit, zum austauschbaren Liebesobjekt von Senta, Tannhäuser oder Siegfried zu werden.

Der bemerkenswert sachliche Satz, dass die Liebe das Wandern liebt, weil Gott sie so gemacht hat, stammt nicht von einem nüchternen Systemtheoretiker, sondern erklingt in einem protoromantischen Werk, in Schuberts Winterreise. Nicht nur Warendinge, auch Menschen sind austauschbar, haben Äquivalente und können verschachert werden. Die postromantisch-sachliche bis zynische Variante dieser romantischen Einsicht klingt in Schlagerversen nach, die Marlene Dietrich unsterblich gemacht hat:

> Wer wird denn weinen, wenn man auseinander geht,
> Wenn an der nächsten Ecke schon ein Anderer steht?
> Man sagt Auf Wiedersehen und denkt beim Glase Wein:
> Na schließlich wird der Andere auch ganz reizend sein.[3]

Gegen den zynisch-frivolen Sound dieses Songs revoltiert das romantische Pathos der Liebe und der Leidenschaft. Ihr binärer Leitcode ist die Emphase „Du und kein(e) andere(r)“[4]. Solche Emphase liegt mit der sachlichen Feststellung, dass noch und gerade die Liebe das Wandern liebt, im nicht zu lösenden Widerstreit. Auch die Ausnahmefigur des Fliegenden Holländers hat ein ungleiches Äquivalent; der ewige Seefahrer und der endliche, erdverbundene Jäger Erik haben bei aller prototypischen Differenz die Gemeinsamkeit, Senta zu lieben und von ihr, wenn auch zeitverschoben, geliebt zu werden. Genau das aber können sie beide – eine weitere Gemeinsamkeit – nicht ertragen:

> ERIK
> Was hör‘ ich! Gott, was muß ich sehen!
> Muß ich dem Ohr, dem Auge trau‘n?
> Senta! Willst du zu Grunde gehen?
> Zu mir! Du bist in Satan‘s Klau‘n!

[3] Der Song stammt aus der Operette *Die Scheidungsreise* von Hugo Hirsch, die 1918 in Berlin uraufgeführt wurde.

[4] Vgl. Luhmann 1982.

HOLLÄNDER
Erfahre das Geschick, vor dem ich dich bewahre! –
Verdammt bin ich zum gräßlichsten der Loose:
zehnfacher Tod wär' mir erwünschte Lust!
Vom Fluch ein Weib allein kann mich erlösen,
ein Weib, das Treu' bis in den Tod mir weiht ...
Wohl hast du Treue mir gelobt, doch vor
dem Ewigen noch nicht: – dieß rettet dich!
Denn wiss', Unsel'ge, welches das Geschick,
das Jene trifft, die mir die Treue brachen: –
ew'ge Verdammniß ist ihr Loos! –
Zahllose Opfer fielen diesem Spruch
durch mich! – Du aber sollst gerettet sein. –
Leb' wohl! – Fahr' hin, mein Heil, in Ewigkeit! (1, 290)

Das ist eine exquisite Konstellation. Der Holländer will verhindern, dass Senta, die ja Erik (ein in sich gedoppelter Name: Erik – Erich – Er/Ich) verlobt, aber zugleich der Imago des Fliegenden Holländers verfallen war, aufgrund ihrer vergangenen und ihrer absehbaren Untreue der ewigen Verdammnis anheimfällt. Und also will er sich aus Liebe von ihr trennen, bevor es überhaupt zum absoluten Liebesbündnis kommt. Dieser Opferbereitschaft aber begegnet Senta ihrerseits mit ihrem Opfertod. Sie macht jede künftige Untreue, jede Versuchung, der Logik der Äquivalenz anheimzufallen, unmöglich, indem sie sich opfert und in die Tiefe des Meeres stürzt. Wenn aber beide Liebenden sich für den oder die andere opfern, so ist das Opfer geopfert – und beide sind erlöst, erlöst auch aus der Logik der ökonomischen (Aus-)Lösung. Aus der verkauften Braut, die ihrem Vater einen erhabenen Erlös einbringt, ist der Engel der Erlösung geworden. Aber noch diese Transfiguration hat ihren Preis: unter Bedingungen einer irdischen Befristungs- und Äquivalenz-Ökonomie ist die absolute Liebe nicht zu realisieren. Selbst die von Senta gesungenen Schluss- und Schlüsselworte „Preis" und „Gebot" haben deshalb einen knirschenden ökonomisch-religiösen, profan-sakralen Doppelsinn.

SENTA
Preis' deinen Engel und sein Gebot!
Hier sieh' mich, treu dir bis zum Tod!
(Sie stürzt sich in das Meer; in demselben Augenblicke versinkt das Schiff des Holländer's und verschwindet schnell in Trümmern. – In weiter Ferne entsteigen dem Wasser der Holländer und Senta, beide in verklärter Gestalt; er hält sie umschlungen.)
(Der Vorhang fällt.)

Fest umschlungen halten eine göttlich-schöne Frau auch zwei Riesen. Fafner und Fasolt haben Freia als Geisel genommen, um ihre Preis-Forderungen für geleistete Schwerstarbeit, den Bau von Walhall, gegenüber dem obersten Gott Wotan durchsetzen zu können. Auch *Rheingold* ist, wie der *Fliegende Holländer*, ein Drama über männliches „Schächergewerbe". Wagner hat den schon zu seiner Zeit antiquierten Begriff „Schächer" häufig verwendet. Der jeweilige Kontext bei Wagner verweist weniger auf die beiden Verbrecher / Schächer, die zusammen mit Jesus gekreuzigt werden (Mt 27,44; Mk 15, 32), als vielmehr auf denjenigen, der „Schacher" treibt. „Schacher", so heißt es im Grimmschen Wörterbuch, bedeutet „kleinhandel, besonders gewinnsüchtiger hausirhandel, gewöhnlich von den juden, in verächtlichem sinne gebraucht: er hat bei dem schacher selbst seine kurfürstlichen gnaden übers ohr gehauen. Alexis hosen des herrn v. Bredow 1, 1, 182." Das von „Schacher" abgeleitete Wort „Schächer" kommt bei Wagner u.a. im Entwurf *Wieland der Schmied* (1849) vor, und es spielt in der Polemik des großen Essays *Oper und Drama* (1850) gegen die „Herren und Schächer der großen Opernwelt" (3, 266), die noch die erhabene Kunst wirtschaftlichen Interessen unterwerfen, eine entscheidende Rolle.[5] Auffallend ist, dass Wagner

[5] Wagners Jahrgangsgenosse Georg Büchner liefert einen von vielen Belegen für die Präsenz des Wortes ‚Schächer" im neunzehnten Jahrhundert. In *Dantons Tod* wird Robespierre eine gegen ihn gerichtete Publikation überreicht, in der er liest: „Dieser Blutmessias

sowohl im *Ring* als auch im *Parsifal* den (zumindest latent antisemitisch besetzten Begriff) Schacher als Äquivalent zu Gewalt versteht und kritisiert. Eine seltsame Konstellation: Donner weiß, wo der Hammer hängt, und so will er den Riesen, die ja nicht unter einem Mangel an Körperkraft leiden und die auch nicht Klein-, sondern Immobiliengroßhandel treiben, mit Gewalt die Lust am unwürdigen Geschacher austreiben – doch da schreitet Wotan ein:

> DONNER
> *(den Hammer schwingend.)*
> Schon oft zahlt‘ ich
> Riesen den Zoll;
> schuldig blieb ich
> Schächern nie;
> kommt her! des Lohnes Last
> geb‘ ich in gutem Gewicht!
>
> WOTAN
> *(seinen Speer zwischen den Streitenden ausstreckend.)*
> Halt, du Wilder!
> Nichts durch Gewalt!
> Verträge schützt
> meines Speeres Schaft:
> spar‘ deines Hammers Heft! (5, 221 sq.)

Auch Siegfried will es dem überdimensionalen Wurm Fafner zeigen, nicht mit dem Hammer, sondern mit dem von ihm virtuos geschmiedeten Schwert:

> Nothung! Nothung!
> Neu und verjüngt!
> Zum Leben weckt‘ ich dich wieder.
> Todt lagst du
> in Trümmern dort,

Robespierre auf seinem Kalvarienberge zwischen den beiden Schächern Couthon und Collot, auf dem er opfert und nicht geopfert wird.“ (Büchner 1980, S. 27 – Szene I/6).

jetzt leuchtest du trotzig und hehr.
Zeige den Schächern
nun deinen Schein! (6, 122)

Auf Schacher lässt sich Siegfried nicht ein, auf Schächer wie Fafner und Mime muss er sich aber einlassen. Er zieht sie aus dem Handelsverkehr und verkennt dabei nicht, dass noch der kleine Zwerg und der monströse Riese bei aller Feindschaft eine Gemeinsamkeit haben – eben die, Schächer zu sein. Und so erleiden beide, Fafner wie Mime, das gleiche, das äquivalente Schicksal, von Siegfried, bei dem der Schächer-Appell „Nur sacht!" nicht verfängt, erschlagen zu werden.

SIEGFRIED
So grimm und tückisch er (Fafner) war,
sein Tod grämt mich doch schier,
da viel üblere Schächer
unerschlagen noch leben!
Der mich ihn morden hieß (Mime),
den hass' ich mehr als den Wurm.

MIME
Nur sacht'! (6, 145)

Sacht zu handeln ist nicht Siegfrieds Stärke. Das teilt er mit Parsifal, der wie er selbst als wildes Kind fern aller Zivilisation, die nun einmal durch friedlichen Handel / Schacher geprägt ist, aufwächst. Es ist eigenartig, dass noch im Bühnenweihfestspiel, das sich anders als der *Fliegende Holländer*, der *Ring* und *Die Meistersinger* nicht auf die Niederungen der Ökonomie einzulassen scheint, das Wort „Schächer" aufblitzt – in einem Kontext, in dem es explizit um die Frage geht, was gut und böse sei.

PARSIFAL
(...) mein Bogen mußte mir frommen
gegen Wild und große Männer.

KUNDRY
(eifrig.)
Ja, Schächer und Riesen traf seine Kraft:
den freislichen Knaben fürchten sie Alle.

PARSIFAL
Wer fürchtet mich? Sag'!

KUNDRY
Die Bösen.

PARSIFAL
Die mich bedrohten, waren sie bös'?
(Gurnemanz lacht.)
Wer ist gut? (10, 337)

Gute Frage, die da den ansonsten durchweg ernsten Gurnemanz zum Lachen bringt. Gute und Böse schachern in Wagners Werken miteinander, sie streiten sich hingebungsvoll, getreu der Einsicht, dass zwei, die sich streiten, dasselbe tun, eben sich zu streiten. Und häufig genug setzen sie durch Mord und Totschlag dem Schachern ein (vorläufiges) Ende. Männer kämpfen, handeln und verhandeln mit Männern um Macht, Reichtum und Frauen – Alberich gegen Mime, Wotan und Loge gegen Alberich („ALBERICH [zu Loge, J.H.]: Schändlicher Schächer! / du Schalk! du Schelm!" [5, 248]), die Götter gegen die Riesen, Fafner gegen Fasolt, Siegmund gegen Hunding („SIEGLINDE. Der Männer Sippe / saß hier im Saal, / von Hunding zur Hochzeit geladen: / er frei'te ein Weib, / das ungefragt / Schächer ihm schenkten zur Frau." [6, 14]). Auffallend häufig sind Frauen die wertvollen Objekte, um die es bei Schacher und Totschlag geht. Frauen haben (mit der halben Ausnahme von Erda) in *Rheingold* wenig zu sagen, aber viel zu klagen. Die Rheintöchter, die nicht verhindern können, dass Alberich ihrem Vater das Gold raubt, aber auch Fricka und Freia sind geradezu systematisch in der Position der Ohnmacht. In ihren Ohren muss die Wendung von „Weibes Wonne und Wert", dem nichts gleichkomme, wie blanker Hohn klingen.[6] Immerhin hat Fricka keine Hemmung, dem Göttergatten Wotan deutlich die Meinung zu sagen.

FREIA
So ohne Scham
verschenktet ihr Frechen
Freia, mein holdes Geschwister,
froh des Schächergewerb's. –
Was ist euch Harten,
doch heilig und werth,
giert ihr Männer nach Macht! (5, 215)

Das ist frühfeministischer Klartext. Eine göttliche Frau wirft ihrem göttlichen Mann vor, seine Freude am „Schächergewerbe", also am Inbegriff des Profanen zu haben und darüber alles Heilige und absolut Wertvolle zu vernachlässigen. Aber auch Wotans Replik hat es in sich. Denn sie weist den Vorwurf nicht etwa zurück, sondern akzeptiert ihn. Allerdings mit dem Hinweis, dass Fricka nicht weniger ökonomisch denkt und handelt als er, dass sie also ihm gleich / äquivalent sei.

WOTAN
Gleiche Gier
war Fricka wohl fremd,
als selbst um den Bau sie bat?

Wagners immer wieder unterschätzte Kunst, beziehungsreich zu texten, bewährt sich auch in dieser Passage. Denn Frickas Antwort akzeptiert ihrerseits den erhaltenen Vorwurf, macht aber zugleich darauf aufmerksam, dass ihre Ökonomie buchstäblich eine Oikos-Nomie, eine Haus-Wirtschaft sein will, die den auf ständiger Äquivalenzsuche befindlichen Wanderer an den heimischen Luxusherd binden soll.

---

6 Vgl. dazu Elfriede Jelineks mäanderndes, nicht sonderlich präzise argumentierendes Buch *Rein Gold - Ein Bühnenessay* (Reinbek – welch hübsche Assonanz zwischen Titel und Verlagsort - 2013).

FRICKA
Um des Gatten Treue besorgt
muß traurig ich wohl sinnen,
wie an mich er zu fesseln,
zieht's in die Ferne ihn fort:
herrliche Wohnung,
wonniger Hausrath,
sollten mit sanftem Band
dich binden zu säumender Rast.

Dass Frickas Wunsch, Wotan an sich und das gemeinsame Haus zu binden, scheitert, ist offensichtlich. Hat er, der Lichtalbe, doch eine starke Gemeinsamkeit mit seinem Antipoden, dem Schwarzalben Alberich. Auch dieser versteht sich aufs Schächergewerbe, auch er ist unausgesetzt auf Äquivalenzsuche. Das verdeutlicht schon sein Name: Alberich – Alb/er/ich. Dieser Name ist dem Eriks aus dem *Fliegenden Holländer* verwandt. Beide müssen feststellen, dass „er" (der Holländer bzw. Wotan) und „ich" (Erik bzw. der Schwarzalbe) Gemeinsamkeiten haben, die dem jeweils Anderen seiner selbst eher unangenehm, ja ein Alb sein dürften. Wotan vereint die Vokale A wie Alpha / Anfang und O wie Omega / Ende in seinem Namen – wenn auch in „falscher" Reihenfolge: erst kommt das Ende (O), dem dann der Anfang (A) folgt; die Götterdämmerung ist Untergang und Aufgang zugleich. Gemeinsam ist Alberich und Wotan die Lust am „Schächergewerbe", die die Lust an „Weibes Wonne und Wert" offenbar noch übersteigt. Für Alberich versteht sich das gewissermaßen von selbst. Wird er doch als die Figur eingeführt, die schnell bereit ist, sich einer anderen Frau / Rheintochter zuzuwenden, wenn er von der ersten bzw. zweiten einen Korb erhalten hat. Schon die erste *Rheingold*-Szene macht unmissverständlich deutlich, dass für Alberich, in dessen „Gliedern" nach eigener Aussage „brünstige Gluth brennt und glüht" (5, 208), eine Frau wie die andere, also ein Äquivalent ist. So reagiert er auf die Abfuhr seines Begehrens mit der einigermaßen gelassenen Überlegung, dass er es eben mit drei gleichwertigen, weil gleich begehrenswerten Frauen zu tun hat.

ALBERICH
Holder Sang
singt zu mir her. –
Wie gut, dass ihr
eine nicht seid!
Von vielen gefall' ich wohl einer:
von einer kies'te mich keine! – (5, 206)

Erst nachdem alle drei Rheintöchter gleichermaßen Alberichs brünstiger Glut spöttisch abweisend begegnet sind, gibt es der Schwarzalbe auf, innerhalb der erotischen Sphäre nach weiteren äquivalenten Objekten zu suchen. Er lässt sich vielmehr auf eine ganz große Äquivalenz ein – Gold statt Liebe. Auf diesen ungeheuren Äquivalenz-Gedanken hat ihn der unschuldige (?) Gesang der Rheintöchter selbst gebracht:

WOGLINDE
Nur wer der Minne
Macht versagt,
nur wer der Liebe
Lust verjagt,
nur der erzielt sich den Zauber,
zum Reif zu zwingen das Gold.

WELLGUNDE
Wohl sicher sind wir
und sorgenfrei:
denn was nur lebt will lieben;
meiden will keiner die Minne.

WOGLINDE
Am wenigsten er,
der lüsterne Alb:
vor Liebesgier
möcht' er vergeh'n! (5,211)

Das ist nun eine glatte Fehleinschätzung. Zwar ist Alberich brünstig, heiß und glühend und zwar so sehr, dass ihm interessanter Weise auch nach seinem Gold-für-Liebe-Tausch noch Energie und Lust genug bleibt, um einen bemerkenswert vitalen Sohn zu zeugen: Hagen.[7] Dennoch möchte er, der zwischen Lust und Liebe unterscheidet, eben nicht vor „Liebesgier", sondern allenfalls vor „Lust" vergehen. Nein: nicht vergehen, sondern überleben. Und also vergeht er sich am Rheingold. Wagner hat ein bemerkenswertes Talent, der Ambivalenz von Worten wie „vergehen" nachzuhören und sie auszukomponieren. „Vergehen" ist ein solches Wort. Es meint erstens den Regelverstoß, ja das Verbrechen, zweitens die Vergänglichkeit (in Wagners klassischen Worten: „alles, was ist, endet") und drittens auch das Gehen in die falsche Richtung. Alberich hat sich verrannt, wenn er sich an den Rheintöchtern und am Rheingold vergeht, aber er, der der Minne Macht entsagt, wird so schnell nicht vergehen. Seinem Sohn Hagen bleibt in Wagners monumentaler Tetralogie, die ja keinen Mangel an Leichen kennt, das letzte Wort – „zurück vom Ring!" Aber es wird eben auch sein letztes Wort sein; die Rheintöchter ziehen Hagen mit sich in die Tiefe des Wassers, in der er versinken, ertrinken wird, ohne unbewusst höchste Lust zu erfahren. Sein Vater Alberich aber wird nicht vergehen; ihm bleibt ein starker Abgang versagt, er zählt wie die Rheintöchter zu den wenigen Überlebenden der *Ring*-Handlung. Da Brünnhilde vor ihrem Feuertod den Ring an die Rheintöchter zurückgegeben hat, kann rein figuren- und requisitentechnisch die gewaltige Handlung erneut beginnen. Die ersten Figuren, die Rheintöchter und Alberich, werden auch die letzten (gewesen) sein. Auf die *Götterdämmerung* folgt das *Rheingold* – ewige Wiederkehr des Immergleichen? Die Bayreuther Festspiele sorgen ja für die ebenso rituelle wie pragmatische Umsetzung genau dieser Idee.[8]

---

[7] Möglich ist natürlich auch die Vermutung, dass Alberich Hagen schon vor seinem erfolglosen Flirt mit den Rheintöchtern zeugte.

[8] Vgl. dazu Buchner 2013.

Systematisch koppelt Wagners Ring wertvolle Dinge (die häufig fetischistisch aufgeladen[9] sind wie das Gold, den Ring, den Tarnhelm, das Schwert) an Personen, die heftig miteinander darüber streiten, wie wertvoll diese Dinge sind, die aber durchweg von ihrem eigenen Wert überzeugt sind. Heikel, krisen- und eskalationsträchtig wird diese Wertkonstellation immer dann, wenn Personen und Dinge äquivalent gesetzt werden, wie paradigmatisch in der Szene, in der eine Person (Freia) als Pfand dient und ausgelöst wird (Dinge für Personen) oder umgekehrt eine Person (Alberich) als Äquivalent für ein Ding (Ring) zählt: Schacher allenthalben. Selbst der oberste Gott Wotan, ein notorischer Womanizer und erotomaner Dauerfremdgänger, ist bereit, bei diesem zugleich ernsten und frivolen Spiel der Äquivalenzen zwischen Dingen und Personen mitzumachen. Der Vorabend der Tetralogie führt ihn unmissverständlich als die Figur ein und vor, die, wenn auch mitunter voll Unbehagen, sich auf die Verträge einlässt, die verbindlich Gleich-Gültigkeiten zwischen Dingen und Personen etablieren. Ein Vorspiel mit lauter konkurrierenden, präpotenten, verdinglichungswilligen Männern: Alberich, Wotan, die Riesen. In der *Walküre* haben sich die Geschlechterverhältnisse entschieden verändert. Als Töchter von Wotan und Erda, die anders als Freia nicht zur Disposition von Schächern stehen, sondern den obersten Gott weise und weit über heutigem Consulting-Niveau beraten, treten die neun Walküren machtvoll in Erscheinung. Frauen überwiegen in diesem Musikdrama die Männer nicht nur numerisch. Brünnhilde, acht weitere Walküren, Fricka und Sieglinde, also elf in je unterschiedlicher Weise heroischen Frauen, stehen drei Männern gegenüber, von denen nur der erste Anspruch auf unsre Sympathie stellen darf: Siegmund, Hunding und Wotan. Diese Frauen sind nicht mehr

[9] Vgl. zur Konjunktur des Fetischismus im neunzehnten Jahrhundert Böhme 2006 und Hörisch 1996 (Kap. III/3: Geld: Symbol, Allegorie, Fetisch).

ausschließlich in der Position der aussichtslosen Unterlegenheit wie in *Rheingold*, wo vier Götter (Wotan, Donner, Froh und Loge), zwei Nibelungen (Alberich und Mime) sowie zwei Riesen, also insgesamt sechs Männer (die vielen Nibelungen, die versklavt das Gold zum Ring verarbeiten müssen, nicht mitgezählt) ausgewogen sechs Frauen gegenüberstehen (den Göttinnen Fricka, Freia und Erda sowie den drei Rheintöchtern). Die Wende im Geschlechterverhältnis, die *Die Walküre* im Vergleich zu *Rheingold* nimmt, ist deutlich. Sieglinde befreit sich mit Hilfe ihres Zwillingsbruders aus der Zwangsehe mit Hunding, Fricka setzt ihren Willen triumphal gegen Wotan durch, und die Walküren, denen es ersichtlich nicht an Selbstbewusstsein mangelt, erschlagen männliche Helden ohne Zahl.

Dieser starke Gegenakzent zu den Geschlechterverhältnissen, die am Vorabend der Tetralogie herrschten, wird allerdings am Ende der *Walküre* zurückgenommen und relativiert. Wotan denunziert seine Walküren-Töchter als „weichherziges Weibergezücht" (6, 71), und er depotenziert seine Lieblingstochter Brünnhilde zuerst in demütigender und sodann in einer Weise, die man nicht anders als kompromissbildend charakterisieren kann. Sie verliert ihre göttlichen Qualitäten und soll nicht mehr jedem herbeigelaufenen Mann, sondern nur dem unvergleichlichen Helden anheimfallen, der es wagt, den Feuerkreis zu durchschreiten, der Brünnhilde umschließt. Nur ein wirklich freier Geist darf Freier dieser Frau werden – wieder einmal riskiert Wagner ein frei assoziierendes und eben deshalb aufschlussreiches Wortspiel. Aus dem barschen Strafwort

> In wehrlosen Schlaf
> schließe ich dich;
> der Mann dann fange die Maid,
> der am Wege sie findet und weckt. (6, 74)

wird das zärtliche Gebot, das eine Selbstabwertung des männlichen Gottes zugunsten eines menschlichen Helden einschließt:

einer nur freie die Braut,
der freier als ich, der Gott! (6, 83)

Siegfried wird nach der feminin dominierten *Walküre* ein fast nur von Männern bestrittenes Musikdrama sein. Schon der Titel zeigt an, dass nun ein Mann das Sagen haben soll. Fünf Männer (der mutterlos großgewordene Siegfried, Mime, der Wanderer, Alberich und Fafner) stehen nur zwei Frauen gegenüber (Erda und Brünnhilde). Emphatischer und enthusiastischer als bei Siegfried und Brünnhilde aber könnte die liebe- und lustvolle Vereinigung von Mann und Weib und Weib und Mann nicht ausfallen. Sie reichen vereint an die Gottheit ran, obwohl oder eben weil die Frau ihren göttlichen Status verloren hat und der Mann freier als der Gott, genauer, freier als der göttliche Vater (von Brünnhilde) bzw. Großvater (von Siegfried) ist – was die delikate Implikation hat, dass die leidenschaftlich Liebenden im Verwandtschaftsverhältnis von Tante zu Neffe stehen, Siegfried also den Inzest, dem er sein Leben verdankt, fortsetzt. Nicht trotz, sondern wegen der schon dadurch deutlichen souveränen Ignoranz gegenüber Tabus und Gesetzen ist das „Schächergewerbe" und das ihm liierte Vertrags- und Ersatzwertwesen endlich außer Kraft gesetzt und überwunden. Auf Inzest setzen heißt eben auch, Frauen nicht zu Tauschobjekten im Verkehr mit anderen Stämmen zu machen, wie der strukturalistische Ethnologe und Wagnerianer Claude Lévi-Strauss herausgestellt hat.[10]

Weibes Wonne und Wert treten am Ende des zweiten Tages der Tetralogie strahlend in Erscheinung. Diese beiden, Brünnhilde und Siegfried, sind füreinander und nur füreinander bestimmt. Sie sind ganz dem Code der leidenschaftlichen Liebe verpflichtet, der keine Ersatzwerte zulässt – du, nur du allein; er/sie liebt nur mich, das lass ich mir nicht rauben. Beide feiern eine Liebe, welche höher ist denn alle Vernunft, die x-y-Gleichungen und also Äquivalenzen bzw. Ersatzwerte berech-

[10] Vgl. 1981, S. 60f. und S. 580f.

nen muss. Umso bestürzender ist es, feststellen zu müssen, dass diese Emphase der Unverwechselbarkeit und Unvertauschbarkeit in der *Götterdämmerung* kollabiert. Der Doppelsinn, ja der dreifache Sinn des Wortes Passion macht sich am Ende der Tetralogie geltend. Brünnhilde, die leidenschaftlich Liebende, leidet wie keine Frau vor ihr, weil sie ganz und gar in die Rolle der Passiven gepresst wird – in ihrer Passion vereinen sich in gespenstischer Weise Leidenschaft, Leiden und Passivität. Sie wird zum Äquivalent, zum Ersatzwert für eine andere und für einen anderen. In der Gestalt Gunthers – die Tarnkappe ermöglicht die Herstellung auch visueller Gleichheiten – zwingt Siegfried Brünnhilde zur Ehe. Die Emphase der Einzigartigkeit jenseits aller Tauschlogik hat ein Ende. Siegfried erhält Gutrune als Äquivalent für Brünnhilde, Gunther muss Siegfried an der Seite Brünnhildes ersetzen. Brünnhildes Entsetzen über diese Tauschbewegungen des Ersetzens ist grenzenlos und ohnegleichen.

Die *Götterdämmerung*, in der vier Männer (Siegfried, Gunther, Hagen und Alberich) neun Frauen (Brünnhilde, Gutrune, Waltraute, den drei Nornen und den drei Rheintöchtern; hinzu kommen „Mannen. Frauen", wie Wagners Liste der dramatis personae lakonisch vermerkt) gegenüberstehen, kehrt zum „Schächergewerbe", wie *Rheingold* es vorführte, zurück. Nun aber, in der Abenddämmerung des dritten Tags der Tetralogie, werden anders als an ihrem Vorabend nicht dingliche Fetischwerte wie Gold, Ring und Tarnkappe gegen eine Person (Freia) getauscht bzw. eingelöst, vielmehr werden Personen (Brünnhilde-Gutrune, Siegfried-Gunther) selbst Substitute füreinander. Wonnevolle Erfahrungen wie die der Vereinigung mit Siegfried macht Brünnhilde nicht mehr, und für Wonnegefühle bei ihrem Ersatzgemahl Gunther wird sie nicht sorgen. Damit aber ist ihr Dasein völlig entwertet. Den obersten Wert jenseits aller vertauschbaren Einzelwerte gibt es nicht mehr, er ist in sich zerfallen. Und mit diesem Wert, der höher ist als alle Vernunft und höher als alle Werte, die der ökonomische Verstand kalkulieren kann, zerfällt auch der Wert, der traditionell als der ultimative gilt: Der göttliche Wert. Götterdämmerung – das ist eine pluralische Wendung nicht nur deshalb, weil in Wagners Werk mehrere Götter das Sagen haben, sondern auch deshalb, weil es neben den Göttern noch andere gottgleiche Werte gibt, die sich nicht miteinander vertragen, die nicht per Vertrag gleiche Gültigkeit aushandeln können, Werte wie Macht, Besitz und Liebe.

Man kommt der Tiefenstruktur von Wagners grandiosem opus magnum näher, wenn man nicht davor zurückscheut, es auch oberflächlich zu betrachten. In der Mitte des vierteiligen Werkes stehen ein Gattungs- und ein Eigenname: *Die Walküre* und *Siegfried*. Eingerahmt werden diese auf unverwechselbare Individualitätsgeschichten fokussierten Werkteile durch ein eröffnendes bzw. durch ein abschließendes Werk, die schon im Titel anzeigen, dass es hier nicht um unverwechselbare individuelle Geschichten geht. *Rheingold* bezeichnet ein wenn auch außerordentlich wertvolles Material, aus dem sich Dinge wie der Ring und die Tarnkappe formen lassen, mit deren Hilfe Zwerge und Riesen, Menschen und Götter Macht über Dinge und Menschen ausüben wollen. Sie müssen alle mitsamt die eigentümliche Erfahrung machen, der schon in der Homunculus-Szene von Goethes *Faust* Mephisto Ausdruck verlieh: „Am Ende hängen wir doch ab / Von Kreaturen, die wir machten." Wagner radikalisiert dieses Motiv. Die Protagonisten des *Rings* hängen nicht nur von selbstgeschaffenen Kreaturen, sondern vielmehr von Dingen ab, die zu wertvollen Waren wurden, um die geschachert und um derentwillen bis aufs Blut gekämpft wurde. Die *Götterdämmerung* macht schließlich deutlich, dass noch und gerade die oberste Leitungsebene nicht mehr in der Lage ist, den Prozess der Verdinglichung zu kontrollieren. Es gehört zu den selten bedachten Paradoxien von Wagners Ring, dass Götter ausgerechnet im letzten Teil des Werkes, das sie doch in seinem Titel aufführt, nicht vorkommen. Wotan und Loge, um von Fricka, Frohe und Donner zu schweigen, haben in der *Götterdämmerung* nichts mehr zu sagen bzw. zu singen. Sie sind von Subjekten des Aussagens zu Subjekten in den Aussagen anderer geworden. Dingliche Werte sind nicht länger Instrumente von Welt-Kontrolle und Macht, sondern selbst machtvolle Agenten bzw. Agenten der Macht, die Subjekte, und seien es göttliche Subjekte, auf den tiefen Sinn ihres Begriffs aufmerksam machen – eben Sub-jekte, d.h. Unterworfene zu sein, Ding-Werten untertan zu sein.

Verdinglichung / Äquivalenzen: Richard Wagner (1813-83) und Karl Marx (1818-1883) sind Zeitgenossen, die noch 1848/49 die starke Gemeinsamkeit hatten, der März-Revolution zum Erfolg verhelfen zu wollen. Gemeinsam ist ihnen bei allen anderen unüberseh- und unüberhörbaren Differenzen auch die hohe Aufmerksamkeit für das Phänomen der Verdinglichung. Der Begriff kommt in Marxens Hauptwerk *Das Kapital* genau zweimal vor. Er bringt theoretisch das Problem auf den Punkt, das Wagners *Ring* unablässig umkreist, eben das der Verdinglichung, mit welchem Begriff Marx die „Personifizierung der Sachen und die Versachlichung der Produktionsverhältnisse" zu fassen und als „Religion des Alltagslebens" im Kapitalismus zu verstehen versucht. In Marxens Worten: „Im Kapital – Profit, oder noch besser Kapital – Zins, Boden – Grundrente, Arbeit – Arbeitslohn, in dieser ökonomischen Trinität als dem Zusammenhang der Bestandteile des Werts und des Reichtums überhaupt mit seinen Quellen ist die Mystifikation der kapitalistischen Produktionsweise, die Verdinglichung der gesellschaftlichen Verhältnisse, das unmittelbare Zusammenwachsen der stofflichen Produktionsverhältnisse mit ihrer geschichtlich-sozialen Bestimmtheit vollendet: die verzauberte, verkehrte und auf den Kopf gestellte Welt, wo Monsieur le Capital und Madame la Terre (Marx ist wie Wagner bemerkenswert gendersensibel, J.H.) als soziale Charaktere und zugleich unmittelbar als bloße Dinge ihren Spuk treiben. Es ist das große Verdienst der klassischen Ökonomie, diesen falschen Schein und Trug, diese Verselbständigung und Verknöcherung der verschiedenen gesellschaftlichen Elemente des Reichtums gegeneinander, diese Personifizierung der Sachen und Versachlichung der Produktionsverhältnisse, diese Religion des Alltagslebens aufgelöst zu haben."[11]

Fünfzig Seiten später nimmt Marxens dreibändiges Hauptwerk, das nicht weniger monumental und megaloman ausfällt als Wagners gleichzeitig entstandene Tetralogie, den Begriff „Verdinglichung" erneut auf, wenn er auf „die ganze Wertbestimmung und die Regelung der Gesamtproduktion durch den Wert" zu sprechen kommt. „In dieser ganz spezifischen Form des Werts gilt die Arbeit einerseits nur als gesellschaftliche Arbeit; andrerseits ist die Verteilung dieser gesellschaftlichen Arbeit und die wechselseitige Ergänzung, der Stoffwechsel ihrer Produkte, die Unterordnung unter und Einschiebung in das gesellschaftliche Triebwerk, dem zufälligen, sich wechselseitig aufhebenden Treiben der einzelnen kapitalistischen Produzenten überlassen. Da diese sich nur als Warenbesitzer gegenübertreten und jeder seine Ware so hoch als möglich zu verkaufen sucht (auch scheinbar in der Regulierung der Produktion selbst nur durch seine Willkür geleitet ist), setzt sich das innere Gesetz nur durch vermittelst ihrer Konkurrenz, ihres wechselseitigen Drucks aufeinander, wodurch sich die Abweichungen gegenseitig aufheben. Nur als inneres Gesetz, den einzelnen Agenten gegenüber als blindes Naturgesetz, wirkt hier das Gesetz des Werts und setzt das gesellschaftliche Gleichgewicht der Produktion inmitten ihrer zufälligen Fluktuationen durch. ... Es ist ferner schon in der Ware eingeschlossen, und noch mehr in der Ware als Produkt des Kapitals, die Verdinglichung der gesellschaftlichen Produktionsbestimmungen und die Versubjektivierung der materiellen Grundlagen der Produktion, welche die ganze kapitalistische Produktionsweise charakterisiert."[12] Richard Wagner, der bei all seinem unbändigen Mittei-

---

[11] Marx 1968b, S. 838.

[12] A.a.O., S. 887.

lungsdrang nie ein Wort über Karl Marx verloren hat, obwohl er schon früh über die gemeinsamen Freunde und Bekannten (Heinrich Heine, Georg Herwegh, Ferdinand Freiligrath, Michael Bakunin, Karl Gutzkow – um nur sie zu nennen) mit seiner Existenz und seinen Ideen vertraut war, hat *Das Kapital* vertont. Dabei aber erklingen auch Thesen, Theoreme und Motive, die Marx, der seinerseits Wagner aufmerksam beobachtete und so scharfzüngig wie mitteilungsbedürftig analysierte, weitgehend ausgeblendet hat. Richard Wagner hat die Ökonomietheorie von Karl Marx um religionsanalytische und erotologische Motive erweitert. Diese sind bei Marx zwar auch zu finden, wie seine Wendungen von „Monsieur le Capital" und „Madame la Terre" bzw. die soeben zitierte Trinitätstheorie des Kapitals und die berühmte Formel von den „metaphysischer Spitzfindigkeiten und theologischer Mucken"[13] der Waren- und Geldform aus dem Fetischismus-Kapitel des *Kapital* mehr als nur andeuten.

Wagner aber setzt einen anderen musikdramatischen Akzent als Marx, er ist, musisch gedopt, enthemmter als der Kapitaltheoretiker, wenn er das Schächergewerbe analysiert. Für Wagner steht ungleich pointierter als für Marx fest, dass der sich selbst als kalkulierend und rational beschreibende Kapitalismus der Stoff ist, aus dem die irrationalen und eben deshalb spannenden Geschichten gewebt sind.[14] Wagner bringt die libidinöse Ökonomie und die ökonomisierte Libido zum Erklingen und zum Tanzen.

---

[13] Marx 1968a, S. 85.

[14] Kapitalismus ist unkritischer Irrationalismus, so lautet die Leitthese in Jochen Hörisch 2013.

Literatur

Wagners Werke werden mit Band- und Seitenzahl im laufenden Text belegt nach der Ausgabe Richard Wagner: Sämtliche Schriften und Dichtungen – Volksausgabe, Bände 1–12 und 16, Leipzig 1911.

Bataille, Georges: Das theoretische Werk, München 1975.

Böhme, Hartmut: Fetischismus und Kultur – Eine andere Theorie der Moderne, Reinbek 2006.

Buchner Bernd: Wagners Welttheater – Die Geschichte der Bayreuther Festspiele zwischen Kunst und Politik, Darmstadt 2013.

Büchner, Georg: Werke und Briefe, hg. Werner R. Lehmann, München / Wien 1980.

Hörisch, Jochen: Kopf oder Zahl – Die Poesie des Geldes, Frankfurt Main 1996.

Hörisch, Jochen: Man muss dran glauben – Die Theologie der Märkte, München 2013.

Jelinek Elfriede: Rein Gold – Ein Bühnenessay, Reinbek 2013.

Lévi-Strauss Claude: Die elementaren Strukturen der Verwandtschaft, (Paris 1948) Frankfurt Main 1981.

Luhmann Niklas: Liebe als Passion – Zur Codierung von Intimität, Frankfurt am Main 1982.

Lyotard, Francois: Die Analytik des Erhabenen – Kant-Lektionen, München 1994.

Marx, Karl: Das Kapital 1 – Marx-Engels-Werke, Bd. 23. Berlin 1968a.

Marx, Karl: Das Kapital 3 – Marx-Engels-Werke, Bd. 25. Berlin 1968b.

David Lohmann

Die Bank als Sündenbock

Vom schwierigen Umgang mit Schuld im professionellen Kreditgeschäft

Zunächst bedanke ich mich für Ihre Einladung. Es ist mir eine Freude und Ehre anlässlich Ihrer jährlichen Pfingsttagung zu Ihnen sprechen zu dürfen und damit eine wichtige Ergänzung des Bankensektors beisteuern zu können zu den mehr vom akademischen Standpunkt aus gehaltenen Vorträgen auf der Januar-Tagung „Wie auch wir vergeben unsern Schuldnern …" Es ist ja nicht gerade so, dass derzeit „Banker" die gefragtesten Referenten auf Veranstaltungen sind und man unsere Meinung zu bestimmten Themen besonders hoch schätzt. Unser Image ist ein wenig ramponiert, wir gelten als grundsätzlich habgierig, kaltherzig und kriminell. Seit der Lehman-Krise im Jahr 2008 sind „wir" die Bösen, die die Welt an den Rand des Abgrundes und Staaten, wie Griechenland und Irland in den Ruin getrieben haben. Unser Thema heute ist Kredit, oder besser: Schuld und Kredit. Und so sei die Anmerkung erlaubt, dass unser mieser Ruf erstaunlicherweise nicht an unserem rüden Verhalten als Kreditgeber liegt, sondern an unserem Verhalten an den Kapitalmärkten, an denen wir uns mit unseren Spekulationen gehörig verzockt haben. Mir würde hierzu jetzt vieles einfallen, was ich gerne sagen würde, angefangen von dem Hinweis, dass rd. 98 Prozent der in Deutschland zugelassenen Banken sogenannte „Nichthandelsbuch-Institute" sind, also auf eigene Rechnung überhaupt kein Investment-Banking, oder umgangssprachlich: Zockerei, betreiben dürfen, aber das würde a) den Rahmen sprengen und b) haben Sie das nicht geordert.

Und doch sind wir schon mitten im Thema: Die Bank(en) als Sündenbock. Denn, was gerade passiert in Bezug auf das öffentliche Verhalten und die politische Agitation Banken gegenüber, ist schon bemerkenswert. Natürlich stand am Anfang ein veritabler Schock: Der Zusammenbruch der damals zweitgrößten Bank der Welt. Dem folgte ein abrupter Vertrauensentzug der Banken untereinander, wodurch der Geldmarkt, das kurzfristige Leihgeschäft von Geld zwischen den Banken, vollständig zum Erliegen kam. Daraufhin kamen dann einige Banken in arge Refinanzierungsprobleme und gerieten in Schwierigkeiten. Und schon „brannte die Heide". In Deutschland sind die bekanntesten Namen von Instituten, denen in der Krise das Geld als kurzfristige Liquidität ausging, die DePfaBank oder HRE (Hypo Real Estate), die IKB (Industrie Kreditbank) oder die Commerzbank. Insofern ist die Finanzkrise, von der wir als Folge der Lehman-Pleite gern sprechen, bei genauerer Betrachtung eine Liquiditätskrise gewesen. Einigen Banken ging schlicht die kurzfristige Liquidität aus, weil sich die Banken untereinander nach der Lehman-Pleite nicht mehr trauten und kein Geld mehr liehen. Die Europäische Zentralbank musste als Feuerwehr einspringen und den Banken die dringend notwendige Liquidität sichern. Und sie hat rückwirkend betrachtet in der heißen Phase der Krise ihren Job meisterhaft erfüllt.

Der Zusammenbruch der vormals stolzen und über jeden Zweifel erhabenen Investmentbank Lehman hat sehr viele Geschädigte hinterlassen. (Auch hier sei wieder eine Randbemerkung zugelassen: Die wenigsten haben ihr Geld tatsächlich verloren). Der größte Schaden aber, der angerichtet wurde, ist der nachhaltige Vertrauensverlust im Finanzmarkt. Heute traut niemand mehr irgendjemandem, und die Kreditvergabe unter den Banken funktioniert immer noch nicht wieder so richtig. Allerdings muss bei der Analyse der Finanzkrise auch eine differenziertere Sicht angewandt werden. Lehman und ihr Zusammenbruch waren ein Symptom und der Auslöser der dann folgenden Bankenkrise. Bereits vor der Lehman-Pleite aber hatte sich ein viel gefährlicheres Gemisch zusammengebraut. Viel zu lange schwelend und unbeachtet hatten die Staaten, allen voran die Peripherie-Staaten der Euro-Währungsunion, ungeniert ihre Kreditaufnahme ausgeweitet. Sie galten als vertrauenswürdig und bonitätsmäßig solide und hatten sich ein Schuldenmaß aufgehäuft, das in keinem Verhältnis mehr stand zur wirtschaftlichen Leistungsfähigkeit. Sie waren zu Schulden-Junkies mutiert, die ständig Nachschub brauchten mit frischem Kapital, um damit die Zinsen für ihre Altschulden begleichen zu können. Nur ganz wenige, besonders schlaue Finanzexperten hatten dieses gefährliche Gemisch erkannt und begannen, mahnend ihre Finger zu heben. Allein, sie wurden nicht gehört, und die Politik schwieg das Problem „Staatsschulden" tot. Man wollte den Kapitalfluss nicht beunruhigen.

In der Lehman-Krise waren aber plötzlich alle wesentlichen Kreditgeber, nämlich die Banken, nervös geworden und trauten niemandem mehr. Und sie besannen sich auf die bis dato ungehörten Rufe der Mahner und hinterfragten die Schuldentragfähigkeit der Staaten. In der Folge begannen, zunächst schleichend, die Zinsforderungen für Staatsanleihen aus der Euro-Peripherie nach oben zu schnellen. Es folgten die Prämien für die Ausfallversicherungen auf Staatsanleihen und dann begann die öffentliche Meinung, erste Fragen zu stellen; der Vulkan explodierte.

Dieser Teil der Krise Ende 2007 Anfang 2008 hat uns dann zwar fünf Jahre später mehr als erträglich beschäftigt, zu dieser Zeit aber blieb er erstaunlich unterbewertet. Wir hatten bereits Anfang 2008 eine ausgewachsene Staatsschuldenkrise, deren Auswirkungen auf die Bankenlandschaft weitaus verheerender gewesen sind, als die unmittelbaren Folgen aus der Lehman-Pleite. Europas Banken waren und sind die größten Gläubiger der Staaten der Europäischen Union. Während sie sich noch mit der Liquiditätskrise herumschlagen mussten und froh waren, wenn sie den nächsten Tag erlebten, schlich sich in ihre Bilanzen ein giftiges Gebräu. Da keiner mehr Staatsanleihen zu den alten Zinssätzen haben wollte, brachen die Kurse, zu denen die Anleihen an der Börse gehandelt werden können, dramatisch ein. Teilweise mussten die Banken ihre Staatsanleihen um 80 Prozent abwerten. Die daraus resultierenden Abschreibungsverluste, die über die Gewinn- und Verlustrechnung direkt in das Eigenkapital der Banken einschlugen, überforderten nicht wenige Bankbilanzen, weshalb es dann zu den uns allseits bekannten massiven Stützungen durch die Staaten kam, oder wie es plakativ immer wieder benannt wird: Durch die Steuerzahler. Den Rest kennen Sie.

Staaten und Volkswirtschaften kollabierten, weil ihnen die (Kredit-)Finanzierung ausging. Den Junkies wurde ihr Stoff entzogen, was sehr unschöne Reaktionen nach sich zog. Sie schlugen wild um sich und machten ganz schnell den Schuldigen aus. Nicht der Süchtige musste sich Vorwürfe machen. Nein, der Dealer war schuld, hatte er doch den Nachschub an Stoff sicher zu stellen. Die Banken sind schuld an der Staatsschuldenkrise. Denn diese bösen und gierigen Kapitalisten erdreisteten sich doch, die Bonität von Staaten in Zweifel zu ziehen und ihnen keinen Kredit mehr durch den Kauf von Staatsanleihen geben zu wollen. Und das, wo sie doch gerade erst von den Steuerzahlern gerettet worden waren.

Dass sie gerettet werden mussten, weil vorher die bereits an Staaten vergebenen Kredite wertlos geworden waren, und dass sie schlicht damit beschäftigt waren, ihren Kopf irgendwie über Wasser zu halten, wurde nicht erwähnt. Kann ja in der Hitze des Gefechts mal passieren, dass die Wahrheit etwas zu kurz kommt. Die Euro-Staaten gerieten in Panik, denn ihre wichtigsten und größten Gläubiger drohten, ihnen abhanden zu kommen oder handlungsunfähig zu werden. Und Alternativen waren nicht in Sicht. Es wurde nach Instrumenten gesucht, Banken zwingen zu können, weiterhin den Peripherie-Staaten in der Euro-Währungsunion Kredit zu geben und Staatsanleihen kaufen zu müssen. Euroland holte in Gestalt der Europäischen Zentralbank (EZB) die „Bazooka“ heraus.

An dieser Stelle breche ich ab, denn was dann kam ist ein heißes politisches Pflaster, auf dem ich mir heute Morgen mit unbedarften Äußerungen nicht den Mund verbrennen will. Die kritischen Positionen dazu, vorgetragen von namhaften Fachleuten der Bundesbank haben manche hoffungsvolle politische Kariere vorzeitig beendet und einen Italiener an die Spitze der EZB gebracht. Ich habe gewisse Zweifel, ob wir alle aus dieser „Bazooka-Nummer" heil wieder heraus kommen werden.

Wie dem auch sei, ich komme auf den Beginn meines Referates zurück: Die Frage nach der Schuld im professionellen Kreditgeschäft. Allein ökonomisch-rational jedenfalls sind einige Reaktionen von Schuldnern, wenn es um die ihnen gewährten Kredite geht, nicht zu erklären. Auch nicht im Falle von Staaten. Diese haben zwar mit ihrer Reaktion im Euro-Raum die Machtverhältnisse (wieder) zu Recht gerückt. Aber das Schuldproblem haben sie nicht gelöst. Wer ist denn nun Schuld an dem ganzen Schlamassel? Der Schuldner oder der Gläubiger? Die Staaten oder die Banken?

Was diese Frage in Bezug auf Ursache und Wirkung anbelangt, gleicht sie fast schon der berühmten Frage nach Henne und Ei. Ist es dem Kreditnehmer anzulasten, dass er Kreditmöglichkeiten auch über seine Verhältnisse hinaus nutzt, wenn sie sich ihm bieten? Oder ist es dem Gläubiger anzulasten, dass er überhaupt Kredit vergibt; er hätte es ja auch lassen können. Löst der Leihende oder der Verleiher den Kredit aus? Nun interessiert die Frage nach der Ursache beim Scheitern eines Kreditnehmers meist gar nicht mehr. Erstaunlicherweise wird der Bestand der Schulden, die juristische Berechtigung der Forderung, nur selten angezweifelt. Meistens jedenfalls wird grundsätzlich akzeptiert, dass eine Forderung besteht und die Schulden zurück gezahlt werden soll(t)en. Doch gerade jetzt geht das mit dem Zurückzahlen leider nicht. Und überhaupt: Die Raten sind viel zu hoch, die Zinsen Wucher und die wirtschaftliche Tragfähigkeit ist angespannt. Diese Argumente kommen übrigens fast immer erst, wenn die Bank ihr Geld zurück haben möchte und nur ganz selten, wenn der Kredit eingeräumt werden soll. Statt nach der Ursache für die Kreditaufnahme zu fragen wird viel lieber und daher entsprechend häufiger die Schuld für das Scheitern hinterfragt. Wer ist schuld, dass der vormals gewährte und vom Schuldner auch angenommene und anerkannte Kredit jetzt nicht bedient werden kann?

Als alter „Kredithase" habe ich mich zwar inzwischen mit dieser Fragestellung arrangiert, finde sie aber immer noch bemerkenswert. Haben wir es doch vordergründig mit rein rationalen, ökonomischen und juristischen Parametern zu tun. Ein Kreditvertrag, der erfüllt werden muss. Kann er nicht erfüllt werden, greifen die vereinbarten Sanktionen. Auf dieser rationalen oder juristischen Ebene laufen übrigens die Diskussionen oder Verhandlungen meist sehr glatt ab. Doch dann kommen, auch bei Unternehmen – und eben auch Staaten – die Emotionen in Spiel. Und schon wird es ungemütlich. Ich jedenfalls habe bislang nur ganz wenige Schuldner kennenlernen dürfen, die zu ihrer Schuld (meistens Fehlentscheidungen im Management) als Auslöser einer ökonomischen Misere gestanden haben. Alle anderen haben die Schuld weit von sich gewiesen, bis hin zu sinnlosen Prozessen gegen die Bank.

„Schuld" ist immer die Bank. Sie kündigt den Kredit zur Unzeit, hat sich an den Zinsen ungerechtfertigt bereichert, wollte den Kreditnehmer schon immer „platt machen" und hat ja sowieso nur im Sinn gehabt, das Unternehmen als notleidenden Kreditnehmer an die Konkurrenz zu verkaufen. Und warum, bitteschön, kann die Bank die Restforderung nicht einfach erlassen? Abgesehen davon, dass in der weit überwiegenden Zahl der Fälle bei der Abwicklung notleidender Kreditengagements die Banken auf einen Großteil ihrer Forderungen verzichten, stellt sich mir die Frage: Darf eine Bank überhaupt Schuld(en) vergeben? Es ist nämlich nicht ihr eigenes Geld, das sie als Kredit vergibt, sondern das ihr von den Kunden anvertraute Kapital. Fänden Sie es klasse, wenn sich auf Ihrem Kontoauszug plötzlich der Hinweis findet: „Wir haben Ihr Guthaben um 60 Prozent reduziert, weil wir – sicherlich ganz in Ihrem Sinne

– dem Schuldner XY nach christlichem Selbstverständnis seine Restschuld(en) von XXX Euro vergeben haben. Vergelt`s Gott. Ihre Bank.“? Sicherlich nicht. Sie erwarten, dass Ihre Bank ein verlässlicher Schuldner ist. Und ich kann Ihnen aus Erfahrung versichern, Kunden von Banken sind gestrenge Gläubiger. Ich wiederhole also gern noch einmal meine Frage: Kann eine Bank überhaupt im Interesse ihrer Kunden und Gläubiger Schuld(en) vergeben? Nun, das sollte heute Morgen jeder für sich beantworten. Meine Position ist klar: Nein, sie kann und darf nicht.

Diese Haltung, mit der ich in Bankenkreisen nicht ganz allein da stehe, führt nur sehr selten zu einem Verständnis bei den (notleidenden) Schuldnern, was wiederum zu einer deutlichen Emotionalisierung beiträgt. Banken können (meist notgedrungen) auf Forderungen verzichten. Sie können aber keine Schuld vergeben. Genau das aber wollen die verunglückten Schuldner: Vergib mir meine Schuld (am Versagen). Weniger im ökonomischen Sinne, als tatsächlich vielmehr im moralischen Sinn. Hier verhalten sich übrigens Staaten genauso, wie gewöhnliche Schuldner auch. Nur haben sie mehr Macht und andere Gewaltmittel, diese Macht durchzusetzen. Bislang jedenfalls hat noch (fast) kein Staat dieser Welt seine Schulden beglichen. Und nicht wenige Kreditgeber haben ihr Geschäft mit dem Staat schlicht nicht überlebt. Gesucht und benötigt wird der Schuldige. Aber woher rührt dieses moralisch anmutende Verlangen, diese unökonomische Sehnsucht nach schuldlosem Versagen? Und was hat dies in rationalen Kreditverhältnissen verloren?

Wie immer, ist letztlich das liebe Geld schuld. Denn es ist das Geld, das auch hier die Verhältnisse bestimmt und selbst in den modernen Kreditverhältnissen ganz archaische Verhaltensmuster erkennen lässt. Um das verstehen zu können, müssen wir den kulturellen Ursprung des von uns verwendeten Geldes hinterfragen. Geld, wie wir es heute kennen und verwenden, hat seinen kulturhistorischen Ursprung im hellenistischen Kulturraum. Seine ursprüngliche Funktion stammt aus dem Religiösen, aus dem Opferkultus. Lange bevor Geld Wert-aufbewahrungs-, Tausch- und Zahlungsmittel wurde, war es Surrogat für das religiöse Opfer. Statt das Tier, oder was auch immer, realiter auf den Opferaltar legen zu müssen, genügte das wertmäßige Synonym: Das Geld. Damit war Geld die an konkrete Opfer-Sachwerte gekoppelte Opfer-Währung. In dieser Funktion erleichterte es erheblich den Transport, die Aufbewahrung und den Tausch des Opfer-Gegenstands. Es machte Opfern effizienter, würden wir heute sagen. Und genau diese Funktionen behielt das Geld im alltäglichen Leben bei und machte es zum idealen Surrogat für alle Sachgüter. Aus der Opfer-Währung entwickelte sich die heute noch geläufige Tausch- und Handelswährung. Geld wurde allgemeines Tausch- und Zahlungsmedium.

Als sachwertgebundene Opfer-Währung verbriefte Geld schließlich auch das Gottesverhältnis der Menschen. In den hellenistischen Mythen standen, etwas überspitzt formuliert, die Menschen über das Geld in der Schuld der Gottheit(en). Ihre moralische Abhängigkeit ergab sich aus der Opfer-Währung. Wer kein Geld hatte, konnte nicht opfern und wurde nicht erlöst. Vor diesem Hintergrund wird auch verständlich, warum im Alten Testament das Goldene Kalb so vehement bekämpft und schließlich zerstört werden musste. Aber wurde es damit auch endgültig vernichtet? Wenn man ehrlich ist, leider nicht. Denn die schuldrechtliche symbolische und existentielle Wirkung, d.h., die Verknüpfung einer Geldschuld mit dem Leben, hat sich tief in das (Unter-)Bewusstsein der Menschen eingebrannt und quasi als genetischer Code tradiert. Diese Prägung zeigt sich auch noch im altorientalischen Schuldrecht. Natürlich nicht als Verbindung im Gottesverhältnis. Aber in der vollständigen und damit existentiellen persönlichen Bindung des Schuldners an seine Geldschuld und an den Gläubiger.

Eine Geldschuld wird nach altorientalischem Schuldrecht durch den vom Gläubiger oder Verleiher ausgestellten Schuldbrief begründet. Mit diesem Schuldbrief, den der Gläubiger behält, erlangt er unmittelbare Verfügungsgewalt über die Person des Schuldners, der mit Leib und Leben haftet. Kann er seine Schuld nicht begleichen, erholt sich der Gläubiger über die Versklavung des Schuldners (bis hin in die dritte und vierte Generation) an seiner Person. Getilgt sind Schulden nach diesem Schuldrechtsverständnis übrigens erst durch die aktive Vernichtung des Schuldbriefes durch den Gläubiger. Die Schuld zu vergeben war daher ein öffentlicher Akt, meist durch Verbrennen der Schuldurkunde. Sie konnte nur vom Gläubiger ausgehen. Der Schuldner konnte seine Schuld nicht tilgen. Blitzt da nicht auch das „sola gratia" durch? Aber ich werde mich jetzt nicht auf theologisches Glatteis begeben.

Wie dem auch sei, bemerkenswert ist, wie tief sich dieses archaische Schuldrechtsverständnis in unsere modernen Zeiten gerettet hat. Noch heute werden – zumindest im deutschen Rechtsraum – Grundschulden verbrieft und sind erst getilgt, wenn der Grundschuldbrief an den Schuldner zurückgegeben wird. Denn der Grundschuldbrief inkludiert auch immer die persönliche Haftung. Noch bemerkenswerter ist aber, dass sich durch alle gesellschaftlichen, kulturellen und systematischen Wandlungen des Rechtssystems hindurch die persönlich-moralische und damit auch unbewusst religiöse Dimension der Geldschuld(en) erhalten hat.

Geld verbrieft eben nicht nur eine ökonomische, sondern immer auch eine persönlich-moralische, um nicht zu sagen existentielle Schuld. Nicht nur, weil die ökonomische Existenz daran hängt. Solange der Kredit ordnungsgemäß bedient und auch zurückgezahlt wird, macht die unterbewusste Schulddimension des Kredites kein Problem. Dann habe „ich" meine Schuld getilgt und bin fein raus. Aber wehe, wenn der Kredit nicht zurückgezahlt werden kann. Durch Verzicht der Forderung sind meine Verbindlichkeiten vielleicht sogar erlassen.

Aber wer entlässt mich nun aus meiner persönlich-moralischen und leiblichen Schuld? Irgendjemand muss doch mein Opfer akzeptieren.

Die schnöden Banken sind sich meistens (es sind ja nicht nur Theologen für das Kreditgeschäft in Banken verantwortlich) dieser Tiefendimension des Schuldverhältnisses gar nicht bewusst, zumal sie ja fast immer im Insolvenzverfahren bereits auf den größten Teil ihrer Forderung verzichtet haben, womit sich ihr Beitrag erschöpft haben sollte. Mit der persönlich-moralischen Schuld muss der gescheiterte Kreditnehmer schon selber klar kommen. Der aber will – unterbewusst – nicht nur den Forderungsverzicht. Er will die öffentliche Vernichtung des ihn moralisch, persönlich und existentiell weiterhin bindenden Schuldbriefes. Allerdings findet sich niemand, der diesen symbolischen Akt vollzieht. Der gescheiterte Kreditnehmer bleibt schuldig; wenn er Pech hat, bis zu seinem Lebensende.

Dass das nicht gut gehen kann, erkennt jeder Laienpsychologe auf den ersten Blick. Denn unser grundsätzlich auf Kredit aufgebautes hochkomplexes Wirtschaftssystem kann nicht funktionieren, wenn wir nach jedem gescheiterten Kredit gleich dutzendhaft zerbrochene Persönlichkeiten hinterlassen. Und so braucht es einen tragfähigen Katalysator, auf den die untilgbare persönliche Schuld nach dem Kreditausfall übertragen werden kann und der den gescheiterten Kreditnehmer reinigt. Es braucht den guten alten Sündenbock, auf den die nicht getilgten persönlich-moralischen Schulden übertragen werden können. Im modernen Kreditwesen sind die Banken dieser Sündenbock. Indem wir sie grundsätzlich für schuldig erklären können für das Scheitern eines Kreditverhältnisses, werden wir in die unverzichtbare Lage versetzt, damit zugleich auch unsere ungetilgte persönliche Schuld auf die Banken abwälzen zu können. Das gilt umso mehr, und damit für das Bild passender, als auch die kollektive Kreditschuld ganzer Staaten übertragen werden kann. Banken sind der dringend benötigte Schuld-Sündenbock einer auf Pump und Kredit aufgebauten kapitalistischen Gesellschaft, in der das Scheitern von Kreditverhältnissen (leider) zum Alltag gehört. Gäbe es diesen Katalysator nicht, würden wir schnell jede Dynamik in der Volkswirtschaft verlieren, denn die Teilnehmer hätten zu schwer an ihrer nicht vergebenen persönlichen Schuld zu tragen.

Die Banken konnten und können noch ganz gut mit dieser Rolle leben. Sündenbock zu sein, gehört quasi zum Geschäft und mindestens die Hälfte der Erlöse, die eine Bank erwirtschaftet, ist Schmerzensgeld für diese Sündenbock-Funktion. Gefährlich aber wird es, und dann hört der Spaß auch schnell auf, wenn es existentiell wird. Wenn die nicht erlösten Schuldner den Sündenbock nicht nur beladen, sondern auch noch öffentlich vernichten wollen. Das erleben wir gerade.

Vordergründig wird es dann zwar eine kollektive Sündenbereinigung geben. Langfristig aber wird nicht nur der Kreditvergabeprozess ins Stocken geraten, wie es gerade in Südeuropa zu beobachten ist. Es wird eben auch keine Schuldvergabe mehr möglich sein. Der persönliche Gläubiger in den archaischen Zeiten, aus deren Tradition ich zitiert habe, jedenfalls hat üblicherweise versklavt, nicht vergeben. Auf eine Sündenbock-Funktion hat er sich nicht eingelassen. Dazu bedarf es einer institutionalisierten Kreditvergabe und anonymer Gläubiger, die ihre Kredite rational, nicht persönlich nehmen. Machen wir diese institutionalisierte Kreditvergabe kaputt, indem wir den ungeliebten Banken den Garaus machen, opfern wir sehr viel mehr als nur den unliebsamen Verleiher. Das Ergebnis werden Personen-Gläubiger sein mit allen Folgen, die das nach sich zieht. Dessen sollten wir uns als kapitalistische Gesellschaft schnellstens bewusst werden. Eine schuldfreie Kreditnahme gibt es nicht. Dafür ist unsere traditionsgeschichtliche, genetische Codierung durch das Geld als Tausch-, Handels- und Zahlungsmedium zu stark. Und haben wir erst einmal das Bankwesen zerstört, bleibt die ungelöste Frage: Wer vergibt uns dann unsere am Geld klebende persönliche Schuld?

Literatur

Bendixen, Peter: Das verengte Weltbild der Ökonomie, Darmstadt, 2003.

von Braun, Christina: Der Preis des Geldes – Eine Kulturgeschichte, Berlin, 2012.

Lohmann, David: Die Kirche und das liebe Geld; in: Dietzfelbinger u.a. (Hg.), Heilsökonomie?, Gütersloh, 2002.

Schröder, Heinz: Jesus und das Geld, Karlsruhe, 1981.

Birger Priddat

Gibt es eine „Erlösung" von den Schulden?

Gibt es eine „Erlösung" von den Schulden? Eindeutig ja. Doch das zu behaupten, bedarf einiger Klärung. Wir müssen die Schuld von den Schulden begrifflich trennen. Als Kreditschuld ist sie von theologischen Schuldzuweisungen (und andern derartigen Semantiken) zu trennen. Vor allem vom moralischen Impetus: dass Schulden Schuld bedeuten, dass man jemandem anderen etwas schuldig ist. Formal ist man natürlich bei einem Kreditvertrag jemandem etwas schuldig, hat eine Forderung gegen ihn. Aber der Grund, weswegen man den Kredit gibt, ist ein anderer. Man will an dessen Produktivität teilhaben. Man ist auf Gewinn, auf Zinsen aus. Das ist keine Schuld im klassischen Duktus, sondern eine Gewinngemeinschaft, ein *joint project*. Es geht nicht um „Erlösung", d.h. um Aufhebung des Zustandes, sondern möglicherweise, bei Erfolg, um dessen Erweiterung. Das ist genau der Punkt, an dem wir z.B. die Staatsschulden nicht angemessen verstehen. Sie sind – unter Bedingungen – notwendig (Weizäcker 2012; Helmedag 2013; kritisch: Konrad / Zschäpitz 2010).

Die Schuld/Schulden-Differenz seit der Neuzeit

Die große Schuld, die wir theologisch als Erbe Europas kennen, ist weltlich nicht ableistbar (außer man vergisst sie – aufgeklärt). Anders die Schulden, die beim Kredit anfallen. Der Kredit ist begleichbar: man muss ihn nur abzahlen, mit Zins und Zinseszins. Wir haben es hier mit fristigen Geschäften zu tun. Hat man bezahlt, endet die Schuld. Die Menschen bleiben „in der Zeit" (ihres Lebens, der Geschichte), sind nicht mehr auf die große Transposition angewiesen, die ihre Schuld erst im Himmel erlöst. Die Erlösung vom Himmel, so scheint es, eröffnet ihnen Lösungen innerhalb der Weltzeit.

Das kommt uns heute selbstverständlich vor, setzt aber Rückzahlungsfähigkeit voraus. Diese setzt wiederum voraus, dass man produktive Geschäfte eingeht. Das war früher nicht selbstverständlich: man konnte durch einen Kredit in Schuldknechtschaft geraten. Angesichts der Tatsache, einen Kredit nicht rückzahlen zu können, wurde man dem Kreditgeber gegenüber arbeitspflichtig, oft lebenslang (heute finden z.B. wir solche Verhältnisse bei illegal erpresster Prostitution oder illegal importieren Schwarzarbeitern). Die Schuldknechtschaft hat eine allgemeinere Form: dafür, dass man einmal kreditiert wurde, bleibt man in einer Unterdrückungsabhängigkeit. Der Geber erwartet diverse Dienste, die nicht äquivalenzkorreliert sind. Es bleibt zu untersuchen, wie viele solcher Kreditherrschaften heute noch weltweit gelten – als negative Form der Dienstleistungsökonomie. Man geht – strategisch kalkuliert – Kreditverträge ein mit Menschen, deren Rückzahlungskompetenz ungewiss ist, um darüber eine schuldknechtschaftliche Herrschaft über sie zu gewinnen. W.D. Enkelmann sieht hierin ein Grundmuster der Gabe als Herrschaftsmoment[1] (es wäre gesondert zu untersuchen, wieweit die Gabe, in ihrer scheinbaren Güte, Herrschaft generiert). Hier kippt die Kreditgeschäftsform in Feudalität. Wir kennen das als mafiöse Strukturen: einmal unterstützt, bleibt man in unklaren Loyalitätsverpflichtungen, die mit Macht erzwungen werden können. In solchen feudalen Strukturen wandelt sich die Form der Schulden: wenn hierin einer, der Kredit bekommen hat, nicht monetär begleichen kann, muss er in anderer Form begleichen. Prinzipiell kommt er aus diesen Schulden nicht heraus, bleibt abhängig. Die Schulden verwandelt sich in eine Schuld zurück, die

1 Enkelmann 2010, S. 20.

gleichsam unaufhebbar ist (manchmal wird sie sogar an die nächste Generation übertragen). In unseren Rechtsstaaten kennen wir solche Schuldknechtschaften nicht; Solon hob sie in Athen auf und generierte damit die Voraussetzung für einen Verfassungsstaat: die, gleichsam demokratische, Polis. Um gegeneinander als Freie gleichberechtigt zu sein, muss jede machterheischende Form der Schuld aufgehoben sein. Die Aufhebung der unaufhebbaren Schuld – das ist die nichtchristliche Variante – ist die historische Voraussetzung für eine Politik (freier Bürger), d.h. die Aufhebung von Herrschaft.

Wir haben es mit Machtstrukturen zu tun und ihrer – politischen – Abschaffung. Der Kredit ist die ältere Form. Das Risiko der Nichtrückzahlung verwandelt den Kredit in Schuldknechtschaft, d.h. in Herrschaft. Das wandelt sich erst in produktivätsstarken Gesellschaften. Im modernen Kredit der Neuzeit wird diese Transformation unterbunden. Für den Kreditgeber erhöht sich das Risiko, nicht retributiert zu werden (vordem hatte er ja den Kreditnehmer als Pfand, d.h. als potentiellen Schuldsklaven). Deshalb wird für die Ausweitung des Kreditwesens das Vertrauen bedeutsam: als Einschätzung der Kreditkompetenz des Schuldners (vgl. z.T. Frevert 2013). Es wird evident, dass die Zunahme der Kreditgeschäfte in der modernen Wirtschaft mit ihrer Kapital/Investitions-Produktivität zu tun hat, d.h. mit der Erwartung, dass der Schuldner investiert, um aus dem Profit die Rückzahlung + Zins zu gewährleisten. Man schätzt jetzt nicht mehr seine Kreditfähigkeit ein, sondern seine Investitionskompetenz und Marktfähigkeit (was – sehr viel später – auch für Privatkredite gilt, die an die *employability* des Schuldners gekoppelt werden). Die Banken, die die zentralen Kreditgeber werden, achten natürlich weiterhin auf die individuelle Kreditfähigkeit, rechnen aber im Portfolio ihrer breit gestreuten Kreditvergaben mit Verlusten bzw. verlorenen Krediten. Sie vertrauen auf das Gesamtgeschäft, weil sie dem aufkommenden Kapitalismus vertrauen: auf sein Wachstum und seine zunehmenden Marktchancen. Sie rechnen den Kredit als statistische Größe, nur noch bedingt individuell.

Man sieht die Ähnlichkeit und die Differenz: der Begriff der Schuld wird säkularisiert. Er dreht sich um 90 Grad. Man steht in Schuld (hat Schulden), bis man rückgezahlt hat. Die Schuld, als Schulden, ist ablösbar. Es ist ein *within-life-mode*. Endliche Wesen haben endliche Schulden und in der neuzeitlichen bürgerlichen Gesellschaft untereinander also horizontal und nicht mehr vertikal einen Kredit-Schöpfergott.

In der Schuld der Ursünde haften die Menschen mit ihrem Leben (genauer, in der Ökonomie des Glaubens, mit ihrer Seele, die zum Himmel erlöst oder zur Hölle verdammt wird). Die Erlösung aus der Schuld ist nicht selbst bestimmbar, d.h. kompetenz-unabhängig. Die säkulare Schuld der Kreditschulden dagegen haftet letztlich nur mit dem Vermögen oder, in strafender Unfreiheit, auf Zeit, mit dem Handlungsvermögen. Der Lebenszustand wird modifiziert mit allen Chancen des Neubeginns danach. Das ist bedeutsam: dass man seine Schulden begleichen kann. Dadurch rekonstituiert man sich als freie Person, die fortgesetzt transaktionsfähig ist. Jede Schuld hingegen – in theologischer oder weltlicher Art – hebt die Eigenständigkeit desjenigen auf, dekonstruiert seine Person. Die Säkularisierung der Schuld (der Erbsünde) in die Kredit/Schulden-Relation erst macht das moderne Subjekt möglich, das nicht mehr in Demut unselbständig (ein Sujet Gottes) ist, sondern frei ist zu seiner Selbstbehauptung.[2] Ein Indikator der Modernität des Subjektes ist seine Kompetenz, sich verschulden zu können, ohne damit in Schuld zu stehen.

Was macht den Unterschied?
Für Christen ist das Leben ein Geschenk Gottes. Wenn das Leben ein Kredit wäre, könnte Gott, der ihn gewährt, jederzeit rückfordern, auch nach dem Tode (Kontingenz der Gnade).

[2] Blumenberg 1986.

Wir können diesen Kredit nur abzuzahlen versuchen, indem wir gottesfürchtig leben (Gnade und Furcht korrelieren): aus Furcht vor dem Tode leben (genauer: aus Furcht vor der Bestrafung der Seele, ihrem möglichen *displacement*). Moderne Theologie schaltet von Furcht auf Liebe um: Weil Gott uns das Leben geschenkt hat, sollen wir auch im Leben den anderen schenken (hier wird der jesuanische Impuls bedeutsam). Hinzu kommt Gerechtigkeit als Maß: angemessenes Geben und Nehmen. Barmherzigkeit verlangt, das zu geben, was man eigentlich selber braucht. Das wird in der Neuzeit sozialisiert: es geht dann darum, das zu geben, was man nicht braucht. Die Differenz wird darin gesehen, dass man nur geben kann, wenn man zuvor sich selber erhält. Selbsterhaltung wird – naturrechtlich – zur *conditio sine qua non* der *charity*. Denn wenn man sich nicht selbst erhält, kann man auch anderen nicht mehr geben. Zum Beispiel *idle money*: überschüssiges Geld.

John Locke begründet in seiner Naturrechtsökonomik das Geld als einen stillen Sozialvertrag[3]: das Eigentum, das man nicht durch seine eigene Arbeit legitim sich zurechnen kann, wird dadurch, dass man es anderen verkauft, die es brauchen, legitimiert. So werden Aneignungen gerechtfertigt, die man eigentlich für sich nicht braucht[4]. Was früher als Habsucht (*averitia*) verdammt wurde, wird jetzt sozialisiert; man darf sich soviel aneignen, wie man will; die Grenze ist keine normative oder moralische, sondern die Verderbnis der angeeigneten Früchte. Der, der etwas (einen Acker z.B.) aneignet, dessen Früchte er nicht braucht und deswegen verderben lässt, macht sich schuldig. In dem Moment, in dem man sie aber anderen, die sie brauchen, verkauft, wandelt man die verderblichen Güter in Geld, das als Münzgeld dauerhaft ist, also angeeignet werden kann. Geld sozialisiert das Eigentum, welches man zu viel hat (*overplus*): Man verkauft seinen Überschuss an andere

---

3 Ludwig 2011.

4 Priddat 2012a.

(die ihn brauchen, weil sie nachfragen) oder verleiht das Geld.

Der Markt wird somit zu einer sozialen Institution, die zugleich die Eigentumsverfassung legitimiert, die durch den ersten und grundlegenden Sozialvertrag gewährleistet wird. Das lässt sich als reziprozitärer Altruismus nicht vollständig erklären, denn es ist eine Theorie der Sozialisierung von Überschüssen (*overplus*). In dieser Struktur wird die Schuld in eine soziale Form der fortlaufend ausweitbaren Transaktionalität gewandelt. Mir kam es darauf an, den Markt – in Reinterpretation einer Naturrechtsökonomik, die die moderne bürgerliche Gesellschaft formuliert – als eine besondere Extension der Gabenökonomie darzulegen, in der letztlich nur gehandelt wird, was wechselseitig gebraucht wird. Darin ist jedwede Schuld verschwunden und es bleiben lediglich wechselseitige, tilgbare Schulden.

Das ist insofern bemerkenswert, als Sozialität nicht mehr als Teilen dessen, was man hat, definiert ist, sondern als Teilen dessen, was man hinzuerwirbt. Das wird beim Kredit offensichtlich: der Kreditgeber profitiert vom Profit des anderen qua Zins. Die Gabe wird zu einem Kompetenzthema; von jetzt an hört man auf, die gabentheoretische Struktur noch weiter zu bemühen. Man stellt um auf eigentumstheoretisch konditionierte Verträge. Eigentum aber setzt nicht nur rechtsfähige Eigentümer voraus und damit ein herrschaftsneutrales Rechtssystem, sondern auch Aneigungslegitimationsbegründungen. Nur in einer sozialen Struktur, in der ein Selbst Eigentum schaffen kann, kann die Schuld in eine personale Verantwortlichkeit überführt werden. Diese neue soziale Struktur ist der Markt, der modern über produktivtätsbefähigte Akteure definiert wird. Wir bekommen in dieser Struktur eine allgemein abarbeitbare Schuld, was bedeutet, mit der Zunahme von Produktivitätschancen eine ungeheure Ausweitung des Kreditgeschäftes zu ermöglichen.

In diesem Kontext entstehen die Banken – als ein modernes Phänomen. Die Schulden sind ein vitaler Operator: ein Mehrwertgenerator, wenn die Investition erfolgreich ist. Kredit setzt auf Zukunft, d.h. auf zukünftige Erträge, die immer „mehr" erbringen muss als nur die Rückzahlung: zusätzlich Profit und Zins. Hierin zeigt sich Wachstum als notwendig, denn es muss mehr erwirtschaftet werden als nur die Rückzahlung: die Kreditschuld, der Zins und ein Einkommen[5].

Kredit ist potentiell Kapital. Als bloßer Kredit muss er auf Pfand bestehen, d.h. letztlich auf Eigentumsumverteilung. Wenn nicht rückgezahlt werden kann, geht das Pfand auf den Kreditgeber über. Bei Kapital geht es aber nicht um Umverteilung, sondern um Produktivität: Erweiterung = Wachstum, als Wachstum von Beschäftigung (= Einkommen) und Profit.

Die Schulden werden erst dann (wieder) zur Schuld, wenn die Investition misslingt, und die Rückzahlung nicht erfolgt. Fortan steht dann der zahlungsunfähige Schuldner in weiterer Schuld, und wird in seinem fortlaufenden Leben daraufhin geprüft, wann er wieder zahlen kann. Es gibt allerdings Formen der Sühne: Abbezahlung, Strafe und Insolvenz. Danach sind die Schulden getilgt, die Schuld ist aufgehoben. Man ist aus ihr entlassen.

Das setzt allerdings auch voraus, dass das Verhältnis von Gläubiger und Schuldner nicht bilateral, sondern trilateral geklärt werden kann: indem der Schuldner auf seine Investition im Markt setzt, d.h. indem der Markt als „Dritter" fungiert, der die Lösung der sonst nicht einlösbaren Schuld beim Gläubiger „produziert". Diese triadische Prozessstruktur wird wenig beachtet, obwohl sie den Kern der gesellschaftlichen Lösung darstellt: erst der Markt, d.h. potentiell alle Anderen (als Nachfrager), lässt eine kreditfinanzierte Investition erfolgreich werden, wodurch der bilaterale Schuldkontrakt sich in marktfähige Transaktionen vieler Anderer auflöst. Die Investition rentiert sich erst, wenn viele kaufen. Man muss dazu die juridische Sichtweise der Vertrags-Bilateralität verlassen und den Schuld-

5 Binswanger 2009.

kontrakt in das Marktsystem einstellen; bei allen Risiken und Gelingensungewissheiten. Das Gläubiger-Schuldner-Paar wird in eine trianguläre Varietät anschlusswahrscheinlicher Transaktionsfelder versetzt:

Gläubiger – Schuldner/Investor – Transaktionswahrscheinlichkeiten (vieler Nachfrager)

So tritt der Schuldner nicht mehr allein oder rein privat in Erscheinung, sondern eingebunden in ein Feld oder Netzwerk möglicher Sekundärkontrakte, deren Zustandekommen seine Rückzahlungsfähigkeit erst gewährleisten kann. Der Schuldner-Akteur kann so nur als Kooperateur des Marktes auftreten: er ist um seine Marktkompetenz von der alleinigen Schuld entlastbar. Nur der Markt als „Dritter" kann das Schuldverhältnis lösen; erst wenn die kreditfinanzierte Investition scheitert, fällt sie, wenn keine Versicherungslösung zwischengeschaltet war, auf die klassische Bilateralität zurück.

A gibt B einen Kredit, den B, als Investor, in Transaktionen für D – Z verwandelt, um dem A nicht nur den Kredit rückzahlen zu können (+ Zins), sondern auch sich ein Einkommen und Kapital zu gewinnen, für nächste, größere Produktionen (Profit). Nicht der Kredit ist jetzt entscheidend, sondern der Kredit-/Investition-/Transaktion-Nexus, als dynamisches Markt-/Wachstumssystem. Die Gläubiger-Schuldner-Relation (A/B) ist ein – riskanter, aber zugleich produktiver – Systemoperator geworden[6].

---

[6] Die Luxus-Debatte des 18. Jahrhunderts erörtert im Grunde die Produktivitätsbedingung des Kredites: der, der seinen Profit in Luxuskonsum verschwendet, ist letztlich nicht mehr kredit-vertrauenswürdig, weil die Wahrscheinlichkeit künftiger Produktion und

Die neue mundane[7] Ökonomie entfaltet ein Konzept opportunistischer Menschlichkeit: dass es besser ist, statt jemanden in Schuld verkommen zu lassen, ihm eher die Chance der Erarbeitung der Rückzahlung neu zu gewähren. In dem Sinne ist Entschuldung der produktivere Weg, wieder neu kreditieren zu können, um Wachstum zu generieren. Die Entschuldungsmöglichkeiten, wie Strafe, Insolvenz, aber auch der Schuldenschnitt wie die EU-Überlegungen zu Griechenland, ermöglicht die Wiedereingliederung in den Produktivitätszyklus.

Es fällt auf, dass der moderne Kredit über einen Vertrauensoperator läuft, während die älteren Formen auf Verpflichtungsstrukturen beruhen. Die Verschiebung von Verpflichtung zu Vertrauen hält Annette Baier[8] für die Grundlage moralischen Verhaltens. Baiers Konzept bezieht sich beileibe nicht auf Kredite, aber womöglich entdecken wir hier den Kredit als ein Momentum einer pflichtenentlasteten Interaktion, die über das Umschalten auf Vertrauen größere Anschlusswahrscheinlichkeiten mobilisiert. Die Kosten dieser Umstellung erweisen sich in einer höheren Kontingenz: man geht in das Risiko, nicht zu wissen, ob tatsächlich rückgezahlt wird. Aber hinter dem Investivkredit steht der Markt mit seinen Transaktionsanschlusswahrscheinlichkeiten, die weit gestreut aktuell werden können und die Schulden in Profit verwandeln. Erst einmal stellen wir einen Wechsel in der Krediteinbindung fest: anstelle von obligatorischen Loyalitätsverpflichtungen in familialen Netzwerken haben wir es bei modernen Krediten mit anonymen Vertrauensvorleistungen zu tun – das Gabenmoment wird in einen erzwingbaren rechtlichen Vertrag transponiert. Die Anonymität – d.h. die Chance, dass sich viele andere an der Nachfrage des Kredit/Investitionsprojektes beteiligen[9] – kreiert höhere

Produktivität unwahrscheinlicher wird.

7 mundan: weltlich, auf das Weltganze bezüglich.

8 Baier 1995.

9 Das ist die Funktion moderner Banken: anonyme Einlagen zu ag-

Anschlusswahrscheinlichkeiten – mit höheren Risikokosten, die nur eingegangen werden, wenn Wachstum gewährleistet ist. Man sieht, dass Wachstum historisch zu einer Institution werden muss, um die Kreditextension zu rechtfertigen.

Das erfordert eine neue Organisation des Kreditgebens. Es ist nicht mehr der persönliche Kredit (*peer to peer*), mit seinem Loyalitätsverpflichtungen und sozialem Druck, sondern ein Kredit der Bank. Die Bank gibt viele Kredite; wenn einige davon säumig bleiben, kann sie über das Portfolio der anderen dennoch genügend Gewinn machen und Verluste kompensieren. Das Risiko bleibt im Normalfall kalkulierbar (zumal die frühen Bankformen als Netzwerke im Vertrauensraum sich kennender Kaufleute und dann Bankiers gebildet wurden[10]). Hingegen werden persönliche Kredite riskant, weil sie ohne Kompensations- oder Versicherungsmöglichkeit bleiben, außer durch Pfandhinterlegung; die residuale ältere Form der Kreditsicherung ist die Bürgschaft. Die Bank ist eine notwendige Konsequenz der Ausweitung und Anonymisierung des Kredits im sich entwickelnden Marktsystem.

Mit dem *banking system* und dem Papiergeld „hatte die Kreditkommunikation in Europa eine neue Struktur gefunden. Die Unterscheidung zwischen der Fülle des Souveräns (seiner alten herrschaftlichen Versorgungsökonomie; B.P.) und dem Mangel des Subjekts war ersetzt durch die Unterscheidung zwischen öffentlicher und privater Versorgung. Der Souverän begann,

---

gregieren und anonym zu verleihen. Würde die Bank weiter nur auf das Vertrauensnetzwerk der Kaufleute setzen, würde sich der Kapitalsammelfond nicht so ausweiten können, wie es für eine dynamische Wachstumswirtschaft nötig ist. Das in die Banken eingelagerte Vertrauen beruht auf der rationalen Erwartung aller Beteiligten, dass sich alle an die Regeln halten (Erwartungsgleichgewicht als Institutionalisierungskonzept). Solches funktioniert dann nicht mehr oder nur hochriskant, wenn gegen die Regeln gewettet wird.

[10] Hutter 1999, S. 6.

sich von der Aufgabe der Versorgungskoordination zurückzuziehen. Er beschränkte sich auf zunehmend indirekte Steuerung und auf die öffentliche Versorgung mit dem Geldmedium, das dem privaten Handel zur Verfügung gestellt wird. So wuchs in der Wirtschaftskommunikation der Anteil der über Versprechen und Erwartungen geschöpften Elemente des Mediums gegenüber den physisch vorhandenen Elementen (gegenüber den Münzen und ihren Metallknappheiten; B.P.). Die notwendige Knappheit des Mediums wurde künstlich erschaffen und gesichert. Nun wurde erfahrbar, dass Geldknappheit nicht eine äußere, sondern eine innere Bedingung von Zahlungen ist, ständig reproduziert vom Netzwerk der Bankenorganisationen"[11].

Jetzt haben wir den Punkt erreicht, an dem der moderne Kredit sich aus den alten Konnotationen lösen kann. Alle Momente persönlicher Schuld können fallen, d.h. genauer: alle obligatorischen Loyalitätsverpflichtungen fallen. Man nimmt Kredit bei einem (Bank-)System, nicht mehr bei Personen, denen man schuldig bleibt. Die Schulden bei einer Bank beruhen nicht auf Reziprozitätsverpflichtungen, sondern sind ein Geschäft. Zwar bleibt die alte Redeweise bestehen, hat aber neuen Gehalt.

A ist jetzt keine Person mehr, sondern eine Institution: die Bank (BA). BA gibt B Kredit heißt: BA hat geprüft, ob Bs zu kreditierendes Projekt rückzahlungsproduktiv ist. Damit selegiert die Bank die Kreditwürdigkeiten neu, um den, wenn auch versehentlichen, Gabencharakter von Krediten zu minimieren.[12] Der Kredit verliert seinen persönlichen Charakter, um in anonymisierter Form das Feld der Geschäftspotentiale zu er-

---

[11] Ebd.

[12] Gabencharakter des Kredites – zur Erinnerung – heißt: wenn er nicht rückgezahlt wird, hat man ihn letztlich verschenkt. In jedem Kredit bleibt, seines Risikos wegen, die Gabe latent vorhanden.

schließen. Die Schulden werden zu Kostenfaktoren im Investitionsgeschäft.

So entwickelt sich eine asymmetrische Form: nur dann, wenn die Investition fehlgeht, werden die Schulden zu einer persönlichen Schuld. Im Anbeginn aber sind die Kredite Ko-Investitionen. Das ist insofern bemerkenswert, als dass der Kredit zwei ineinander verschachtelte Formen aufweist: eine persönliche obligatorische und eine allgemeine, in welcher der, der künftige Profite verspricht, von seinen Schulden aktuell entlastet werden kann. Man gibt ihm mehr Kredit, obschon er mit dem ersten gescheitert sein mag, um sein erwartetes Potential zu realisieren. Es kommt dann nicht auf die Schulden, sondern auf die Erwartungen an. Letztlich auf das Versprechen. Kredit ist eine Forderung auf ein Versprechen. Schulden sind die Erinnerung an dessen Einlösung. Die Erinnerung aber richtet sich an den Schuldner, die Schuld dadurch zu „erlösen", indem er, über sein Investitionsprojekt, produktiv, die Schuld durch Transaktionen auf dem Markt auflöst. Das „In Schuld Stehen" wird handlungsaktiv produktiv aufgelöst, d.h. über „Dritte" auf dem Markt: Kredit – Investition – Markt.

Das Versprechen des Schuldners gegenüber dem Gläubiger wird über ein zweites Versprechen des Schuldners als Investor gegenüber den potentiellen Käufern und Nachfragern einzulösen versucht. Erst wenn – und weil – das zweite Versprechen erfolgreich eingelöst wird, kann das erste Versprechen, die Kreditschuld, ebenfalls aufgelöst werden. Der Schuldner operiert in einer modernen Marktökonomie als Investor innerhalb eines Systems, das nicht mehr auf seine Kompetenz, noch gar auf seine Tugenden, sondern auf seine Marktchancen rekurriert, nämlich inwieweit ihm Nachfrage- und Anschlusswahrscheinlichkeiten gelingen. Aber es wird sogleich auch sichtbar, dass die zweistufige Kopplung ein erhöhtes Risiko des Gelingens der Kommunikationen notiert: Märkte – und ihre potentiellen Nachfragen – sind nicht so leicht zu taxieren wie Personen. Vor allem fehlt dem zweiten Schritt – Investition/Nachfrage – jegliche Verbindlichkeit. Die Märkte – früher nur lokale oder temporäre Veranstaltungen für Händlereliten – müssen langfristig ausgebaut und verallgemeinert werden. Die jetzt im Kredit mitschwingende Erwartung auf Wachstum muss kulturell durchgesetzt werden, durch Ökonomisierung von Lebenswelten, die vordem eher markfremd waren[13].

Die Bank allerdings macht ihre Rückzahlung nicht vom Geschäftserfolg abhängig, sondern verlangt den *return* unabhängig vom Geschäftsverlauf. Kredite sind *pro forma* keine Beteiligungen. Aber *de facto* schon, da sie möglichst nur denen gewährt werden, die erwartbar profitabel wirtschaften. Man muss es als Ambivalenz formulieren: die Bank will vom Profit des Investors profitieren. In diesem Sinne beteiligt sie sich an seinem Geschäft bzw. ermöglicht es erst überhaupt. Wird der Investor-Schuldner insolvent, nimmt die Bank das bleibende Vermögen, das sie haftungsvertraglich als Pfand sich zusprechen ließ. In diesem Fall hatte sie sich nicht beteiligt, sondern auf einer Haftungsbasis kreditiert. Kritisch wird es für die Bank, wenn sie ohne Pfandbasis lieh.

Gibt es eine „Erlösung“ von den Schulden? In diesem Sinne besteht der moderne Bankkredit doppelt: aus einem alten Kreditvertrag, der auf Pfandbasis beruht, und einem modernen Vertrag, der auf Profiterwartungen beruht. Werden die Profiterwartungen höher geschätzt als die Pfandabsicherung, geht die Bank direkt ins Beteiligungsgeschäft, d.h. sie ist Ko-Investor. Rechtlich werden die Schuldner im Versagensfall belangt, aber im Prinzip ist es unproduktiv, für einen fehlgelaufenen Kredit den Kreditnehmer zu bestrafen. Die Chancen der Rückzahlung steigen, wenn B neue Investitionschancen bekommt, um dann endlich die Gewinne zu machen, die die Schulden begleichen. In der Logik dieses Systems müsste B, wenn er versagt, einen weiteren Kredit für ein besseres Geschäft bekommen. Die Verpflichtung zur Rückzahlung wird in

---

[13] Hutter 1999, S. 4.

Vertrauen auf erweiterte oder nochmalige Produktivität gewandelt.

An die Stelle der Schuld gegen Gott tritt die Schuldigkeit gegeneinander: so entsteht modern die „Gesellschaft“ aus der „societas“, der gegenseitig verpflichteten Gläubiger. Anfänglich war die *societas* eine Kaufmannsgruppe, die in riskante Seehandelsgeschäfte gemeinsam investierte[14]. Die vertikale Schuld gegen den Gott-Vater klappt um 90 Grad in die Horizontale der Geschichte: als Schuld gegeneinander. Daraus in Verantwortung zueinander zu leben, ist uns noch nicht wahrlich gelungen.[15]

Ausblick: Schulden und Verantwortung

Natürlich gab es auch vordem Schulden. Aber erst in der modernen Gesellschaft mit ihrer modernen Ökonomie wird der Kredit zum *agens movens* der Kapitalwirtschaft und ihrer Wachstumstensoren. Die alten Schuldverhältnisse waren noch auf persönliche Verschuldung ausgelegt und mit einem moralisch getönten Verpflichtungscharakter versehen. In der *modern economy* sind sie, als Kredit, eine Investition in Produktivitätserwartungen. Bei Insolvenz muss man die Forderungen abschreiben: sie sind, auch seitens des Kreditgebers, riskante Anlagen. Die alte Schablone der „guten und ausgeglichenen Haushaltsführung“ weicht den Motiven der Risikobeteiligung und Risikoverteilung. Dafür ist es notwendig, den, dem man Geld leiht, nicht nur gut zu kennen, sondern ihn einschätzen zu können bzw. den Markt, in dem er sich mit seinem Investitionskredit bewegt. Bei Verlust hat nicht allein der Schuldner Schuld, sondern ebenso der Geldgeber, der einen Erwartungs-

[14] Bonß 1995.

[15] Über den weiten Nexus von Ökonomie und Theologie vgl. Priddat 2012b und 2013.

irrtum begeht. Es geht dann nicht mehr um Moral und Charakter des Schuldners, sondern um Markt- und Risikoeinschätzungen.

Vom Thema „Erlösung aus der Schuld“ sind wir weit entfernt. Der Kredit bzw. die Schulden sind ein Geschäft, kein Existential. Das gilt, auf andere Weise, auch für die Staatschulden. Carl Christian von Weizsäcker hält die Staatschuld, unter gewissen Bedingungen, für notwendig. Weil aktuell „die private Kapitalnachfrage geringer ist als das Kapitalangebot, muss sich der Staat verschulden, um den Kapitalüberschuss aufzunehmen, damit die privaten Haushalte ihre Ersparnisse wenn auch vielleicht nicht verzinslich, aber doch wenigstens sicher anlegen können“ (Weizsäcker 2012, S. 4). Der Staat ist die sicherste Gewährleistung für Anlagen, wegen seiner Steuerhoheit. Das heißt nicht, dass der Staatskredit zurückgezahlt werden muss, sondern nur, dass der Zinsendienst sicher gewährleistet wird. Für die Banken sind Staatskredite keine Verluste, sondern Forderungen, die werthaltig in ihren Bilanzen stehen bleiben. Natürlich gibt es bei Ökonomen andere Ansichten (vgl. Konrad / Zschäpitz 2010). Bei steigender Wachstumsrate, mit dann automatisch steigenden Steuereinnahmen, bleibt die Rückzahlung reell. Das allerdings sind Voraussetzungen, die zu erlangen nicht mehr sicher sind, zumal bei steigenden Staatseinnahmen die Politik dazu neigt, wieder mehr auszugeben.

Da sind keine erschöpfenden Aussagen, sondern nur Indikatoren für eine ökonomische Sicht, die sich nicht aus dem alteuropäischen Topos guter und ausgeglichener Haushaltsführung ergibt. In einer dynamischen Wachstumswirtschaft kann ein Kredit als Investition in zukünftiges Wachstum gelten, d.h. als ein Instrument, den Lebensstandard zu halten, wenn nicht gar zu erhöhen. Die Erlösung von den Schulden wird dann durch Wachstum, d.h. durch Investitionsmotivation erreicht. Alternativ würde der Staat genötigt, ungeheure Einsparungen an öffentlichen Ausgaben vorzunehmen – ein Schritt, den die *classe politique* in Demokratien kaum zu unternehmen wagen würde.

Die „Erlösung von der Schuld" hingegen ist kein gesellschaftliches oder ökonomisches Thema mehr. Wenn überhaupt tritt es in Verantwortungsdiskursen zutage: z.B. der Verantwortung der Generationengerechtigkeit gegenüber. Wenn wir allerdings beginnen, die Kosten des Wachstums und seine Grenzen zu reflektieren – die ökologischen, klimatologischen, demographischen, infrastrukturellen und ressourcialen Vektoren –, dann wird der systemische Optimismus der Ökonomie, auf die Wachstumsdynamik zu setzen, durch neue Verantwortungsdiskurse limitiert, die die Erhaltung der Lebensgrundlagen auf dieser Erde thematisieren müssen (z.B. Ayres). Dann nämlich wird die Frage der Schulden wieder zu einer Frage der Schuld unserer Erde gegenüber, und gegenüber uns selber, sie nicht gemessen zu bewirtschaften. Im Zeitalter des Anthropozäns – das bedeutet, dass wir die Evolution der Natur beeinträchtigen und verändern – ist alles, was wir tun, daraufhin zu reflektieren, was wir der Natur, der Erde und uns damit bewirken. Doch ist die Konsequenz radikal anders, als wir es in den manchmal zu moralischen Diskursen der „Postwachstumsökonomie" anreißen. Um die Bewältigung der Vektoren: Klima, Ökologie, Ressourcen etc. leisten zu können, werden wir uns in einem Maße verschulden müssen, das wir heute noch gar nicht ermessen.

Mit dieser Paradoxie will ich enden: Die „Erlösung von der Schuld" der Extraktion unserer Erde wird nicht durch eine Rückführung der Schulden geschehen können, sondern, genau anders herum, durch deren Extension. Nur so gewährleisten wir die Investitionen des Rückbaus, der Transformation und der Schutzräume der retardierenden Natur. Die *global economy* hat eine Dimension und Komplexität erreicht, die uns nicht mehr gestattet, auf wachstumsregredierende Pfade zurückzugehen. Das muss selbst theologisch anerkannt werden: das Mandat der Menschen, die ihnen von Gott aufgetragene Verantwortung für und Herrschaft über Gottes Schöpfung (Gen 1,28) kann nicht mehr durch Suffizienz allein ausgeübt werden, sondern braucht intelligente Investitionsinitiativen, die einen effizienten Kapitalmarkt voraussetzen. Die hohe Liquidität, die weltweit Anlagen sucht und den Kapitalmarkt vor Realkapitalinvestitionen bevorzugt, befindet sich einem unklaren, fast ziellosen Zustand, dem nur durch die Bedienung der das Wachstum flankierenden Vektoren neue Sinnhorizonte zuwachsen. Nicht die Grenzen des Wachstums werden das Verantwortungsthema künftig bestimmen, sondern seine sinnvolle Ausrichtung.

Das klingt angesichts des Schuld/Schulden-Themas vielleicht etwas rigoros. Aber die Frage der Verantwortung ist nicht auf die Frage nach der Ethik des Umgangs damit zu begrenzen, sondern nur im Kontext der Frage nach den tatsächlichen Handlungsmöglichkeiten, die wir haben, um dieses komplexe Thema anzugehen. Und die Fähigkeit Schulden zu machen, um sinnvolle Investitionen zu tätigen, ist eine ungeheure Kompetenz moderner Gesellschaften. Ohne sie wären wir gar nicht im Zustand unserer heutigen Welt. Die Ethik kommt an anderer Stelle zum Tragen: Wie wir die Kapitalmärkte gestalten, damit sie sich auf diese Milleniumsaufgabe fokussieren mögen.

Literatur

Baier, Annette: Moral Prejudices: Essays on Ethics, Cambridge (USA), 1995.

Binswanger, Hans Christoph: Die Wachstumsspirale: Geld, Energie und Imagination in der Dynamik des Marktprozesses, Marburg 2009.

Blumenberg, Hans Christoph: Lebenszeit und Weltzeit, Frankfurt Main 1986.

Bonß, Wolfgang: Vom Risiko. Unsicherheit und Ungewissheit in der Moderne, Hamburg 1995.

Enkelmann, Wolf Dieter: Beginnen wir mit dem Unmöglichen:

Jacques Derrida, Ressourcen und der Ursprung der Ökonomie, Marburg 2010.

Frevert, Ute: Vertrauensfragen. Eine Obsession der Moderne, München, München 2013.

Hartmann, Martin: Die Praxis des Vertrauens, Berlin 2011.

Hutter, Michael: Wie der Überfluss flüssig wurde. Zur Geschichte und zur Zukunft der knappen Ressourcen, in: Soziale Systeme, 5 / 1999, H. 1, S.41-54.

Helmedag, Fritz: Staatshaushalt und Schulden, 86 – 92 in: Heuser, U.J. / Priddat, Birger (Hg.), Hamburg 2013.

Konrad, Kai A. / Zschäpitz, Holger: Schulden ohne Sühne?, München 2010.

Ludwig, Bernd: Arbeit, Geld, Gesetz. Eine Neubestimmung von Ziel und Aufgabe der Eigentumstheorie John Lockes, in: Politisches Denken. Jahrbuch 2011, Weimar, 69-194.

Priddat, Birger: Eigentum, Arbeit, Geld: zur Logik einer Naturrechtsökonomie bei John Locke, in: Ludwig, Bernd, Hg., John Locke, Berlin 2012a.

Priddat, Birger: Die Leere der Fülle. Das Ende des Kapitalismus als Religion, in: Kursbuch Nr. 171 / 2012b.

Priddat, Birger: Benign order and heaven on earth – Kapitalismus als Religion? Über theologische Ressourcen in der Entwicklung der modernen Ökonomie, in: Pfleiderer, Georg / Heit, Alexander / Seele, Peter (Hg.), Wirtschaft und Religion, Zürich Baden-Baden 2013.

Weizsäcker, Carl Christian von (2012): Über den Nutzen von Staatsschulden für die schwäbische Hausfrau, die Logik der Nullrenditen und die Bedeutung für die Kapitaltheorie. Ökonomen im Gespräch (3), Interview von G. Braunberger vom 24.07.2012, in Fazit – das Wirtschaftsblog (Frankfurter Allgemeine) http://blogs.faz.net/fazit/2012/07/24/oekonomen-im-gespraech-3-carl-christian-von-weizsaecker-ueber-den-nutzen-der-staatsverschuldung-fuer-die-schwaebische-hausfrau-und-die-logik-niedriger-anleiherenditen-503.

Abschließendes Rundgespräch

„Nächstenliebe" in der ökonomischen Verantwortung

Podium: Alfred Krabbe, Hermann Michael Niemann, Martin Quilisch und Martin Heimbucher (Moderation)

Martin Heimbucher[1]: Wir kommen zu unserer Schlussrunde und beginnen auf dem Podium mit einem Naturwissenschaftler, Alfred Krabbe, einem Theologen, Hermann Michael Niemann und dem Wirtschaftsrechtler Martin Quilisch.

Ich möchte gerne in dieser Schlussrunde mit Ihnen zusammen drei Schritte gehen:

In einem ersten Schritt möchte ich sammeln. Was haben wir in unserer Beschäftigung mit dem Thema „Schulden" gelernt? Lassen Sie uns *Erträge zusammenlegen*.

Der zweite Schritt wird unter dem Stichwort *Orientierung* stehen: Welche Einsichten geben uns Orientierung in unserer Wahrnehmung, in unserem Urteil, in unserem Verhalten und Handeln in Fragen der Ökonomie, in Fragen der Schulden, gerade auch in politischen Kontexten.

Und eine dritte und letzte Schlussrunde möchte ich unter dem Thema behandeln, was hier auch als Thema der Podiumsdiskussion im Programm steht: *Nächstenliebe in der ökonomischen Verantwortung*. Was heißt das?

[1] Eine Rednerliste steht am Ende dieses Beitrags.

Erster Schritt: Sammeln

Das Bild ist der Korb. Jetzt sammeln wir Erträge in diesem Sinne: Wo haben wir eigentlich Aufklärung im inhaltlichen Sinne erfahren, z.B. über die Zusammenhänge von Ökonomie und Schuldenpolitik und Wirtschaft, Religion und Handel. Zu diesem Sammeln mögen auch *Fragen* gehören, die offen geblieben sind? Aber sie zu stellen ist auch ein Stück Aufklärung. Wo haben wir gelernt? Was haben wir gelernt?

Alfred Krabbe: Eine persönliche Antwort hängt eng mit der eigenen Geschichte zusammen. Das Erste, was ich hier gelernt habe, betrifft das Nehmen von Zinsen unter Gewährung von Kredit. Bislang war ich der Meinung, das Alte Testament erlaube zwar die Gewährung von Kredit, verurteile jedoch das Nehmen von Zinsen. Herr Niemann hat sehr schön gezeigt, dass es nicht so sehr um das starre Verbot geht, sondern um einen verantwortlichen Umgang im Geldhandel. Dies hat auch der Vortrag von Herrn Kampmann über die reformatorische Sicht auf unser Thema sehr schön fortgeführt. Luther betont einen eigenverantwortlichen Umgang mit Geld, mit Kredit und auch mit Zinsen. Wir haben hier einen Freiraum, den wir nutzen und ausfüllen können. Hier ist die Verantwortung jedes einzelnen gefragt.

Das Zweite: Geld, Kredit und auch Zins stellen im Rahmen unserer Finanzwirtschaft dennoch ein erhebliches Gefährdungspotenzial dar. Dies hängt, wie wir in den Vorträgen von Herrn Herr und Herrn Dörre gehört haben, unter anderem damit zusammen, dass der moderne Finanzhandel zunehmend über elektronische Medien abgewickelt wird. Diese haben extrem kurze Nachrichtenlaufzeiten, so dass die beteiligten Personen weniger entscheiden als die Maschine. Das heißt, wir haben Maschinenintelligenz-Expertensysteme. Diese sind zuvor programmiert worden und hinter den verwendeten Algorithmen stehen bestimmte Entscheidungsstrategien, ja auch

Menschenbilder. Wir müssen uns fragen, was das für Bilder sind und was solche Algorithmen bedeuten. Denn sie reagieren sehr schnell und wir haben in der Vergangenheit bereits gesehen, dass Aktienkurse in Bruchteilen von Sekunden hinauf und wieder herunter gehen können, ohne dass die Experten erklären konnten, wie es dazu jeweils kam. Was hat das zu bedeuten? Bringt die hohe Prozessgeschwindigkeit also ein zuvor unbekanntes Systemverhalten und damit ein finanzielles Gefährdungspotenzial hervor? Es sieht so aus.

Noch ein dritter Punkt: Wenn wir – im Sinne meines ersten Punktes – die Freiheit zur Gestaltung des Raumes Geld-Kredit-Zins haben, dann hängt dessen weitere Entwicklung von unserem ökonomischen Handeln ab, und dies sowohl im Kleinen wie auch im Großen. Der ehrbare Kaufmann, der im Norddeutschen – vielleicht aber nicht nur dort – in der Vergangenheit eine Rolle gespielt und bis heute spielt, kann als ein gutes Beispiel dienen. Er setzt eine kollektive Ethik voraus, so dass man Verträge per Handschlag besiegeln konnte. Das ist heute vielfach nicht mehr so einfach, weil wir es sowohl im eigenen Land wie auch über viele Kontinente hinweg mit ganz verschiedenen Kulturen zu tun haben und die Frage, ob man sich dort auf ethische Standards einigt und diese auch lebt, viel schwerer zu beantworten ist. Die reformatorische Freiheit und Verantwortung unseres ökonomischen Handelns ist aus diesem Grund in unserer Zeit möglicherweise schwerer umzusetzen, als uns lieb ist.

Hermann Michael Niemann: Auch ich habe von den Analysen, die wir am Anfang der Tagung gehört haben, sehr viel gelernt. Ich habe auch mit Freude die Parallelen erkannt, die sich aus meinem lieben, schon sehr „alten“ Alten Testament auch für die heutige Zeit ergeben, wenn man die biblischen Texte mit den Fragen der Gegenwart betrachtet, denn der Mensch bleibt sich offensichtlich gleich. Menschliche Handlungsmuster, Verhaltensstrukturen ändern sich anscheinend über Jahrhunderte und Jahrtausende nur begrenzt. Das Alte Testament bietet uns die große Chance, Probleme und Fragen, die Erfahrungen und die Weisheit, das Nachdenken über nahezu alles, was das menschliche Leben ausmacht, zu studieren. Denn die Texte des Alten Testaments, der Hebräischen Bibel, sind in dem Zeitraum eines Jahrtausends entstanden.

Im Alten Testament erkennen wir in seinen ältesten Texten zuerst die prophetische Kritik am ganz normalen Alltagsleben von einer religiösen, ethischen Basis her; diese Kritik mündet dann nach genauer Beobachtung der Situation in prophetische Ankündigungen, auch Appelle. Und diese Appelle wiederum münden in Vorschlägen, die – jetzt konkret auf unser Tagungsthema bezogen – bei Fragen von Schulden und eventuellem Schuldenerlass sich utopisch anhören, realitätsfern, auf breiter Basis kaum durchführbar, ohne dass unser heutiges kompliziertes Wirtschafts- und Finanzsystem zusammenbräche. Aber was soll man mehr machen als zunächst auf Probleme und Missstände – damals wie heute – deutlich hinzuweisen und dann in der biblischen Welt der Antike, wo Religion die unbestrittene und selbstverständliche Basis jeden Handelns war, auf religiöser Basis Lösungsvorschläge zu machen? Natürlich müssen Vorschläge und Orientierungen, wenn sie überzeugen und inspirieren sollen, in der jeweils zeitgenössischen Situation anwendbar, verständlich und einleuchtend sein.

Dazu passt eine Frage aus dem Plenum. Da fragte jemand: „Was für Lösungen gibt es biblisch für diesen Bereich der Schulden, die heute verstanden werden können und realistisch sind, Maßstäbe setzen und Lösungen gegenwärtiger Probleme anbieten?“ Das ist doch das Entscheidende, dass wir Analysen bieten, dass wir Appelle formulieren können, die aber dann auch verstanden und angenommen werden. Vielleicht ist ein exemplarischer Vorschlag die Art des Umgangs mit kirchlichen Geldern, die Herr Begrich uns vorgetragen hat. Da kann man im Bereich kirchlicher Finanzen vielleicht mit aller Bescheidenheit und Zurückhaltung – nicht von oben herab – den

„Kindern der Welt" Vorschläge machen oder besser: Vorbildlich, durchsichtig und verantwortlich handeln. Damit hätte die kirchliche Finanzwirtschaft eine zusätzliche Verantwortung und Aufgabe. Ich habe in den Jahrzehnten meiner Lehrertätigkeit an der Universität gelernt, dass Überreden gar nichts bringt, dass Überzeugen viel wichtiger ist. Noch wichtiger als Überzeugen ist ein Vorleben und entsprechendes Handeln. Mehr können wir ja nicht machen, aber das wäre schon eine ganze Menge. Und je konkreter wir dann werden in unseren Vorschlägen, desto besser kann es nur sein.

Also die Tendenz meines Vortrags und dessen, was ich bei unserer Tagung gelernt habe: Unsere Augen, unser Gewissen schärfen, genau hinschauen, Sachverstand erwerben, Verantwortung wahrnehmen in ökonomischen Dingen, die der Theologie manchmal fernzuliegen scheinen, appellieren, religiös fundierte, biblisch begründete Vorschläge machen und natürlich selbst vorleben und entsprechend handeln. Noch eine kleine Anmerkung zu einer Bemerkung von Herrn Krabbe: Er sagte, er habe gelernt, dass das Nehmen von Zinsen zu verurteilen sei. So umfassend und allgemein steht ein solches Verbot oder Urteil aber nicht im Alten Testament: Israeliten und Judäer lebten in einer Gesellschaft kleiner, durch die damaligen Verhältnisse auch verletzbarer und vielfach gefährdeter Sippen. Und nach dem Untergang der Staaten Israel und Juda kam hinzu, dass sich die exilierten Juden im „Ausland" als Minderheiten behaupten mussten. Das biblische Zinsverbot diente und galt insofern zum Schutz der eigenen jüdischen Gemeinschaft, unter Brüdern, Nachbarn, Verwandten, unter Juden eben, aber nicht generell. Von Schuldnern außerhalb der eigenen jüdischen Gemeinschaft darf daher normaler Zins genommen werden (Dtn 23,20-12; vgl. auch Lev 25,35-37). Damit diente das Zinsverbot einer begrenzten Gemeinschaft, allerdings auch damit dem innergesellschaftlichen Frieden.

Martin Quilisch: Für mich ist ein ganzes Jahr bei der Vorbereitung dieser Tagung vergangen, in dem ich mich mit dem Vaterunser beschäftigt habe und ich bin unglaublich fasziniert von der Breite und Tiefe der Interpretation und Übersetzungen des Textes. Dabei ist für mich persönlich der stärkste Eindruck gewesen, dass auf einmal in der plattdeutschen Fassung der Bitte um Vergebung nicht von unseren Schuldigern, sondern von unseren Nachbarn, von unseren Nächsten geredet wird. Das halte ich für eine unerhörte Wendung, weil sonst immer davon ausgegangen wird, wir müssen Menschen vergeben, die uns etwas Negatives angetan haben. Doch umgekehrt ist da gesagt worden: Nein, guck erst mal deinen Schuldiger nicht als den Schuldigen an, sondern als den, dem du etwas schuldig bist. Das ist eine Wendung, die ist so nicht ohne weiteres im Text erkennbar. Aber sie hat mich sehr stark berührt, weil sie sozusagen den Ball ins eigene Feld spielt. Das fand ich für mich selbst eine der ganz wichtigen Erkenntnisse.

Daneben steht allerdings auch die Erkenntnis, dass wir früher von einer Welt ausgegangen sind, in der Personen miteinander interagieren und dass wir heute gerade in der Wirtschaft meist nicht mehr als Personen miteinander interagieren, sondern in Systemen. Und dass in diesen Systemen zum Beispiel der Zins eine durchaus wichtige Rolle spielt. Der Finanz- und Wirtschaftskreislauf ist wie ein Blutkreislauf. Das Geld sorgt dafür, dass auch die Realwirtschaft funktioniert und erst, wenn das nicht funktioniert, entstehen die Probleme. Ich sehe die große Krise des Vertrauens darin, dass ein Finanzkreislauf entstanden ist, in dem mehr Geld umläuft als die Versorgung der Realwirtschaft erforderlich ist. Und dieser Kreislauf wird ständig noch von den Zentralbanken mit einem ungeheuren Maße gefördert und aufgebläht. Da fragt man sich wirklich – ich hab das anatomische Beispiel des Aneurysma[2] verwendet – muss nicht dieser Kreislauf abgekoppelt und ausgetrocknet werden? Und dann muss man weiter fragen: Kann man das? Denn wenn

[2] Verdünnung und Ausweitung der Gefäßwand einer Arterie.

so viel Geld in diesem Kreislauf steckt, steckt doch ungeheuer viel Macht darin. Schließlich noch ein weiteres Thema: Die Computerisierung. Es gibt ein sehr schönes Buch von dem britischen Autor Robert Harris, *Der Angstfaktor*. Kern dieses Romans ist eine Art Frankenstein-Geschichte. Darin entwickelt ein Spekulant ein Computerprogramm, mit dem er die Angst der Menschen aufnehmen und in Spekulationen ausnutzen kann. Er kann daher vorhersagen, wie die Aktienkurse und überhaupt die Märkte laufen. Der eigentliche Clou dieses Buches ist: Am Schluss reagiert der Computer nicht mehr auf seinen Programmierer, sondern übernimmt den Markt selbst. Das ist schon eine Geschichte bei der einem angst und bange werden kann.

Martin Heimbucher: Mein Lernpunkt, gerade bei den Vorträgen von Herrn Dörre und Herrn Hörisch, ist: Zur Ratio der Ökonomie gehört also, dass Rationalität und Irrationalität, Berechenbares und Unvorhersehbares in einer schwer durchschaubaren Verquickung wirken. Ein schönes Beispiel dafür gab es auch im Vortrag von Herrn Begrich: Demographische Entwicklung kann er vorhersagen. Bei der Vorhersage der Kirchensteuern, die ja von der Wirtschaft abhängt, liegt er immer daneben. Großartig, dass ein Ökonom das so frank und frei sagen kann.

Diese irrationalen und unvorhersehbaren Faktoren, wirken überraschend für denjenigen, der von der Ökonomie der Zahlen dachte, dass sie rational berechenbar und also beherrschbar sind. So weit so allgemein menschlich.

Wie ist es denn in unserer Politik? Wie viel ist berechenbar und vorhersehbar, wie viel ist tatsächlich lernbar aus vergangenen Erfahrungen und Krisen, und wie viel ist kontingent und immer wieder neu zu begreifen? Mein Schluss daraus ist: Genau diese Beobachtung der Gemengelage zwischen Rationalem und Irrationalem, zwingt uns zur kritischen Wahrnehmung: Wir brauchen Analyse. Wir brauchen wirtschaftliche, wir brauchen politische, wir brauchen – glaube ich – noch viel mehr psychologische Analyse. Was passiert denn da und warum passiert denn das?

Wir brauchen auch theologische Rationalität, nämlich Religionskritik an der Religion der Ökonomie. Davon haben wir in der Predigt heute Morgen ein Stück gehört: Was die Ökonomie bieten kann, ist nicht die Erlösung, ist nicht der Trost, der mir im Leben und im Sterben Zuflucht bietet und Kraft und Hoffnung schenkt. Das müssen wir zunächst mal als einen Satz „negativer Theologie" festhalten, um die Ökonomie zu entlarven überall dort, wo sie mit diesem Erlösungsanspruch auftritt.

Jürgen Kampmann: Wir haben uns in dieser Tagung nach meiner Beobachtung sehr weitgehend mit makroökonomischen Aspekten befasst. Aber wäre da nicht noch ein wichtiger zusätzlicher Aspekt, den man bei einer Beratung über dieses Thema mit einfangen müsste? Ich denke an den tatsächlichen Umgang mit der Schuldnersituation unter den heutigen Gegebenheiten. Wie sieht es aus mit Menschen, die in private Insolvenz geraten sind? Was bedeutet es, in einer Kommunalgemeinde zu leben, die in einem Haushaltssicherungsverfahren steckt? Welche Lebenswirklichkeit wird dadurch verändert – und wie? Ein weiterer Aspekt: Wie sieht eine Schuldnersituation aus juristischer Perspektive aus? Wie stellt sich der Umgang mit Schulden heute empirisch dar? Ich denke dabei auch an eine fragwürdige, vielleicht sogar strafwürdige Art und Weise. Das sind zusätzliche Gesichtspunkte, über die ich noch nicht hinreichend informiert bin. Für nicht wenige Menschen und für nicht wenige Strukturen in unserem Land hat der Umgang mit Schulden doch erheblichen Einfluss auf die Lebenswirklichkeit.

Christian Ammer: Während der Tagung ist mehrfach auf das kürzlich erschienene Buch von Tomáš Sedláček[3] hingewiesen worden. Eine zentrale These von Sedláček ist, dass die Ökonomie, die sich der Mathematisierung unterworfen hat und dem Bild des Homo oeconomicus nachfolgt, sich eigentlich wieder auf ihre Grundlagen besinnen sollte, nämlich der Verbindung von Ökonomie und Ethik. Die Väter der modernen Ökonomie gingen von einem immanenten ethischen Impuls aus. Dieser Impuls hätte durchaus pointierter neben den theologischen Beiträgen zum Ausdruck gebracht werden können. Etwas davon klang gestern in dem Vortrag von Herrn Hörisch[4] an, als er auf religiöse oder pseudoreligiöse Elemente in der Ökonomie und in ihrer Sprache hinwies. Ich denke, Theologie und Philosophie haben die Aufgabe, die Ökonomie wieder mehr auf die Ethik zu begründen.

Kurt-Wolfgang Keller: Für mich sind hier zwei Dinge wichtig: Das Eine, was wir aus der biblischen Botschaft heraushören ist, dass wir uns nicht herausreden können mit dem Verweis auf „die da oben" – sondern, dass wir selber verantwortlich sind und Entscheidungen zu treffen haben – selber mit dem Blick auf „den da oben" – in der unmittelbaren Verantwortung vor Gott. Das Andere, was zunächst in Ihrem Beitrag, Herr Quilisch, so schön gesagt wurde, und was immer wieder auftauchte: Das *Vertrauen*, das nötig ist in unserem gegenseitigen ökonomischen Umgang. Herr Krabbe hat von den norddeutschen Kaufleuten gesprochen; sie tätigten ihre Geschäfte mit Handschlag und in der Übereinkunft eines gegenseitigen Vertrauens. Im isoliert ökonomischen Denken bekommen heute juristische Kautelen und Sicherungen die Oberhand, aber sie können das

[3] Tomáš Sedláček, Die Ökonomie von Gut und Böse, München 2012.

[4] Dieser und weitere Verweise in der Schlussdiskussion auf Jochen Hörisch beziehen sich auf sein ausführliches mündliches Referat während der Tagung. Viele der dort geäußerten Gedanken finden sich in ähnlicher Form auch in: Jochen Hörisch: Man muss dran glauben, Paderborn 2013.

gegenseitige Vertrauen nicht ersetzen.

Martin Quilisch: Es hat mich sehr gefreut, dass die rechtliche Frage aufgetaucht ist. Ich habe sie bewusst unterdrückt, weil man einfach in der Vortragszeit beschränkt ist. Aber es ist ganz klar, dass Schuldenerlass und die Behandlung von Schulden ein eminentes rechtliches Problem sind. Wir haben eine ganze Reihe von Institutionen, mit denen wir dieses Problem auch als Juristen lösen. Ich nenne nur Eines, die Verjährung von Schulden. Praktisch alle Schulden, jedenfalls im zivilrechtlichen Bereich, unterliegen der Verjährung. Es gibt dann allerdings wieder genauso die juristischen Methoden, diese Verjährung zu unterbrechen, also es wird ziemlich viel List angewandt auf beiden Seiten. Und in Formalien, wenn Sie Steuerberater nehmen oder sonst etwas Ähnliches dann wird klar und deutlich, dass man versucht, Schulden zu verschieben und rechtlich abzusichern.

Aber wir haben auch das Instrument der Insolvenz – noch ein ganz wichtiges Instrument, um Schulden still zu stellen. Wichtig ist: Das ist eine Form von sozialer Befriedung, dass man nicht dauernd bestimmten Verbindlichkeiten hinterherlaufen darf und kann. Vergeben hat eine friedensstiftende Wirkung in der Gesellschaft. Das wird viel zu wenig wahrgenommen und sollte auch den Umgang mit den prekären Schuldnern bestimmen. Wenn man den Menschen, die wirklich in einer ganz schwierigen Lage sind, ihre Schulden nicht mehr bezahlen zu können, nicht hilft, überhaupt Ordnung zu schaffen – ich habe selbst in der Diakonie Schuldenberatung gemacht – so schaffen sie dies nicht allein. Und es ist wichtig, dass die Kirche mithilft, Menschen wieder auf den Weg zu helfen und ihnen Chancen zu geben auch neu wieder anzufangen. Das finde ich bei Vergebung ganz wichtig. Aber es ist nicht nur für den Schuldigen und Schuldner wichtig. Es ist auch wichtig für den Gläubiger, dass wir nicht hinterherlaufen und nachtragend sind, sondern, dass wir uns befreien von der Forderung immer noch zu suchen, dass wir das alles wieder kriegen. Es ist wichtig, dass wir sagen: Okay, jetzt machen wir mal Schluss.

Über Tomáš Sedláček habe ich ja auch kurz gesprochen. Ganz wichtig ist für mich gewesen, dass Sedláček nicht die gegenwärtige Ökonomie insgesamt verdammt, sondern sagt: Die ist viel zu eng. Wir müssen die anderen Disziplinen – und das passt wunderbar zur EFA Tagung – auch gleichwertig wieder hineinnehmen in die Erfassung von wirtschaftlichen Zusammenhängen. Wir brauchen die Psychologie. Wir brauchen die Biologie. Wir brauchen die Verhaltensforschung. Wir brauchen Gehirnforschung. Wir brauchen die Theologie. Es muss im Grunde genommen ein großer breiter Wissenschaftsdialog angefangen werden, um das Problem wirklich angemessen zu erfassen. Diese große Verengung, das Monopol der klassischen Wirtschaftswissenschaften, die gewissermaßen ohne Ethik auskommt, ist ein Fehler, der uns in die Irre führt, uns belasten wird und uns wahrscheinlich sogar in den Abgrund führt.

Ulrich Schröter: Alles, was gesagt wurde, bündelt sich für mich in der Frage: Wem gilt das? Wer ist mein Nächster? Bei dem Gleichnis vom Barmherzigen Samariter (Lk 10,25-37) wird die Grenzziehung überwunden. Aber es gibt z. B. das schöne Gebot vom Erlassen der Schulden (Dtn 15,1-11), wo jedoch der Fremdling nicht einbezogen ist: Den Ausländer darfst du schröpfen (Vers 3). Insofern ist für mich die Frage entscheidend: Wer ist mein Nächster?

Martin Heimbucher: Genau diese Frage wird die Zielfrage sein. Wir werden uns ihr in der dritten und letzten Runde dieses Vormittags noch mal intensiv zuwenden. Denn sie ist die Schlüsselfrage zur Frage unserer Ethik unseres Verhaltens, unseres Tuns und Lassens.

Zweiter Schritt: Orientierung

Ich läute nun die zweite Runde, die *Orientierungsrunde* unseres Gesprächs ein. Nehmen wir etwas aus dieser Tagung mit? Ist uns etwas klar geworden, das uns Orientierung gibt für unser künftiges Wahrnehmen in diesem Feld der Wirtschaft, der Schulden. Was gibt uns Orientierung in unseren Urteilen, vielleicht auch in unserem Verhalten und Handeln. Ich wähle dazu ein Epiphanias-Bild: Welchem Leitstern wollen wir folgen?

Hermann Michael Niemann: Nach dem sehr kundigen, orientierenden, aber im Inhalt eher desillusionierenden analytischen Vortrag von Herrn Kollegen Herr haben mich die beiden folgenden Vorträge dann wieder sehr ermutigt, besonders der von Herrn Hörisch. Ich habe als Student viel von Paul Tillich gelesen und der hat bekanntlich einmal – sinngemäß – gesagt: Es gibt Worte, die wir so häufig gebrauchen, dass wir nicht mehr wissen, was wir damit meinen. Damit meint er hauptsächlich das Wort *Gott*. Ich könnte das, darauf will ich hinaus, auch bei dem Wort *Glauben* sagen. Deswegen habe ich auch – ich betreibe ja nicht nur Archäologie – einmal sämtliche Belegstellen im Alten Testament untersucht, die üblicherweise mit *Glauben* übersetzt werden und man kann an allen Stellen ausnahmslos auch *Vertrauen* übersetzen. Deswegen springe ich sofort an, wenn hier in der Ökonomie das Wort *Vertrauen* erwähnt wird und einen prominenten Platz bekommt.

Herr Keller hat es eben auch nochmals erwähnt und dieser Vortrag hat mich sehr ermutigt. Er hat auch, glaube ich, einmal vom Irrationalen in der Ökonomie gesprochen. Da könnte man auch fragen: Ist Theologie auch irrational, genauso wie Religion? „Theologie ist keine Logik" hat er formuliert. Es gibt aber ein Plus in der Theologie, weil sie vielleicht nicht logisch ist, aber sie hat einen Zielpunkt. Sie hat sogar zwei Zentralpunkte oder Zielpunkte, nämlich Gott und Mensch und dazwischen ist die gesamte Welt aufgespannt. Wenn die Ökonomie nicht auf

Vertrauen aufgebaut wäre, würde Geld nicht funktionieren. Denn dass Geld Wert hat, ist eine Vertrauensfrage. Und wenn kein Vertrauen mehr ins Geld besteht, dann bricht die Finanz-Ökonomie zusammen. Da ist ein Ansatzpunkt für die Theologie in der Ökonomie, auch wenn Ökonomen das befremdlich finden würden.

Die Ökonomie verwendet, wie wir gehört haben, nicht wenige theologische bzw. religiöse Begriffe. Ökonomie funktioniert eben nicht ohne Vertrauen. Da können wir Theologen, glaube ich, ansetzen, da müssen wir auch ansetzen, indem wir genau das machen, was Herr Quilisch eben gesagt hat: Die Ökonomie nicht allein lassen. Da würden wir schuldig, wenn wir keine wirtschaftsethischen Vorschläge machen von unserer theologischen Position her, würden wir bei Fehlentwicklungen selber mitschuldig. Wir haben eine Bringe-Pflicht. Die Feststellung, dass Vertrauen eine ökonomische Kategorie ist, scheint mir ein sehr wichtiger Ansatzpunkt für das Gespräch zwischen Ökonomie und Theologie. Das hat mich sehr ermutigt und in der Richtung sollten wir theologische Fragen an Ökonomie und Politik stellen. Übrigens, das habe ich auch in meinem Lehren in der Theologischen Fakultät gelernt, dass Fragen zu stellen manchmal wichtiger ist als schnelle und selbstsichere Antworten zu geben.

Martin Heimbucher: Alfred Krabbe, gibt es einen Fixstern für den Astrophysiker, der ihm Orientierung gibt?

Alfred Krabbe: Diese Frage könnte ich schwarz-weiß beantworten, indem ich auf meine Ethik und unser christliches Glaubens- und Lebensverständnis hinweise, zu dem sich ja auch in der Satzung der Evangelischen Forschungsakademie eine entsprechende Formulierung findet. Damit hätte sich das Thema auf gesellschaftlicher Ebene erledigt und der Rest ist vielleicht eher eine Frage des Herunterbrechens auf eine mikroökonomische Ebene im privaten und persönlichen Bereich.

Die Frage bleibt: Reicht mir das, oder haben wir als christliche Gemeinschaft nicht auch eine größere Bereitschaft, Verantwortung im größeren gesellschaftlichen Rahmen zu übernehmen als nur für unsere eigenen Bankkonten und Finanzgeschäfte?

Ich glaube, wir sollten einen Schritt weitergehen, aber wir müssen uns gleichzeitig davor hüten, vorschnell eine entsprechend angepasste Ethik zu postulieren. Denn einen Leitstern zu finden bedeutet für mich auch, verstanden zu haben, was in den ökonomischen Systemen eigentlich vorgeht. Wir sollten uns deshalb die Mühe machen und weitere Fragen stellen, selbst wenn wir nicht auf alle Fragen sogleich Antworten erhalten.

Ein Beispiel: Bei Finanzsystemen geht es nicht nur ums Geld, es geht auch um Macht. Das fängt schon bei der kleinen Münze an, jedes Geldstück ist ein Machtfaktor. Es sind kleine und große Machtfaktoren und wir stehen vor der Frage, wie wir grundsätzlich mit Macht umgehen. Die Antwort auf diese Frage wird auch in den Finanzbereich ausstrahlen. Während der Finanzkrise gab es einerseits viel Kritik an den Banken, sie hätten versagt. Dagegen halte ich das Argument von Niall Ferguson, dass ich in seinem Buch *The Ascent of Money,* zu Deutsch *Der Aufstieg des Geldes*[5], fand, in dem er ein Lob auf die Finanzwirtschaft singt. Er betont, dass die Banken wesentlich eine Schutzfunktion haben. Die Bank soll gerade verhindern, dass Privatpersonen sich bei einer nicht vertrauenswürdigen Institution Geld zu undurchsichtigen Bedingungen leihen und durch dieses Geschäft anschließend ins Unglück stürzt werden. Nach Ferguson haben die Banken gerade die Funktion, in Finanzgeschäften Vertrauen aufzubauen, einen geordneten Geschäftsablauf sicherzustellen und humane Geschäftsbedingungen anzubieten. Die Macht der Banken ist daher ambivalent. Es

[5] Niall Ferguson: Der Aufstieg des Geldes - Die Währung der Geschichte, Berlin 2009.

gibt einerseits überall schwarze Schafe, aber das Bankgeschäft erfüllt im Rahmen der Ökonomie einen sehr sinnvollen Zweck.

Machtausübung im Bankengewerbe bedarf deshalb einer gewissen Ethik, damit die Finanzgeschäfte human bleiben. Was ist dann der Leitstern für so eine Bank? Wie geht sie mit solchen Dingen um? Dies ist auch eine Frage an uns: Wie gehen wir mit Finanzen um? Zur Illustration der Notwendigkeit einer Ethik und der zugehörigen Verantwortung in diesem Zusammenhang möchte ich gerne Herrn Priddat zitieren. In einem Interview mit der Zeitschrift Chrismon äußerte er sich sehr kritisch über diese schwarzen Schafe. Er sagte: „In der Finanzwirtschaft werden keine wirklichen Geschäfte mehr gemacht, sondern – wie im Kasino – Wettgeschäfte. ... Heute geht es um easy money, um arbeitslos erworbenes Geld."[6] Haben die Schwarzen Schafe bereits die Mehrheit? Oder ist unsere Ethik von gestern? Die Frage nach dem Leitstern müssen wir uns alle im Großen wie im Kleinen stellen, aber ich betone nochmals: Es geht keineswegs darum die Finanzgeschäfte zu verdammen, sondern differenzierte Fragen nach der Ethik und der Verantwortung zu stellen, die beantwortet werden müssen. Die Notwendigkeit einer in Verantwortung praktizierten Ethik scheint mir der Leitstern zu sein.

Martin Quilisch: Eine Erkenntnis unserer Bearbeitung dieses Themas ist vermutlich, dass das Finanzsystem, der Finanzsektor sich in einem ungeheuren Maße von der Versorgung der Realwirtschaft abgekoppelt hat. Diese Entwicklung ist ganz schwer wieder zu korrigieren. Wenn man im Kapitalismus eine profitgesteuerte Wirtschaft hat und man kann im Casino mehr Geld verdienen, mehr als wenn man reale Produkte herstellt, dann geraten die Dinge wirklich aus dem Lot. Ich glaube, die

[6] Chrismon – Das Evangelisches Online-Magazin, März 2012, Quellen-URL: http://chrismon.evangelisch.de/artikel/2012/aus-schuld-mach-schulden-13897.

Gesamtanalyse deutet eigentlich in diese Richtung. Die nicht gefundene Antwort heißt: Wie kann man das ändern? Wir haben uns ein bisschen darauf hin orientiert festzustellen: Das muss jeder Einzelne bei sich machen. Da muss ich nun aber aus meiner politischen Erfahrung sagen: Das ist nicht ausreichend, aber es ist notwendig. Es ist eine notwendige, aber nicht hinreichende Bedingung. Wir haben ein Problem: Wir brauchen – ich habe das Systemvertrauen genannt – wir brauchen Information, aber wenn man sieht, dass uns wesentliche Orientierung durch Ratingagenturen gegeben wird und zwar von denjenigen, die auch noch interessiert daran sind, dass dieses System weiterläuft, dann kann man sehr skeptisch sein, wie dieses Problem überhaupt zu lösen ist. Aber ich glaube, es muss gelöst werden. Ich habe das Wort gebraucht, die Broker und Finanzmanager handeln auf den Finanzmärkten mit Futures. Ich finde dies wirklich ein sehr verräterisches Wort. Es werden Zukünfte auf Wettbasis verhandelt und damit spielt man mit unserer Zukunft, unter Umständen verspielt man sie auch. Das ist eine meiner ganz großen Sorgen.

Hermann Michael Niemann: Herr Krabbe hat eben einen wichtigen Namen genannt, den des englischen Historikers und Wirtschaftswissenschaftlers Niall Ferguson, der zurzeit in Harvard lehrt. In seinen Büchern, z. B. in „Der Westen und der Rest der Welt. Die Geschichte vom Wettstreit der Kulturen“[7] und ein Jahr vorher schon „Der Niedergang des Westens – Wie Institutionen verfallen und Ökonomien sterben“[8], stellt er – generell gesagt – den Niedergang der westlichen kapitalistischen Gesellschaft mit einer erschreckende Klarheit dar. Er beschreibt, wenn ich richtig erinnere, was den Aufstieg der westlichen Welt, der ja im 15./16. Jahrhundert noch nicht so zu

[7] Niall Ferguson: Der Westen und der Rest der Welt, Berlin 2013.

[8] Niall Ferguson: Der Niedergang des Westens – Wie Institutionen verfallen und Ökonomien sterben, Berlin 2012.

erwarten war, begründete, nämlich repräsentative Demokratie, Marktwirtschaft, Rechtsstaat, Zivilgesellschaft, allgemeine Bildung, Konkurrenz, individuelle Initiative, Innovation, Gewinnstreben. Was er für höchst problematisch für den Westen hält, sind interessanterweise die Dinge, die auch Herr Quilisch erwähnt hat: Die Entfremdung und Entpersonalisierung bzw. Virtualisierung der Schuldverhältnisse, Markt-Überregulierung, ein Paragraphendickicht, das den Rechtsstaat erstickt, explodierende Staatsschulden, alternde Bevölkerungen, zerbrechende Sozialgefüge. Niall Ferguson liefert im Wesentlichen eine Analyse, es ist noch keine Lösung, aber sie gibt dem, was Herr Krabbe und auch Herr Quilisch gesagt haben, konkreten Hintergrund. Fergusons Bücher sind wirklich sehr zu empfehlen.

Martin Heimbucher: Jürgen Kampmann hat uns gestern eindrücklich und differenziert in Luthers Stellungnahmen zu Themen der Wirtschaft, zu Zins und Wucher eingeführt und kam zu dem Schluss: „Wir finden hier keine übernehmbare Rezepte, aber es lohnt sich, das als Fallbeispiel dafür zu nehmen, wie theologisch reflektiert eben hingeblickt wird auf das menschlich, allzu menschliche Wirtschaften, auch auf das, was da schief läuft." Ich habe da nochmals die Frage über diese differenzierte Darstellung hinaus: Gibt es von Luther her oder vielleicht auch von Calvin oder von beiden in Korrespondenz eine Grundorientierung, die für uns auch heute wichtig ist? Herr Hörisch hat ja gestern ein bisschen provokativ formuliert: „Seid Ihr nicht, die ihr von der Reformation herkommt, diejenigen, die die Systeme vor allen Dingen differenzieren? Seid ihr nicht die geborenen Entkoppler?" Dazu müssten wir doch eigentlich stehen.

Jürgen Kampmann: Gestern lag der Schwerpunkt meines Vortrags auf der Darstellung der Perspektive Luthers. Wegen der begrenzten Vortragszeit konnte auf Calvin weniger abgehoben werden. Eine intensivere Befassung mit der Sicht Calvins wäre dennoch erforderlich. Calvin hat seine Perspektive 1545 in Beantwortung einer Frage entwickelt, die ihm zum Umgang mit Zins und den sich daran anschließenden Problematiken gestellt wurde. Aus seiner Antwort wird deutlich, dass Calvin eine nicht so biblisch „angekoppelte" Perspektive darbietet wie Luther. Er stellt nicht infrage, was zum Umgang des Einzelnen mit seinem Nächsten biblisch als Weisung zu verstehen ist. Er tastet es nicht an, aber er führt einen weiterführenden Gedanken ein – und zwar, indem er sagt: Solange zwei Personen übereinkommen, dass ein wirtschaftliches Handeln beiden Seiten unter absehbaren Bedingungen zugute kommt, so lange ist eigentlich nichts gegen diese Übereinkunft einzuwenden. Calvin schafft damit einen Freiraum für solch eine Übereinkunft, und er sagt damit, dass ein enges Ausdeuten der Heiligen Schrift – so wie es ja Luther vorführt und es dann ja auch im Fallbeispiel in meinem Vortrag noch einmal gründlich betrachtet worden ist – für ihn jedenfalls nicht maßstabgebend sei. Man könnte jetzt noch einmal weiter überlegen, wie weit eine solche freie Übereinkunft dann auch wieder der Regelung bedarf. Dazu sagt Calvin allerdings auch nichts im Detail. Und deshalb kann man auch nicht einfach sagen: „Man lese Calvin – und man habe die Lösung!"

Martin Heimbucher: Also von der Reformation her ist das ein Aufruf zu einem kritischen Umgang mit den Quellen. Dies ist nötig und unser Part als westliche Theologie und in der gesamten Ökumene. Und dann ist eben auch das Stichwort der „Billigkeit" gefallen als ein Maßstab, den man dann natürlich zu deklinieren hätte.

Thomas von Woedtke: Mir gehen aus dieser Tagung vor allen Dingen der Vortrag von Herrn Quilisch und der anschließende Vortrag am nächsten Tag von Herrn Hörisch sehr nach, die diese Ähnlichkeiten der Begrifflichkeiten und Kategorien in der Ökonomie und in der Religion, im Glauben aufzeigten. Das ist auch schon von Herrn Dörre angesprochen worden. Er sprach von der Sakralisierung des Wachstums. Was ich mich dabei frage und wo ich noch Orientierung suche: Besteht wirklich in beiden Fällen diese Irrationalität, bei Religion und Theologie einerseits und in der Ökonomie andererseits? Hat die Ökonomie tatsächlich diesen religiösen Charakter und wird sie deshalb mit ähnlichen Begriffen betrieben oder ist es nicht eher umgekehrt? Geben wir der Ökonomie nicht erst religiösen Charakter, weil wir – aus welchen Gründen auch immer – mit ähnlichen Begriffen hantieren? Ich würde eigentlich, wenn ich Orientierung suche, eher zu Letzterem neigen oder möchte gerne zu Letzterem neigen. Wenn ich der Ökonomie diesen religiösen Charakter gebe, schränke ich meine Verfügbarkeit ein. Ich glaube, das muss nicht so irrational sein, wie wir das wahrnehmen.

Die Kategorie Vertrauen haben wir besprochen und ich finde, es ist nichts Besonderes, dass in der Ökonomie, in Wirtschaftskreisläufen sehr viel Vertrauen eine Rolle spielt, weil alles Zusammenleben von Menschen in gewisser Weise auf Vertrauen basiert. Ich denke, wir sollten, wenn wir über diese Kategorien reden, uns viel stärker darauf orientieren, dass wir über menschliche Systeme sprechen, die dem menschlichen Zusammenleben dienen sollen. Sie müssen nicht irrational sein, auch wenn sie so daherkommen. Ich kann da Ihrer Ermutigung durchaus folgen. Wir können die Kategorie der Moral noch hinzunehmen. Damit wird das Ganze für mich verfügbar und dann hätte ich schon die Hoffnung, dass man aus dieser Irrationalität – so wie wir sie jetzt wahrnehmen – herauskommen kann. Wenn wir all das nämlich religiös überhöhen, wozu wir manchmal neigen, dann machen wir eigentlich genau dasselbe, was bis vor reichlich 20 Jahren politisch-ideologische Strömungen hier in diesen Breitengraden taten, die versucht haben, Gesetzmäßigkeiten des menschlichen Zusammenlebens in den Rang von Naturgesetzen zu erheben. Das ist nicht so. Und daher glaube ich, dass auch wir Gesetzmäßigkeiten oder

Systeme des gesellschaftlichen Zusammenlebens – Ökonomie ist aus meiner Sicht nicht mehr, aber auch nicht weniger – nicht in den Rang von religiösen Kategorien erheben sollten. Ich denke, das habe ich gelernt und da kann man ansetzen. Dann kann ich Ihren Optimismus durchaus teilen.

Hermann Michael Niemann: Ich kann mich dem gern anschließen, Herr von Woedtke. Ich kann es vielleicht noch einmal präzisieren. Theologie und Ökonomie, beide haben natürlich rationale vernunftgemäße Anteile. Was ich aber bei der Ökonomie irrational finde, ist das, was Herr Quilisch und Herr Hörisch ausführlich beschrieben haben, manches in der Entwicklung seit den 80er Jahren, die Entpersonalisierung im Finanzsystem zum Beispiel. Die ist, wenn ich das richtig verstanden habe, unkontrollierbar und kann möglicherweise auch nicht mehr kontrollierbar werden, wenn man nur noch Computerprogramme ablaufen lässt.

Thomas von Woedtke: Aber es ist ja kontrollierbar! Wir können es einfach lassen! Einfach den Computerhandel lassen, als Menschen. Wir können sagen, wir kontrollieren das, indem wir es nicht tun.

Hermann Michael Niemann: Ganz richtig, das ist eine sinnvolle ethische Forderung und eine Möglichkeit; solche Freiheit sollten wir uns auf keinen Fall nicht nehmen lassen. Die Freiheit der Entscheidung ist ein sehr hohes, kostbares Gut, die Freiheit der ethischen und der rationalen Entscheidung, die Freiheit, Nein zu sagen. Nicht alles tun, was möglich ist. Das Alte Testament kennt sogar die Freiheit der Entscheidung gegen Gott.

Martin Schnittler: Der hier angesprochene Begriff *Vertrauen* hat mir in den einleitenden Vorträgen noch gefehlt. *Vertrauen* als wichtige Kategorie möchte ich durch eine andere Kategorie ergänzen, die Vertrauen erst möglich macht: *Verantwortlichkeit*. Verantwortliches Handeln schließt sowohl den Kreditgeber als auch den Kreditnehmer ein; so könnte man das über Calvin Gesagte interpretieren. Eigentlich ist die Lösung klar: Der ideale Kredit sollte eine Win-Win Situation sein – so würden wir das auf Neudeutsch sagen. Das heißt, solches Handeln sollte sowohl das Leben des Kreditgebers als auch des Kreditnehmers nachhaltig verbessern. Daraus muss ich ableiten, dass beide Seiten eine Verantwortlichkeit haben. Der Kreditgeber sollte Kredit nicht nur geben, um seine eigene Situation zu verbessern, sondern er sollte auch den Kredit so ausgestalten, dass der Schuldner seine Situation verbessern kann. Der Schuldner sollte das Geld so anwenden, dass er seine eigene Situation nachhaltig verbessert – jetzt kommt das Wort „nachhaltig" ins Spiel, das Herr Ott gebraucht hat. Diese Szene macht auch klar, worin diese Verantwortlichkeit besteht und was unsere Rolle und die Rolle aller Bürger in einer demokratischen Gesellschaft sein kann: verantwortungslose Kreditgeschäfte zu zähmen. Nur dann, wenn diese Verantwortlichkeit auf beiden Seiten wahrgenommen wird, ist ein Kreditgeschäft moralisch gerechtfertigt. Und das betrifft wirklich jeden von uns, denn fast alle unsere Geldanlagen sind eigentlich Kreditgeschäfte. Wenn wir einen Anteil eines Fonds kaufen, so geben wir, auch wenn wir es uns nicht immer bewusst machen, einen Kredit. Wir werden Gläubiger. Wir kennen unseren Schuldner nicht automatisch. Das ist in der modernen Wirtschaft oft so, befreit uns aber nicht von der oben erwähnten Verantwortung. Insofern hat mir diese Tagung – danke für das Thema – sehr viel gegeben, auch als Maßstab für eigenes Handeln.

Rüdiger Lux: Mir ist auf dieser Tagung nochmals ein Dilemma deutlich geworden. Die Welt ist viel zu groß für den kleinen und in seinen Lebensbezügen begrenzten Menschen. Wenn man diesen Grundsatz auf das Verhältnis von Ökonomie und Anthropologie bezieht, dann liegt es offenbar im System der globalisierten Ökonomie diese menschlichen Grenzen zu überwinden. Die Ökonomie löst lokale, regionale, nationale und transnationale Grenzen von Wirtschaftsblöcken auf. Das Kapital ist ein scheues Reh. Wenn die Steuerschraube im Inland angezogen wird, dann gehen eben die Arbeitsplätze dorthin, wo ich günstigere Steuersätze habe und günstiger produzieren kann. Und oft sind die Arbeitskräfte gezwungen, den Arbeitsplätzen hinterher zu ziehen. Diese Grenzenlosigkeit der Ökonomie macht heimatlos.

Auf der anderen Seite ist der Mensch als solcher aber unverzichtbar auf Beheimatung in dieser Welt angewiesen und auch nur begrenzt globalisierbar. Wie sich dieser Grundkonflikt zwischen Ökonomie und Anthropologie auflösen lässt, der sich durch die Globalisierung der Ökonomie in dramatischer Weise zugespitzt hat, dafür habe ich keine Lösung. Ich vermute aber, eine individualethische Lösung, wie wir sie vorrangig diskutiert haben, reicht nicht aus um diesen Konflikt zu entschärfen.

Herbert Spindler: Ich habe gestern aus dem sehr beeindruckenden Vortrag von Herrn Hörisch gelernt, dass es eine Verbindung zwischen Ökonomie und Theologie gibt, an die ich bisher überhaupt noch nicht gedacht habe, nämlich dass beide sich mit Unsicherheiten beschäftigen. Das ist nun wahrlich kein Alleinstellungsmerkmal beider Gebiete. Man sollte dabei aber nicht vergessen, dass es in dieser Welt auch Sicherheiten gibt, selbst dann, wenn man damit kokettiert, dass diese Sicherheiten eigentlich nicht wirklich ganz sicher sind. Man kann auch daran zweifeln, dass morgen die Sonne wieder aufgeht oder dass es in Wirklichkeit keinen Mond gibt. Aber das bringt uns in unserer Debatte nicht weiter.

Ich habe in unserer Diskussion über Geld, Glaube und Zukunft den Hinweis auf eine Sache vermisst, nämlich, dass es für all unser Handeln Grenzen gibt, die vielleicht noch in der Ferne liegen, sich vielleicht auch verschieben lassen, aber existieren und wie der Tod und nicht weggewischt werden können.

Ich nenne als Beispiel den Klimawandel, der lange als das Gespenst von Spinnern abgetan wurde, nun aber unbezweifelbar eingetreten ist. Die Ökonomie, die Geldwirtschaft natürlich eingeschlossen, scheint das nicht zu interessieren, ausgenommen die Frage, wie man aus dieser Situation Nutzen ziehen kann. Hier bieten die Unsicherheiten der Zukunft ein gutes Versteck für ein Handeln oder auch Nichthandeln, das gelassen über das Schicksal von Millionen hinwegsieht. Das empfinde ich als Katastrophe und als bitteren Nachgeschmack der klugen Reden über die Unsicherheiten dieser Welt.

Hendrick Karpinski: Ich fühle mich durch das, was wiederholt in dieser Tagung als „irrationale Entscheidungsfindung" benannt wird, ein bisschen herausgefordert. Ich möchte dazu mit einer kurzen Geschichte beginnen, die über den Nobelpreisträger für Wirtschaftswissenschaften Harry Markowitz erzählt wird. Er hat eine Theorie entwickelt, die sich Mean-Variance-Portfolio nennt und mit komplizierten mathematischen Modellen als Verfahren dafür dienen soll, möglichst zuverlässige Anlagestrategien zu berechnen. Er hat dafür einen Nobelpreis bekommen. Einige Jahre später, als er in den Ruhestand ging, wäre er dann gefragt worden, ob er sein Vermögen entsprechend seiner Theorie angelegt hätte, und hätte verneint.

An derartige Fragestellungen hat sich eine Psychologie-Richtung angeschlossen, die untersucht, wie wir eigentlich Entscheidungen treffen. In den dazu entwickelten Konzepten gibt es jetzt zwei grobe Linien, die Fragen nach intuitiver (also scheinbar irrationaler) Entscheidungsfindung verfolgen. Auf einer Seite finden wir einen deutschen Psychologen, der lange in Amerika war, Herr Prof. Gerd Gigerenzer. Er sagt, das meiste, was wir entscheiden, sind Bauchentscheidungen und es ist gut so. Die Amerikaner, angefangen von Amos Tversky und Daniel Kahneman rufen zur Skepsis auf und mahnen zur Vorsicht im Umgang mit Bauchentscheidungen. Gerade wenn es um Zahlen ginge, würden diese uns oft sehr in die Irre führen.

Ich würde Gigerenzer eher folgen wollen. Und das besonders, wenn es um Entscheidungen geht, die eine unglaubliche Komplexität und Ungewissheit beinhalten. Dann führen komplexe Verfahren eher zu schlechten Ergebnissen und wir müssen Komplexitäten reduzieren, um richtig entscheiden zu können. Das bedeutet, wir müssen letztlich Heuristiken anwenden. Die Frage ist, welches ist die richtige Heuristik in diesen Fragen, die wir auf dieser Tagung diskutieren? Meine persönliche Antwort in diesen Fällen und insbesondere bezogen auf persönliche Entscheidungen ist, das Bauchgefühl unbedingt zu beachten. Oft ist das für diese Themen genau die richtig Heuristik. Jedenfalls führt im Gegenteil die Nichtbeachtung eines Bauchgefühls oft zu schlechten Entscheidungen.

Martin Heimbucher: Vielen Dank für diese Runde zur Frage der *Orientierung*. Wie eine Kompassnadel bewegen sich die Beiträge immer wieder auf den einen Pol des *Vertrauens* hin, begleitet von dem Hinweis auf die *Verantwortlichkeit* und jetzt zum Schluss nochmals ergänzt durch die Frage nach der *Gewissheit*. Ich glaube, „Vertrauen" ist ein großes Thema. Dazu könnte man eine eigene Tagung machen, ein großes Thema in Theologie, Ökonomie, in vielen Zusammenhängen. Vertrauen ist sicherlich nur personal möglich. Wie ist es in unseren globalisierten Zusammenhängen zu bewahren oder neu zu finden? Rüdiger Lux hat gefragt: Wo finden wir *Heimat* in Systemen, die an sich keine Heimat sein können?

Ein Letztes dazu: Ich kann es immer noch nicht glauben, aber auf jeder Dollarnote steht der Satz: „In God we trust". Ist das eine ungeheure Blasphemie oder benennt es genau jene Spannung zwischen Machbarkeit und Vertrauen, unter der unser Wirtschaften notwendig steht? Wir hoffen das Zweite – und kommen in unsere letzte Runde.

Schlussrunde: Nächstenliebe in der ökonomischen Verantwortung

Die Frage, die Herr Schröter jetzt noch mal deutlich und dringend angemeldet hat: *Nächstenliebe in der ökonomischen Verantwortung.* Die Geschichte, die sofort vor Augen steht, ist auch gestern schon angesprochen worden: Wie verhalten wir uns gegenüber denen, die in unserer Ökonomie unter die Räuber gefallen sind? Dann die Frage, auf die Jesus mit dieser Geschichte antwortet: „Wer ist denn mein Nächster?" Sind es die Obdachlosen, die sich abends hier vor dem Haus der Stadtmission versammeln, die kein Dach über dem Kopf und keine Heizung auf der Straße haben? Oder sind es die Näherinnen aus Bangladesch, die möglicherweise mein schönes weißes Hemd zusammengenäht haben? Ist unser Nächster die nächste Generation? Wo lebt sie denn, diese künftige Generation? Wir haben gestern von den demografischen Entwicklungen bei uns in Mitteleuropa gehört. Aber in der globalen Welt sehen die Alterspyramiden ganz anders aus. Wer ist ökonomisch gesehen unser „Nächster"?

Alfred Krabbe: Ich nehme die Frage auf: Wer sind die unter die Räuber Gefallenen und wie gehen wir mit ihnen um? Mit Blick auf mein eigenes Fach (Astrophysik) sind meine Möglichkeiten, sinnvolle akademische Beiträge zu dieser Frage zu liefern, vermutlich begrenzt. Zwei Punkte sind mir jedoch deutlich geworden. Erstens: Wenn wir verhindern wollen, dass Personen finanziell unter die Räuber fallen, brauchen wir eine Weiterentwicklung von ökonomischen Modellen in eine andere Richtung als die, die wir im Augenblick haben. In der Geld- und Finanzwirtschaft, vor allem im Kreditwesen wird eine Zukunftsorientierung, eine Erwartung implizit mitgeliefert, die der offensichtlichen Endlichkeit unserer ökonomischen Grenzen widerspricht. Wie wir gesehen haben, sind ökonomische Modelle deshalb bislang kaum in der Lage, zukünftige Entwicklungen korrekt vorauszusagen. Wie passt Beides zusammen?

Diese Problematik wurde bereits von Herrn Hörisch in seinen Überlegungen zu den Begriffen Volkswirtschaftslehre und Betriebswirtschaftslehre deutlich. Es stand sogar die Frage im Raum: Sind das überhaupt Wissenschaften? Als Physiker und mit exakter wissenschaftlicher Methodik vertraut, fühle ich mich nun doch herausgefordert. Haben wir eigentlich verstanden, was in den ökonomischen Lehren vorgeht? Sollten wir etwa fragen: Was machen die da eigentlich? Es überfällt mich eine emotionale Betroffenheit. Ich will nun aber nicht Herrn Quilisch zu nahe treten, sondern die Frage muss tiefer gestellt werden und damit bin ich bei meinem zweiten Punkt. Wieweit geht es in den Finanzdisziplinen um vorgefasste Meinungen, um Schulen, und wieweit geht es um Abbildung der Wirklichkeit und um Exaktheit? Solche Überlegungen kamen bereits zur Sprache, vor allem durch Herrn Hörisch. Wenn dem so wäre, läge die Aufgabe vor uns, dort ein großes Stück weiterzukommen und das beträfe ggf. auch den akademischen Bereich. Dann wären wir vielleicht nicht nur in der Lage, ökonomisch gefährliche statistische Ausschläge zu vermeiden, sondern ebenso – z.B. durch erhöhte Transparenz – dafür zu sorgen, dass künftig weniger Menschen im Finanzbereich „unter die Räuber fallen“. Wenn die Frage ist, wer denn mein Nächster sei, wage ich deshalb alternativ zu formulieren: Vielleicht ist es sogar der Volkswirtschaftler und vielleicht sind wir gefordert, ihm einen Impuls in die gewünschte Richtung zu geben.

Andreas Lindemann: Die Frage, „Wer ist denn mein Nächster?“ stellt ja nicht Jesus, sondern diese Frage stellt der Schriftgelehrte, „der sich rechtfertigen wollte“, wie Lukas sagt. Die Schlussfrage Jesu aber lautet: „Wer, glaubst du, sei der Nächste geworden dem, der unter die Räuber fiel?“ Also die Perspektive dreht sich um. Darüber kann man lange nachdenken.

Martin Heimbucher: Danke für diesen wichtigen Hinweis! Und Dank auch an Alfred Krabbe für sein Votum, – frei nach Bonhoeffer: Nicht nur die Opfer unter dem Rad verbinden, sondern dem Rad in die Speichen fallen. Der erste Schritt dazu ist: Aufklärung verlangen, Klarheit verlangen dort, wo sie systematisch, teilweise bewusst und mit Geschäftsinteresse verhüllt wird. Was heißt hier also Nächstenliebe?

Hermann Michael Niemann: Mein Kollege Rüdiger Lux hat mit seinem Einwurf wohl Recht. Man kann tatsächlich den Eindruck einer gewissen Machtlosigkeit empfinden, besonders als Einzelner gegenüber Mächten, die nicht immer aus Menschen bestehen, sondern aus menschengemachten Strukturen, aus Systemen. Mir fällt aber trotzdem nichts anderes ein, als bei mir selbst individuell anzufangen. Ich habe einmal überlegt, nach einem Seminar mit sehr engagierten Studierenden und fast hitzigen Debatten, das ökologische Themen auf der Grundlage biblischer Texte behandelte, in der globalisierungskritischen Organisation Attac Mitglied zu werden; muss man nicht auch mehr tun statt nur – durchaus kritisch – zu reden? Wie Attac global sozial und ökologisch zu wirken? Ich habe es dann doch nicht gemacht, weil ich schon so viele Ehrenämter habe und es mir nicht gelang, bei Attac ein präzises Programm zu finden, das ich in jeder Hinsicht teilen konnte. Und ich habe mir gesagt, das Wichtigste, was ich machen kann, ist meine Überzeugung gut vorbereitet in jeder Vorlesung, in jedem Seminar Studenten nahe zu bringen und kritisch-selbstkritisch zu bleiben. Das heißt, auch wenn das nicht sehr interessant erscheint oder sehr innovativ ist, ich bleibe doch bei diesem individuellen Ansatz. Es macht meines Erachtens am meisten Sinn, selbst mit präziser kritischer Analyse unserer eigenen Situation anzufangen und dementsprechend zu leben und zu handeln. Als ehemaliger DDR-Bürger habe ich eine gewisse Skeptik, in eine Partei einzutreten, um meine Position zu verstärken durch eine entsprechende Mitgliedschaft. Ich bleibe bei diesem individuellen Standpunkt und sage dazu mit Christa Wolf: „Wann, wenn nicht jetzt?“

Martin Quilisch: Ich gerate in eine schlimme Versuchung, noch einen Gesichtspunkt einzuführen, den ich in meinem Vortrag bewusst unterdrückt habe. Es gibt eine hochinteressante bio-ethische Diskussion von dem Evolutionsbiologen E. O. Wilson. Er sagt, es gibt auf dieser Erde überhaupt nur zwanzig eusoziale Spezies, zum Beispiel Bienen, Ameisen, Termiten und Menschen. Die Menschen aber zeichnen sich unter diesen Spezies durch eine einzigartige Kombination von individueller Konkurrenz und von Gruppenkonkurrenz aus. Diese Kombination impliziert Konflikte. Den jeweiligen Vorteil, das kann man so darwinistisch sehen, kann jeder Einzelne für sich erstreben. Er kann aber auch den Vorteil für seine Gruppe erstreben. Individueller und Gruppenvorteil sind nicht identisch und können auch miteinander in Widerspruch stehen. Was dann aber spannend ist: Es werden dann Gruppen statt Einzelne gegeneinander gestellt. Was ich das Großartige an dem Gebot: „Liebe deinen Nächsten wie dich selbst“ finde ist, dass es auch vom Gruppenegoismus wegkommt. Es bedeutet eine unglaubliche Forderung, dass man jeden anderen Menschen, welcher Gruppe er auch angehört, als seinen Nächsten ansieht. Natürlich kann das im Prinzip nur ein Mensch sein, mit dem ich irgendwo im Kontakt bin. Wir müssen die realen Personen primär als unsere Nächsten ansehen und nicht irgendwelche Gruppierungen irgendwo auf der Welt.

Ich fand diese evolutionsbiologische Theorie sehr spannend, habe sie aber aus Zeitgründen weggelassen müssen. Aber jetzt bei der Frage nach dem Nächsten, empfinde ich das universale christliche Gebot als eine riesige Befreiung und im Grunde genommen eine Art Gegenposition gegen eine Globalisierung, die die Menschen überall auf der Welt gegeneinander ausspielt, sondern sagt: Jeder andere Mensch, der da ist, ist dein Nächster und du musst ihn lieben wie dich selbst. Und das *lieben wie dich selbst* ist zugleich auch eine Aufforderung sich selbst zu lieben. Denn, wenn ich mich selber nicht liebe, dann kann ich meinen Nächsten auch nicht lieben. Darin sehe ich eine ganz wunderbare Kombination, denn das entspricht auf eine erstaunliche Weise dem wahren theoretischen Grundgedanken des Moralphilosophen Adam Smith, der besagt, dass man sein Eigeninteresse durchaus verfolgen kann, aber nur dann, wenn es so begrenzt ist, das es das Interesse der anderen Menschen auch mitfördert.

Martin Heimbucher: Vielen Dank Ihnen Drei auf dem Podium, vielen Dank Ihnen im Plenum für Ihre engagierte Beteiligung.

Redner:

Ammer, Dr. Christian, Halle / Saale, Physik
Heimbucher, Dr. Martin, Kirchenpräsident, Leer, Theologie
Kampmann, Prof. Dr. Jürgen, Tübingen, Theologie
Karpinski, Dipl. med. Hendrick, Lauta, Medizin
Keller, Dr. Kurt-Wolfgang, Halle / Saale, Physik
Krabbe, Prof. Dr. Alfred, Stuttgart, Astrophysik
Lindemann, Prof. Dr. Andreas, Bielefeld, Theologie
Lux, Prof. Dr. Rüdiger, Leipzig, Theologie
Niemann, Prof. Dr. Hermann Michael, Rostock, Theologie & Archäologie
Quilisch, Prof. Dr. Martin, Berlin, Wirtschaftsrecht
Schnittler, Prof. Dr. Martin, Greifswald, Botanik
Schröter, Dr. Ulrich, Oberkirchenrat i.R., Berlin, Theologie
Spindler, Prof. Dr. Herbert, Halle, Physikalische Chemie und Ökologie
von Woedtke, Prof. Dr. Thomas, Greifswald, Pharmazie und Plasmamedizin.

Verzeichnis der Autoren und Herausgeber:

Prof. Dr. Klaus Dörre, Jg. 1957, Jena,
Professur für Arbeits-, Industrie- und Wirtschaftssoziologie seit 2005. Arbeitsgebiet: Kapitalismustheorie/Finanzmarktkapitalismus, flexible und prekäre Beschäftigung, Partizipation in Unternehmen, Arbeitsbeziehungen und Strategic Unionism, Green New Deal, Autoritarismus bei Jugendlichen.

Kirchenpräsident Dr. Martin Heimbucher, Jg. 1955, Leer,
Evangelisch – reformierte Kirche, seit 2013, 2007 bis 2013 Theologischer Referent im Amt der Union Evangelischer Kirchen in der EKD (UEK).

Prof. Dr. Hansjörg Herr, Jg. 1956, Berlin,
Professur für Supranationale Wirtschaftsintegration. Hochschule für Wirtschaft und Recht Berlin, Schwerpunkte: Entwicklung des internationalen Währungssystems, Europäische monetäre Integration, Transformationsprozesse von Plan- in Marktwirtschaften, Asien.

Prof. Dr. Jochen Hörisch, Jg. 1951, Frankfurt/M.,
Professur für Neuere deutsche Literatur und qualitative Medienanalyse in Mannheim. Schwerpunkte: Germanistik, Neue Medien, Diskursanalyse, Mediengeschichte, Geld, Ökonomie und Religion(skonflikte) als Themen der Literatur.

Prof. Dr. Jürgen Kampmann, Jg. 1958, Tübingen,
Professur für Kirchenordnung und Neuere Kirchengeschichte seit 2006. Seit Sommer 2013 Dekan der Evangelisch-Theologischen Fakultät Tübingen.

Prof. Dr. Alfred Krabbe, Jg. 1956, Stuttgart,
Professur für Flugzeugastronomie und Extraterrestrische Raumfahrtmissionen am Institut für Raumfahrtsysteme, Leiter des Deutschen SOFIA Institutes, Schwerpunkte: Zentren aktiver Galaxien, Umgebung Schwarzer Löcher, Exoplaneten, Experimentelle Infrarotspektroskopie.

Prof. Dr. Andreas Lindemann, Jg. 1943, Bielefeld,
Professor für Neues Testament, Kirchliche Hochschule Wuppertal/Bethel, seit 2007 Direktor der Evangelischen Forschungsakademie.

Dr. theol. David Lohmann, Jg. 1963, Hannover,
Vorstand (Sprecher) Bankhaus Hallbaum AG
Zuständig für Risikocontrolling und Kredit.

Prof. Dr. Hermann Michael Niemann, Jg. 1948, Rostock,
Professur für Altes Testament und biblische Archäologie seit 1993. Lehr- und Forschungsgebiete: Alttestamentliche Literatur und Theologie, Politische, sozioökonomische und religiöse Geschichte und Landeskunde Israels bzw. Syrien/Palästinas in der Antike, Biblische Archäologie, Biblische Lebenswelt.

Prof. Dr. Birger Priddat, Jg. 1950, Witten,
Lehrstuhl Volkswirtschaftslehre und Philosophie seit 2009, Dekan Fakultät für Wirtschaftswissenschaft Universität Witten/Herdecke.

Prof. Dr. Martin Quilisch, Jg. 1934, Berlin,
Professor für öffentliches Wirtschaftsrecht an der Fachhochschule für Wirtschaft Berlin, (jetzt: Hochschule für Wirtschaft und Recht Berlin).